U0368670

会展旅游
(课程思政版)

张　慧　主　编

殷　杰　副主编

清华大学出版社
北　京

内容简介

会展旅游作为一种独特的旅游形式，正日益受到广泛的关注和重视。课程思政是新时期落实立德树人根本任务的新方向、新要求、新举措。基于这一认识，我们编写了本书。本书每章都辅以课程思政元素、引例、"二十大精神进教材"以及生动的课程思政案例。本书在教学方法上强调概念的整体性和关联性，体现教材的科学性和系统性，突出会展旅游的时代性和实用性。本书是一本全面系统地介绍会展旅游理论知识的教材，是作者多年从事会展旅游教学实践的沉淀，反映了会展旅游最新的研究成果和发展趋势。全书共分 7 章，具体包括导论、会展旅游管理、会议旅游、奖励旅游、展览旅游、节事旅游以及会展旅游的综合效应。全书内容围绕会展旅游，力求实现系统性与针对性、本土化与特色化、思辨性与操作性、严谨性与前瞻性的有机结合。

本书既可作为高等院校会展经济与管理专业、酒店管理专业和旅游管理专业的教材，也可供相关行业人员培训参考使用。

本书提供电子课件，请读者扫描封底二维码获取。

本书封面贴有清华大学出版社防伪标签，无标签者不得销售。

版权所有，侵权必究。举报：010-62782989，beiqinquan@tup.tsinghua.edu.cn。

图书在版编目 (CIP) 数据

会展旅游：课程思政版 / 张慧主编 . —北京：清华大学出版社，2024.4
ISBN 978-7-302-65825-2

Ⅰ.①会… Ⅱ.①张… Ⅲ.①会展旅游—教材 Ⅳ.① F590.75

中国国家版本馆 CIP 数据核字 (2024) 第 054405 号

责任编辑：施　猛　王　欢
封面设计：周晓亮
版式设计：方加青
责任校对：马遥遥
责任印制：刘　菲

出版发行：清华大学出版社
　　　　网　　　址：https://www.tup.com.cn，https://www.wqxuetang.com
　　　　地　　　址：北京清华大学学研大厦 A 座　　　　　　邮　　编：100084
　　　　社 总 机：010-83470000　　　　　　　　　　　　邮　　购：010-62786544
　　　　投稿与读者服务：010-62776969，c-service@tup.tsinghua.edu.cn
　　　　质 量 反 馈：010-62772015，zhiliang@tup.tsinghua.edu.cn
印 装 者：三河市龙大印装有限公司
经　　销：全国新华书店
开　　本：185mm×260mm　　　　印　　张：13.75　　　字　　数：318 千字
版　　次：2024 年 4 月第 1 版　　　印　　次：2024 年 4 月第 1 次印刷
定　　价：49.00 元

产品编号：105162-01

　　会展旅游作为一种独特的旅游形式，正日益受到广泛的关注和重视，发展前景良好。随着时代的发展，会展旅游从业人员应不断提升自己的能力和素质，掌握相关的理论知识，具备卓越的实践技能。在这一背景下，结合思政育人的要求并融入时事，我们编写了本书。

　　本书构建了全面、系统的会展旅游知识体系，详细阐述了会展旅游的内涵与外延、发展历程、基本特点、重要性等，致力于展现会展旅游最新的理论研究成果，充分关注会展旅游实践中的问题，对有关的理论、工具、方法和案例尽可能提供多视角的解析。本书在讲解理论知识的同时，辅以丰富的课程思政案例和实践案例，有助于学生了解会展旅游面临的挑战以及学会如何在时事中体悟思政，从而能够更好地理解新时代下会展旅游的运作模式、策划与组织技巧以及发展趋势。本书在教学方法上强调概念的整体性和关联性，体现教材的科学性和系统性，突出会展旅游的时代性和实用性，力求实现特色化与本土化、数字化与智慧化、系统性与针对性、思辨性与操作性、严谨性与前瞻性的有机结合。

一、特色化与本土化

　　教材是知识的载体，也是思政教育的载体。本书一大特色就是将课程思政融入教材内容，强化学生思想政治教育，旨在提高学生的思想认识和政治素养。本书还设有"二十大精神进教材"板块，旨在推动党的二十大精神全方位、多角度融入高校教材，注重渗透中国会展思想，提炼东方人的管理智慧。

　　书籍的本土化发展离不开文化自信，本书立足本土，突出中国会展旅游发展的模式与特色，并把西方理论放在中国情境下考察，审视世界会展旅游与中国会展旅游在市场特征、文化特质、发展阶段及消费偏好等方面的契合和调适问题，高度关注中国会展旅游发展。

二、数字化与智慧化

　　近年来，智慧化、数字化、在线化已成为会展旅游发展的重要趋势，数字化、数智化转型已经深入展会、会议、节事、奖励旅游等业态的各个环节。数字会展、双线会展、元宇宙会展、VR 观展、虚拟展会、会议直播、节事活动短视频营销等数字化、智慧化管理营销比比皆是。数字化正在或者最有可能成为重塑会展行业新动能的底层逻辑和基本依据，成为商流、人流、物流、信息流"四流"再资源化、再创新与再价值化的根本原则。因此，本书注重会展旅游业的数字化管理，重点阐述会展旅游数字化管理的建设精要，并专门形成"2.5 会展旅游数字化管理"一节。

三、系统性与针对性

　　本书注重学科的系统性，全书内容分为 7 章，分别是导论、会展旅游管理、会议旅游、奖励旅游、展览旅游、节事旅游与会展旅游的综合效应。书中内容涵盖本学科所有的核心主题，包括各类型会展旅游的概念、特点、发展历程、发展现状、运作管理等。这些主题和体系经受了时间的检验，历久弥新，其理论价值、实践价值尤其是教学价值得到了充分的认可。

本书在设立教学目标时讲究循序渐进，注重知识点的衔接，根据内容的难度合理安排章节顺序，使学生能够逐步深入学习会展旅游的相关知识，使教材内容形成一个完整的系统，有助于学生全面、系统地了解会展旅游，更好地掌握会展旅游的知识和技能。

本书也特别强调会展旅游实践的针对性，突出问题意识，力求在"面上覆盖"的同时实现"点上说透"。

四、思辨性与操作性

本书发扬思辨性，对一些经典的观点和方法不是简单地接受和承认，而是探究其产生背景、适用范围和运用领域。检讨、反省、追问成为本书的一种自觉。

会展旅游不是纸上谈兵，不是坐而论道，理论必须与实践对接。本书大量使用来自不同产业、不同国家和地区及不同规模的真实案例来阐释理论和方法，旨在使学生有现场感和在位感，并从中获得具有挑战性和满足感的体验。

五、严谨性与前瞻性

全书秉承言之有理、言之有据、治学严谨之精神，注重一门核心课应有的科学性和逻辑性。在介绍相关知识和方法时，除了重点阐述主要观点、关键结论和使用方法，还言简意赅地介绍相关的学科背景、理论渊源、历史沿革、现状和发展趋势，注意揭示知识间的内在逻辑和关联。对一些重要的结论，本书注意从历史、经验、事实、逻辑和伦理的层面多维度进行剖析，尽量提出学理上的支撑，并联合思政育人、二十大精神进教材，从思想上培养学生。

本书在阐述会展旅游发展现状的同时，关注会展旅游发展趋势，引导学生立足当下、展望未来，不断充实和提高自己，以适应会展旅游不断变化的产业需求。

总之，本书是一本兼具理论和实践价值的教材，希望本书能够帮助广大读者更好地掌握会展旅游的知识和技能，为推动我国会展旅游事业的发展做出贡献。我们衷心希望读者能够善加利用这本教材，充分发挥其作用，取得更好的学习效果。

本书编写分工：张慧负责编写序、第 2 章、第 3 章、第 4 章、第 5 章、第 6 章及后记，殷杰负责编写第 1 章及第 7 章。由于编者水平有限，书中难免有疏漏和不妥之处，欢迎广大读者批评指正。反馈邮箱：shim@tup.tsinghua.edu.cn。

张慧

2023 年 10 月

目录 CONTENTS

第5章 展览旅游 / 129

第1章
导论

本章要点

1. 掌握会展旅游的概念。
2. 熟悉会展旅游的主体、客体与介体。
3. 了解会展旅游的特点和类型。
4. 了解国际会展旅游的发展历史以及我国会展旅游的发展历史。
5. 掌握会展旅游发展的条件。
6. 了解我国会展旅游的发展现状、存在问题及发展趋势。

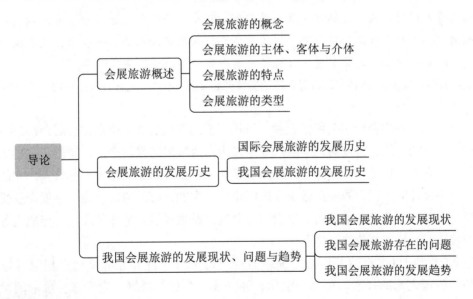

课程思政元素

产业融合；规划先行；转型升级；新发展理念(创新、协调、绿色、开放、共享)；乡村节事、乡村振兴战略；带动作用；专业化、国际化、品牌化；统一大市场；生态化、"双碳"目标；可持续发展。

引例

桂林旅游转型升级，要加快会展旅游发展

"桂林旅游要转型升级，就要加快会展旅游的发展，并为举办大型国际性会议和展览打好硬件基础。"一位旅行社负责人如是说。这位负责人表示，桂林城市面积不断扩大，旅游基础设施日益完备，高端酒店数量大大增加，桂林旅游业初步具备了向高级阶段跨越发展的基础条件。

该负责人解释，会展旅游是指借助举办会议、展览会、博览会、交易会、招商会、文化体育及科技交流等活动，吸引游客前来洽谈贸易、观光旅游、寻求技术合作、开展信息沟通和文化交流，并带动交通、旅游、商贸等多个相关产业发展的一种旅游活动，它是旅游属性结合会展活动特点而衍生出来的新型产业。

"会展业与旅游业的融合是两者发展的必然趋势，会展旅游是会展业和旅游业共同的'金矿'。"该负责人认为，桂林要成为国际旅游胜地和国际会展名城，发展会展旅游势在必行。"因为旅游业和会展业密不可分，并且相互促进，所以，桂林要善于挖掘会展旅游资源，进一步增强会展业与旅游业的合作，推动产业共赢发展，特别是要把会展项目与旅游项目相互结合，使两者相互渗透、相互融合、相互合作，从而促进会展旅游产业链的形成，依托会展业的发展提升会展旅游的核心竞争力。"

该负责人同时建议，桂林在发展会展旅游过程中，应进行详细规划，有计划地增加一批高端酒店、餐厅，并提升现有五星级酒店对会议和展览活动的接待能力，鼓励旅游行业相关企业配备一些高端商务车辆，以提高发展会展旅游的硬件条件水平。

资料来源：徐莹波. 桂林旅游转型升级要加快会展旅游发展[N]. 桂林日报，2012-10-12(002).

会展产业是指由会展相关服务企业、机构、部门形成的产业体系。会展经济是指由会展及相关产业构成的经济范畴。会展产业是国内高速发展起来的产业，国内正式提出会展产业的时间大约是1998年至1999年。国外专家认为，会展产业对相关产业具有1∶9的拉动作用，它不仅能带来巨大的经济效益，还能带来巨大的社会效益。因此，会展产业受到广泛重视，会展业与旅游业结合的衍生物——会展旅游也吸引了全球关注，迅速成为各国促进经济发展和发展旅游业的新亮点。

进入21世纪以来，随着经济全面融合趋势的加快，世界经济呈现出相对稳定的增长态势。各国之间的技术、贸易、文化、经济等往来日益频繁，为全球会展业的发展提供了机遇。会展业在国际交流中发挥着重要作用，特别是在中国，会展业迎来了空前的繁荣，年均增长率为20%。因此，会展业被称为"21世纪的朝阳产业"。同时，由于会展业的发展能够带动交通、旅游、餐饮、住宿、通信、邮政、商业、物流等行业的发展，会展业又被视作"国民经济的晴雨表""行业发展的风向标"和"产业进步的助推器"。

1.1　会展旅游概述

1.1.1　会展旅游的概念

1. 会展的定义

会展有广义会展和狭义会展之分。广义的会展在国际上通称为MICE(meetings：会议；incentives：奖励旅游；conferencing/conventions：大型企业会议；exhibitions/exposition：活动展览；event：节事活动)，它是指在一定地域空间，由多人聚集在一起形成的定期或不定期、制度或非制度的传递和交流信息的群众性社会活动，其概念的外延包括各种类型的会议、展览、奖励旅游，以及各种事件活动，如庆典活动、节庆活动、文化活动、科技活动、体育活动等。

狭义的会展仅指会议和展览。会议是指人们为了解决某个共同的问题或出于不同的目的而聚集在一起进行讨论、交流的活动，它往往伴随着一定规模的人员流动和消费。会议的形式包括产品推介会、学术交流会、行业高峰论坛、企业内部会议、客户联谊会等。展览是指在特定的地点和期限内，通过组织展示活动达到产品、服务、信息交流目的的社会活动。展览的形式包括博览会、展览会、展销会、交易会、贸易洽谈会等。

2. 会展旅游的定义

会展旅游是指将会议、展览和节事等活动与旅游结合起来而形成的一种综合性旅游活动。这种旅游形式的主要特点是游客不仅可以参与会议、展览等专业性集会，并在此基础上融入旅游元素，还可以更全面地体验目的地的文化、风景和娱乐等方面。会展旅游是一种借举办各种类型的会议展览、节庆赛事和奖励旅游而开展的新型、高端的旅游形式，既可以促使异地的会展旅游者进行吃、住、行、游、购、娱多方面的旅行消费，也可以促进会展业和旅游业的良性互动。同时，会展旅游也是一种特殊的旅游产品。这个概念着重强调以下几个方面的内容。

(1) "异地"。在会展活动中，主办者和参与者来自异地和本地，不同于传统旅游活动的定义。因此，不能简单地将"会展业"视为"旅游业"，或笼统地认为"会议组织者、承办者或参加者是旅游者"。

(2) 会展与旅游的不可分割性。会展旅游的关键在于促使参与者成为会展旅游者，从而进行各类旅行消费，包括吃、住、行、游、购、娱六个方面。会展旅游的发展使得会展业和旅游业相互依存、相互支持，形成良性互动。

(3) "新型"和"高端"。会展旅游相对于传统旅游是一种新型的旅游形式，而且更强调商务旅游，技术含量和附加值较高，同时对服务质量有更高的要求。这使得会展旅游在旅游市场中占据高端地位。

3. 会展业与旅游业的关系

会展业与旅游业都归属第三产业，属于现代服务业的范畴。两者之间存在互动关系，即会展业能拉动旅游业发展，旅游业也能促进会展业发展，两者相互促进。会展业与旅游业的互动性有助于所在地管理部门更为充分地利用旅游资源，全面展示所在地的经济、文化和社会风貌，扩大对外影响力，提升知名度，从而促进当地经济的繁荣与发展。

(1) 消费相互拉动。会展业涉及内容广泛，几乎所有的会议、展会都能派生出参观、考察、观光旅游等活动，因此会展业能够带起一条集交通、住宿、餐饮、娱乐、观光、购物等于一体的消费链。通过会展的凝聚效应和衍生效应，会展业为旅游业市场空间的延伸提供了重要支持。旅游业是会展经济中一个非常重要的环节，在会展活动前后开展的旅游活动是会展产品的重要内容。与此同时，旅游业同样可以拉动会展业的发展。例如，成都会展业在我国中西部独树一帜，与成都乃至四川旅游资源的丰富与独特有着很大的关系，许多人乐于到成都参展参会，往往是因为被其美景、川菜、熊猫所吸引。

(2) 基础设施共用。根据会展业发展经验，较为成熟的基础设施和相对成熟的服务行业是会展业发展的基本条件。其中，相对成熟的服务业主要是指旅游业，因此会展业的发展离不开会展举办地旅游业的直接参与和服务支持。没有当地旅游业的支持，会展活动的效果必然大打折扣。大多数城市的建设及其发展都与旅游业和会展业息息相关。例如，厦门市政府率先提出了建设国际旅游目的地城市和国际会议目的地城市的双重目标；作为浙江省桐乡市下辖的一个小镇，乌镇因成为世界互联网大会乌镇峰会永久举办地而兴建了大型会展中心。

(3) 经营业务互通。随着国内产业的发展，越来越多的跨界经营机构同时经营旅游业和会展业。在经营旅游业的企业中，具有竞争力的国旅、中青旅以及其他旅游集团近年来相继设立会展公司，着力打造新的增长极。在会展界，许多机构为了满足客户需求不得不从事旅游服务。例如，以海外自办展为主营业务的米奥兰特国际会展公司，每年有20多个自办展项目需要组织数千人组团出境，签证办理、行程安排、落地接待以及附带的考察观光已成为公司必须提供的基本服务。

1.1.2 会展旅游的主体、客体与介体

1. 会展旅游的主体

会展旅游的主体涵盖广泛的参与者，包括专业从业者、商务代表以及对目的地感兴趣的游客。对于会展旅游主体的界定，应当从主体参与会展活动的动机、过程和形式等方面综合考察，进而找到影响会展活动主体向会展旅游活动主体转化的条件和因素。

专业从业者是会展旅游的核心参与者，他们可能是行业引领者、学者或企业代表，通过参与会议、展览和论坛，展示最新的行业发展成果、技术创新和研究成果，同时进行商务合作和交流。商务代表借助会展旅游平台，寻找商机，建立业务联系，推动产业合作和发展。与此同时，普通游客也成为会展旅游的重要主体，他们通过参与社交、文化活动以及体验目的地的独特魅力，为会展举办城市注入更多活力。这些主体的相互作用形成了一个多元化的会展旅游生态系统，为城市经济、文化和社会发展积聚动力。

2. 会展旅游的客体

会展旅游的客体广泛而多样，包括会展活动、会展举办地本身以及相关的旅游资源。对于会展旅游主体而言，会展活动本身就具有一种独特的吸引力，它被视为一种特殊的旅游目的地。此外，那些能够实现个体参与会展旅游的动机和目标，能够扩展会展活动功能，对实现个体在会展旅游中的经营目标有利的事物、活动和文化等，都可以被看作会展旅游的吸引因素。与传统大众旅游相比，会展旅游客体的知识性和信息性特征更加显著，例如国家通过行业法律法规确认的工业旅游和农业旅游示范点。会展旅游主体对于客体的要求和关注，主要集中在其公务性职能而非消费功能，而会展旅游的客体也会随着行业的不断发展和个体需求的变化而不断演变。综合而言，会展旅游的客体包括多个层面，从会展活动本身到目的地的选择，再到丰富多彩的旅游资源，形成了综合而多元的旅游体验。这种多层次的客体使得会展旅游成为一种融合商务、文化和休闲元素的全面性旅游活动。

3. 会展旅游的介体

会展旅游的介体主要指为参与会展类活动的旅游者提供各种服务的相关产业和部门，包括会展业相关产业、旅行社、交通和饭店等旅游产业部门。其中，从事组织、宣传和招徕参展商、与会人员和展览观众的企业，即PCO(professional conference organizer，专业会议组织者)、DMC(destination management company，目的地管理公司)、PEO(professional exhibition company，专业展览公司)以及场馆方等会展产业中的核心企业成为会展旅游过程中的主要介体。在这些企业的有效经营下，随着会展活动的成功举办，会展旅游得以启动和实现。这些企业在整个会展旅游生态系统中扮演着关键的角色，通过提供各种服务和支持，促使旅游者充分参与和享受会展活动，从而推动整个会展旅游产业的繁荣。

1.1.3　会展旅游的特点

与传统旅游相比，会展旅游具有组团规模大、消费水平高、停留时间长、淡旺季不明显、带动效应强的特点。

1. 组团规模大

会展活动具有行业性、产业性及规模大等特点，这势必会吸引众多的政府、民间组织的会展团、参观团和旅行社组织的观光团队。根据国际大会及会议协会(International Congress & Convention Association，ICCA)的界定，大型国际会议的与会人数应在300人以上。庞大的游客数量构成旅游消费的基础，从而保证了较高的旅游收入。2023年4月举办的第133届广交会，展览总面积增至150万平方米，展位数量增至近7万个，线下参展企业增至34 933家，新参展企业超过9000家，线上展企业达到39 281家。

2. 消费水平高

会展旅游的参与者通常具有较高的专业素养和商务需求以及较高的社会地位和收入水平，因此，其消费档次相对较高，具体包括高端酒店、商务服务以及参与各种专业活动的费用。此外，部分会展活动属于公务活动，产生的费用由参展单位或公司承担，因此，会展旅游的参与者一般对价格的敏感度较低。

3. 停留时间长

举办会议、展览等活动通常会持续数天至数周，因此会展旅游的参与者在目的地停留的时间相对较长。例如，一般游客在新加坡的逗留时间为3.7天，人均消费710新元；而参加活动的会议客人通常需要逗留7.7天，人均消费1700新元。

4. 淡旺季不明显

会展旅游与观光旅游、休闲旅游等传统旅游项目相比，季节性不明显，因此，会展活动不受季节的约束。这一特性对于完善旅游产品结构、平衡旅游部门淡旺季的营业差额、充分利用闲置资源、在淡季中寻找新的效益增长点十分有利。

5. 带动效应强

会展旅游与传统旅游的休闲性质存在显著差异，会展旅游更加注重商务合作与专业发展，为商务合作提供了丰富的机会，参与者在会展活动过程中可以进行商务洽谈、交流和合作。举办大规模、多层次、多种类的会展活动不仅可以促进产品展示、技术交流、文化交融、招商引资、信息咨询等，而且可以带动住宿、餐饮、运输、旅游、商业、广告等相关服务行业的发展，形成特有的1∶9的产业带动效应，进而衍生会展产业集群，为城市发展提供强大助力。

1.1.4 会展旅游的类型

会展旅游可以分为4个类型，即会议旅游、展览旅游、奖励旅游、节事旅游。

1. 会议旅游

会议旅游是指个人或团体为参加专业性会议而进行的旅游活动。这类旅游活动通常涉及参与学术、行业或企业性质的会议，旨在促进知识交流、业务合作和专业发展。参会者在会议期间参加讲座、讨论会以及相关社交活动，从而充分利用旅行时间获取新知识、拓展人脉关系。参会者在参加会议过程中的主要支出包括会务、交通、住宿、餐饮、旅游娱乐、会议资料及纪念品等方面。典型的会议旅游目的地如瑞士达沃斯和我国海南博鳌。瑞士小镇达沃斯的会议品牌国际知名，它的会议中心可接待4000人，每年举办大型会议近40场、中小型会议近180场，世界经济论坛年会就在那里举行；海南博鳌也借助第一个常驻我国的非官方、定期、定址的国际会议组织——博鳌亚洲论坛而成为会议旅游胜地。

2. 展览旅游

展览旅游是指为了参与各类展览而进行的旅游活动，具体包括国际贸易展、艺术展、科技展等。参与者可以在展览中了解最新的产品、技术和艺术品，与行业专业人士和参展商互动，寻求商务合作和市场拓展的机会。展览旅游分为展前、展中、展后旅游，可以是参展商组织参与者进行有组织的旅游活动或者参与者借参展和参观的机会自行旅游。一般来说，展览会对旅游业带动效应的大小主要取决于外地参展商所占比例的高低。展览旅游产业关联度极高，可以带动旅游、餐饮、住宿、广告、装饰、房产、通信以及交通等诸多行业的发展。在法国、德国等会展业发达的国家或地区，会展业对经济的带动作用能达到1∶9的比例水平。

3. 奖励旅游

奖励旅游是由企业或组织为奖励员工或合作伙伴而组织的旅游活动,旨在激励和表彰个人或团队的卓越表现。作为企业重要的激励手段,奖励旅游通常涉及豪华酒店、精心策划的活动和特别安排,可为受奖者提供独特而愉悦的旅游体验。近年来,高端会奖旅游被视为高端旅游市场中含金量最高的产品。旅游业界有这样一种说法,"会奖旅游是旅游行业的下一个金矿"。国际大会及会议协会(ICCA)曾预测"中国有可能成为21世纪国际会奖旅游首要目的地国"。

4. 节事旅游

节事旅游是指为了参与特定的节庆或文化活动而进行的旅行活动,包括参与国际节庆、传统庆典或文化盛事等。旅行者通过参与当地的庆典、游行、传统表演等,深度体验目的地的文化底蕴。节事旅游是一种融合娱乐和文化交流的旅游形式。从目的来看,节事旅游活动的主要目的是吸引旅游者,建立目的地的旅游形象,提升其知名度,推动当地旅游业的繁荣,促进地方经济的发展;从内容来看,节事旅游活动以满足旅游者需求为出发点,强调文化性和地方性,着重展现当地独特的文化元素;从形式来看,旅游者的目的是通过参加节事旅游活动获得特殊的娱乐经历,因此节事旅游活动的表现形式要活泼、亲和力强,节事旅游产品在组合形式上也要严密有序、环环相扣,围绕特定主题展开。从功能来看,节事旅游活动兼具文化价值和经济价值,有助于传承和弘扬当地传统文化,成为地区文化和经济内容的有机结合体。由此可见,节事活动资源是非常重要的旅游吸引物,可以成为吸引旅游者的亮点和热点。例如,乡村节事具有较强的整合性和体验性,是乡村旅游的重要组成部分,把乡村节事与乡村旅游发展结合起来,既可以传承乡村文化、塑造乡村形象、优化乡村产业、开发乡村资源、提高村民素质,又有助于加快乡村发展,实现乡村振兴。

1.2 会展旅游的发展历史

1.2.1 国际会展旅游的发展历史

会展旅游是随着社会经济的发展和旅游活动的拓展发展而来的。纵观国际会展旅游的发展历史,可将其分为初创期、发展期、成熟期3个阶段。

1. 初创期:集市贸易发展阶段(原始社会末期至19世纪中叶)

会展活动的形成是人类社会发展到一定阶段的产物。原始社会末期,随着社会生产力的发展,出现了剩余产品和社会分工,为人类集体性的物质文化交流提供了可能。人类早期的原始集市活动、宗教祭祀活动等都是会展活动的萌芽。

会议作为人类交流信息的形式自古有之。在古罗马时期,就有许多专门用于举行辩论和会议的建筑物。

7

用于交换的集市是会展活动的雏形，具备了原始贸易和展示的功能。从历史角度看，历史悠久的欧洲集市，是现代会展业的源头。欧洲集市源于希腊，在古奥林匹克时期，希腊有了常规的集市，与奥林匹克运动会同时举行。到了古罗马时期，出现了每周举行一次的集市贸易。中世纪时代，作为展览会前身的贸易集市已经盛行于一些人口集中、商业较为发达的欧洲城市了。欧洲公认的最早的国际性集市，是公元629年在法国巴黎近郊圣丹尼斯举办的交易会。在12—13世纪，法国北部的香槟集市是最著名的国际性集市。许多现代闻名的欧洲大型综合性博览会都源于这一时期。14世纪以后，批发商的兴起和工业的迅速发展改变了传统集市的经营方式，集市渐渐演变为样品博览会和展览会。

2. 发展期：展会并行发展阶段(19世纪中叶至20世纪40年代)

1841年7月5日，英国人托马斯·库克包租了一列火车，组织570人从莱斯特前往拉夫堡参加禁酒大会，往返行程22英里，团体收费每人一先令，免费提供带火腿肉的午餐及小吃，还有一支唱赞美诗的乐队跟随，这次活动在旅游发展史上占有重要的地位，被视作近代旅游业的开端。从旅游活动的会议旅游属性的角度看，这场活动也开创了会展旅游的先河。

随着生产力水平的不断提高和地区间交流的不断加深，1851年5月1日，首届万国工业博览会(The Great Exhibition of the Industries of all Nations)在英国伦敦举行。这是第一次发展到国际规模的工业展览会，亦即第一届世界博览会，堪称会展历史上的里程碑。它不仅规模空前，而且打破了以往国家工业展览会以促进本国经济发展为目的、视其他国家为威胁的思维，强调通过国家间的合作和贸易来促进各国社会和经济的共同发展。该博览会对扩大国际贸易起到了积极的推动作用，并且促进了国际科技文化交流。

19世纪末至20世纪初，资本主义各国经济的发展促进了对商务会议的需求，政治、经济、体育、文化等各个领域的会议也日益增加。1894年6月，在法国教育家皮埃尔·德·顾拜旦的倡议下，成立了国际奥林匹克委员会。1896年，第一届现代奥运会在希腊雅典举行，来自13个国家的300余名运动员参加了比赛，这是世界节事史上的重大事件。

1928年11月，来自31个国家的政府代表在巴黎签订了《国际展览公约》，并于1931年正式成立了《国际展览公约》的执行机构——国际展览局(the Bureau of International Expositions，BIE)。

3. 成熟期：会展旅游阶段(20世纪中叶至今)

第二次世界大战结束后，一批因战争而停办的会展活动重整旗鼓，为世界经济复苏注入了勃勃生机。到20世纪60年代，专业性展览会已成为会展业的主导形式。20世纪70年代后，随着国际分工体系日益深化，经济全球化日趋明显，会展活动在全世界范围内蓬勃发展起来，会展业也逐渐发展成为国际性、全球化产业。在这个阶段，会展旅游成为城市发展的重要组成部分，形成了完善的产业链和服务体系。大型的会展活动成为城市的重要名片，助力国际性展览和大型会议的举办。随着各类专业从业者和企业参与度的提高，市场竞争日趋激烈。与此同时，会展旅游的影响力逐渐扩大至国际，成为城市经济和文化的窗口，为地方经济的繁荣做出了积极贡献。

从会展旅游的发展历程来看，一个国家的会展旅游水平与其经济发展水平密切相关。

发达国家以其在科技、交通、通信和服务业等方面的优势，处于全球会展经济发展的主导地位。随着全球经济一体化不断深化，发达国家的知名会展公司也将业务扩展到发展中国家，进一步提升了发展中国家会展的规模和水平。这意味着会展旅游在国际舞台上扮演着重要的角色，不仅反映了各国经济实力的差异，也促使发展中国家在全球会展舞台上崭露头角。

1.2.2　我国会展旅游的发展历史

我国会展旅游的发展可以分为初始阶段、起步阶段和发展阶段。

1. 初始阶段(1851—1949年)

在原始社会，社会化大分工的发展促进了商品生产和商品交换的发展，为大规模的物质文化交流提供了可能，也为集市的产生打下了基础。我国会展旅游活动在发端时期主要的表现形式是集市，其功能是展出农副产品和土特产。集市有多种称呼形式，中国北方称为"集"，广东、福建等地称为"墟"，四川、贵州等地称为"场"。不管如何称呼，它们的实质都是一样的，参与者主要是农民和小手工业者。集市为生产者向消费者直接出售产品以及生产者之间进行产品流通提供了场所。

1851年，中国商人徐荣村以私人身份参加了伦敦世博会。1873年，中国政府授权委派英国人包腊代表中国参加了维也纳博览会。1876年，中国政府首次派代表以国家身份参加费城博览会，标志着中国参加国际博览活动的正式开端。1915年，中国政府参加了巴拿马博览会。在国内方面，1926年，在中国南京举办了第一届全国博览会，即南洋劝业会。随后的1929年，杭州举办了第一届西湖博览会。这些里程碑事件标志着中国在国际和国内展览领域的初步涉足和积极参与。

2. 起步阶段(1950—1977年)

在这一阶段我国会展旅游总体发展水平仍然相对较低，计划经济特征明显，但相较于初始阶段已经有了显著的改进。1951年，我国首次参加莱比锡春季博览会。1957年，第一届中国出口商品交易会在广州中苏友好大厦举办，即广交会。1978年，我国成功举办了十二国农业机械展览会等会展旅游活动。

3. 发展阶段(1978年至今)

随着我国特色市场经济体制的确立，会展旅游业迎来了发展期。该阶段的会展旅游业呈现出市场化、弹性化、数字化、智能化和融合化的特点。

(1) 市场化。1978年，我国首次举办的国际博览会——十二国农业机械展览会在北京举行，标志着我国会展业向国际化发展过渡。1985年，中国国际展览中心竣工，同年10月成功举办了开馆后第一场展览会——第四届亚太国际博览会。在该阶段，北京、上海、大连、珠海等城市会展业脱颖而出，相继举办　批较有影响力的知名专业展览会，如中国国际纺织机械博览会、国际机床展览会、北京国际汽车展览会、大连时装博览会、珠海航空博览会等。与此同时，中外合作办展也步上新台阶，如中国国际展览公司与德国法兰克福展览公司成功合作举办了几场专业化展会。1999年，世界园艺博览会在昆明成功举办，这是中国政府独立举办的首届专业类世界博览会，共有69个国家和地区的参展者参加。自此，旅游业与会展业互动越发频繁，展览旅游业方兴未艾。

(2) 弹性化。2020年，新冠疫情重创全球经济，贸易保护主义、单边主义冲击多边贸易体制，世界经济出现衰退。受此影响，全球会展旅游业步入"至暗时刻"。2023年，随着疫情管控逐渐放开，国内外会展旅游业也在逐渐恢复。会展行业是一个与人们生活和商业活动密切相关的行业，因此它具有广阔的发展前景。

(3) 数字化。传统展览的前期准备耗费大量人力、物力、财力，并且效率不高。在"互联网+"时代背景下，相关展览企业开始建立自己的数字化平台，围绕展览参与各方，通过网络信息管理平台，进行信息的搜集、分析和管理，从而更高效地为企业经营和决策提供有效信息，全面发挥展览企业的服务功能。

(4) 智能化。随着AR、VR、5G技术、云计算技术、AI人工智能技术的发展，虚拟展会成为线下展览在互联网上的延伸，在有限的空间展现无限的内容成为现实。

(5) 融合化。旅游、会展等产业的融合发展，加快催生会展旅游新业态的出现。挖掘会展旅游的创意路径，可加快会展旅游与文化创意产业的融合发展。加快创意园、创意展、创意会等展览文化产业的发展，成为未来会展旅游业融合发展的重要方向之一。

1.3　我国会展旅游的发展现状、问题与趋势

1.3.1　我国会展旅游的发展现状

1. 会展旅游业发展迅速，发展潜力巨大

近年来，全国新建成的展览面积在1万平方米以上的展览馆有30余个，基本形成了北京、上海、广州、深圳、大连、成都等展览中心。国内比较著名的会展有在上海举办的中国国际进口博览会(简称进口博览会、进博会)、在北京举办的中国国际服务贸易交易会(简称服贸会)、在广州举办的中国进出口商品交易会(简称广交会)、在杭州举办的杭州西湖国际博览会(简称西博会)、在深圳举办的中国国际高新技术成果交易会(简称高交会)、在北京举办的中关村论坛展览(简称科博会)等。据中国旅游研究院测算，2010年，上海世博会为上海市带来旅游收入达800亿元。可见，会展旅游经济市场潜力巨大。

2. 会展旅游城市集聚化，区域特征明显

为了积极推动会展业的高质量发展，我国形成以下五大会展城市群。

(1) 以深圳、广州为代表的"珠三角会展城市群"。以广交会为龙头，南接香港，东接东莞、顺德、珠海、中山等会展城市。随着大湾区经济合作的展开，港澳与内地经济往来日益密切，珠三角会展城市空间十分广阔、前景十分看好。

(2) 黄渤海会展城市群，包括以北京为中心的"京津会展城市群"和青岛、烟台等沿

海城市会展群。

(3) "长三角"会展城市群。南京、杭州、合肥、苏州、南通、宁波、温州、义乌等城市均以上海为龙头。

(4) 东北会展城市群，即以大连、长春、哈尔滨、沈阳等城市为主的会展城市群。

(5) 中西部会展城市群，即以成都、南宁、昆明等西部省会城市为主的会展城市群。我国西部开发力度不断加大，中西部城市的会展业近年来迅速发展，中国-东盟国际博览会落户南宁，昆明的世博会更是老牌展会。

3. 会展旅游政策密集化，需要政府主导

由于会展业的高速发展及其对经济的巨大带动作用，各地政府部门非常重视会展业的发展。在当今经济格局下，政府在推动会展业发展方面扮演着重要的角色，具体体现在以下几个方面。

(1) 政府通过出台相关政策，为会展业提供发展方向和引导。相关政策包括优惠政策、税收激励、场地建设等方面的支持。2023年下半年，北京和上海两大直辖市分别出台了《关于促进本市会展业高质量发展的若干措施》和《上海市推动会展经济高质量发展，打造国际会展之都三年行动方案(2023—2025年)》两个重量级文件，旨在推动会展经济高质量发展。

(2) 政府在硬件建设方面投入财力、人力、物力，兴建现代化会展中心、展览馆等设施，提供先进的场地和设备，为会展业的高效运作提供了基础条件。

(3) 政府通过组织大型国际性展览、会议，增加城市的知名度和吸引力，为会展业的发展创造了有利条件。

4. 各地组建行业协会，加入国际组织

1998年6月，由北京市贸促会发起，组建了我国第一家国际会议展览业的协会——北京国际会议展览协会。此后，各地会展企业在政府的主导下，开始组建行业自律性的会展协会。据中国会展经济研究会不完全统计，截至2022年，除西藏自治区及港澳台地区外，全国30个省(自治区、直辖市)设置主管展览业(会展业)的政府机构有190个，比2021年增加6个，增幅3.26%。全国除云南省、西藏自治区及港澳台地区外，共设立主管展览业(会展业)协会、商会或学会102个，比2021年增加5个，增幅5.15%。其中的中国会展经济研究会、中国展览馆协会属于全国性社团。

各地经营会展业务的企业和一些旅游行政管理部门纷纷加入相关的国际会展组织，这些国际组织包括国际大会及会议协会(International Congress & Convention Association，ICCA)、国际航空运输协会(International Air Transport Association，IATA)、美国旅行代理商协会(American Society of Travel Agents，ASTA)、亚太旅游协会(Pacific Asia Travel Association，PATA)以及国际展览联盟(Union des Foires Internationales，UFI)等。通过参与国际性合作与交流，我国会展企业拓展了业务网络，增强了对国际会展市场的开拓能力，也提升了我国会展业的国际影响力。

5. 形成产业体系，呈现数字化趋势

随着各类会展活动的不断增多，会展产业体系逐渐形成，包括会议组织、场馆设施、相关服务产业等多个方面。国际会展业在多年的实践中，形成了一整套接待服务体系，而我国的会展业也正在形成自己的服务体系。此外，会展业的教育培训也开始步入正轨。为顺应国际会展业发展的大趋势，我国会展业也逐渐开始实施会展数字化，通过网络参与，包括线上展览、远程会议等形式，使得会展更具灵活性和普及性，有助于推动产业的创新和发展。我国仅展览业的网站就有43家，这说明我国会展业起步的科技含量较高。

1.3.2　我国会展旅游存在的问题

我国会展旅游业刚刚起步，呈现广阔的发展前景，但也存在一些问题亟待解决。

1. 部分地区盲目发展，缺乏长期发展规划

随着会展经济热潮的掀起，一些地方和部门盲目建设会展场馆、举办会展活动，导致信誉和服务水平良莠不齐，甚至出现了重复办展，造成了展览资源的分散和浪费。同时，一些城市的会展设施建设缺乏长期规划，盲目上马，导致重复建设，浪费了大量的社会经济资源。

2. 部分地区规制落后，营商环境亟待改善

会展旅游作为都市旅游的重要组成部分，其发展尤其依赖外部条件的完善，但目前我国会展旅游业发展的外部条件还不健全，具体表现为以下几方面。

(1) 法律、法规不健全。目前我国仅1995年9月22日对外经济贸易合作部颁布的《关于出国(境)举办招商和办展等经贸活动的管理办法》。

(2) 审批手续复杂。会展旅游涉及场馆建设、活动策划等多个环节，审批手续相对复杂，可能导致项目推进缓慢，增加了从事会展旅游业务的企业和机构的运营成本。简化审批程序，提高效率，将有助于激发会展旅游业的创新和投资热情。

3. 重展轻会，重硬件轻软件

当前，我国的省会城市和大型城市普遍将会展业视为经济发展的关键增长点，将重心放在硬件设施，尤其是场馆建设上。然而，会展旅游的成功发展并非仅仅依赖于场馆等硬件设施的建设，更需要软环境的规范和国际化的推动。

国际上对于会展及奖励旅游业有着全面的认识，其涵盖会议、奖励旅游、活动展览、节事活动四个方面。虽然我们在讨论会展旅游时经常提到奖励旅游，但在实际业务中，会展旅游应更注重会议和展览的双重发展。然而，当前各地在研究会展旅游业时过于强调展览，却忽视了会议的重要性。据分析，会议对其所在城市的会展旅游发展有着重要推动作用。国外相关统计表明，会议型旅游者的消费是一般观光客的2~3倍。据ICCA统计，2022年，全球面对面举办的国际会议数量为9042场，与2020年的8409场相比增长7.3%，显示出国际会议具备较为强劲的增长势头。因此，为了促进会展旅游业的全面发展，既要强调展览业，也要重视会议的带动作用；既要关注硬件建设，也要注重软环境的提升，还要注重软环境的规范化和国际化推动。

4. 展会内贸化，国际化水平偏低

专业观众的多寡是衡量展会质量高低的主要指标，但是在我国举办的大多数展会，除了广交会、进博会等定位为纯外贸的展会之外，直接从国外专程来参会采购的专业买家并不多。我国很多展会的规模比肩或超越很多其他国家和地区的展会，然而我国展会的展商大部分都是由我国企业组成的。来我国参加展会的海外参展企业，大多也是奔着中国市场而来，而没有想着在中国举办的展会中寻找中国市场以外的专业买家。

5. 人才匮乏，专业化程度低

(1) 我国会展业从业人员素质良莠不齐。我国会展业缺乏一支稳定的、高质量的专业会展队伍，特别是缺乏熟悉会展旅游业务、掌握国际惯例、富有运作经验的专业人才。

(2) 会展旅游业发达的国家通常都会设有国家级会展管理机构，虽然这些机构的职责有所不同，但它们都有共同的特点，即唯一性、全国性和权威性。而我国缺乏一个这样的权威部门对分属于不同系统的管理部门进行协调和沟通，因此也就没有办法制定全国会展旅游业发展的长远规划，无法实现总体布局。

1.3.3 我国会展旅游的发展趋势

1. 规范化、标准化

(1) 随着会展旅游业的迅速发展，我国将对会展业的法律法规进行进一步规范，以使行业更好地符合国际标准，提高国际竞争力，促进我国会展市场与国际会展市场的深度合作。

(2) 近些年，我国已经开始制定有关会展的法律法规和各类标准，有关会展的法律法规将相继出台，会展旅游市场将进一步规范化，标准化。

2. 自律性、生态性

(1) 行业规范和自律是会展旅游业健康发展的必要条件。行业协会将加强自身的组织结构和规章制度，提升自律性，通过协会的引领，推动整个会展旅游业实现规范化、健康发展。

(2) 随着人们生态环境保护意识的不断提高，会展旅游业也将以可持续发展为原则，通过减少能源消耗、优化交通出行、推广低碳生活等措施，实现会展旅游的可持续发展。

3. 集中性、县域化

(1) 通过对国际会展业发展的分析，可知会展业在特定城市的发展有"通吃"效应，即会展业会自身加速发展，形成更大的规模，而不可能全国遍地开花。因此，北京、上海、广州等重点城市将成为我国会展业的中心。

(2) 会展旅游业是县级城市重要的营销平台和招商平台，在扩大开放、带动就业、促进消费等方面具有重要作用，可有力提升县域城市经济综合效益。例如，义乌的会展业规模超出全国很多省会城市；江苏昆山、福建晋江、浙江永康、福建南安、浙江温岭、江苏常熟、浙江余姚等也是县域会展旅游经济发展的排头兵。

4. 独立性、专业化

(1) 随着产业的不断发展，会展旅游将从旅游业中分化出来，形成一个独立而具有持续增长潜力的产业，为国家经济发展注入新的活力。

(2) 随着会展经济的高速发展和日益成熟，专业会议组织者(professional conference

organizer，PCO)和目的地管理公司(destination management company，DMC)等中介公司将大批出现。今后随着会展中介组织的完善，会展业必将成为一个专门的行业，成为市场经济中的独立产业。更多的专业性会议和展览将不断涌现，以满足不同行业和领域的需求。会展旅游也将与其他旅游形式相结合，形成更加多样化的旅游产品。

5. 智能化、数字化

随着信息技术的快速发展，会展旅游也将朝着智能化和数字化方向发展。

(1) 通过智能化展台、虚拟现实技术等手段，提升展览的参与感和互动性，为参展商和游客提供更加便捷、高效的服务体验。

(2) 通过大数据分析和人工智能技术的应用，提升会展旅游的管理水平和运营效率。

课程思政案例

践行绿色理念，打造生态会展

2023年7月，习近平总书记在出席全国生态环境保护大会发表重要讲话时强调指出："经过顽强努力，我国天更蓝、地更绿、水更清，万里河山更加多姿多彩。新时代生态文明建设的成就举世瞩目，成为新时代党和国家事业取得历史性成就、发生历史性变革的显著标志。"

会展业是国民经济中的小行业，但也要积极践行"会展业绿色发展""旅游业绿色发展"的理念，尤其是各地新出台的会展政策也让我们感到政府对会展绿色低碳发展的重视。政策对于绿色会展的倡导和支持，将推动会展活动更加注重环保和可持续发展。近年来，各地在发展绿色会展旅游经济的过程中已经采取了一系列措施。例如，引入节能环保的理念，搭建绿色环保展具推广平台等。各参展单位通过推广绿色会展，发展环保低碳经济，为会展旅游业的可持续发展做出自己的贡献。

第133届广交会的绿色低碳理念不仅体现在展品上，也体现在布展、撤展工作中。广交会已经实现了绿色展位的全覆盖。在选材方面，使用可循环的布展材料；在模块化方面，展台可组装、可拆装、可搬运，撤展后可以统一运走，下次再利用；在废料处理方面，尽量减少垃圾产生，加强撤展全流程的固体废物管理；在照明方面，尽量采用LED展示灯，更加节能环保。

这届广交会始终贯彻绿色环保理念，主办方通过优化展品结构、引导绿色低碳布展等，多措并举实施绿色低碳可持续办展。

资料来源：杨晓凡. 第133届广交会闭幕 "绿色"理念贯穿广交会各环节. 央广网[EB/OL]. https://news.cnr.cn/native/gd/20230506/t20230506_526243238.shtml，2023-05-06.

本章思政总结

正如习近平总书记所言，"一个国家、一个民族的强盛，总是以文化兴盛为支撑的，中华民族伟大复兴需要以中华文化发展繁荣为条件"。而会展是文化传播的重要途径之一，它是指在一定地域空间，由多个人聚集在一起形成的集体性的物质和文化交流活动。会展旅游是指与会议、展览、节事及奖励旅游等活动紧密结合并且旅游者以其为出行初衷的，涉及食、住、行、游、购、娱等相关产业的综合性旅游活动。一般而言，会展旅游有4种类型，即会议旅游、展览旅游、奖励旅游和节事旅游。会展旅游深刻地影响着当今人类社会发展的各个方面，作为经济的"推动器"、文化的"传播器"，发挥着不可替代的作用。

会展旅游发展条件包含宏观条件和微观条件两个层面。其中，宏观条件包括地理区位、区域经济发展水平、制度环境和社会文化条件；微观条件包括相关产业基础、旅游资源、城市功能、会展设施、产业政策、会展人才和政府部门在战略规划以及经费规划方面做出的有利安排。与传统旅游相比，会展旅游具有组团规模大、消费档次高、客人停留时间长、受季节影响小和经济联动效益强的特点。会展旅游的主体是指出于公务目的、以会展活动为工作对象的人员及其所在组织；会展旅游的客体是指那些能够实现会展旅游主体的动机和目标、可以延伸会展活动功能、有利于实现会展旅游主体经营目标的事物、活动和文化等；会展旅游的介体是指为会展活动的参与者在会展旅游过程中提供各种服务的相关产业和部门，其中包括旅行社、交通、饭店等旅游产业部门。会展旅游作为新型产业和新型服务业，已成为经济发展的重要动力之一，要坚持跨界融合、模式创新，促进服务业扩大规模，拓展服务空间，以实现优质高效发展。

重要术语

会展旅游(meetings incentives conventions exhibitions)

会展城市(exhibition city)

会展组织者(professional conference organization)

会展主办方(exhibition organizers)

参展商(exhibition exhibitors)

专业观众(exhibition visitors)

思考与讨论

1. 会展与会展旅游是否等同？谈谈你的看法。

2. 什么是会展旅游？常见的会展旅游类型有哪些？

3. 会展旅游发展需要什么条件？

4. 我国会展旅游的发展现状如何？还存在哪些问题？

5. 你对会展旅游的发展趋势持何种看法？请结合实例加以陈述。

二十大精神进教材

党的二十大报告提出："增强中华文明传播力影响力。坚守中华文化立场，提炼展示中华文明的精神标识和文化精髓，加快构建中国话语和中国叙事体系，讲好中国故事、传播好中国声音，展现可信、可爱、可敬的中国形象。加强国际传播能力建设，全面提升国际传播效能，形成同我国综合国力和国际地位相匹配的国际话语权。深化文明交流互鉴，推动中华文化更好走向世界。"

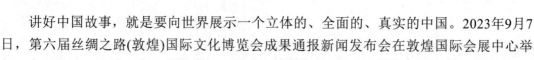

讲好中国故事，就是要向世界展示一个立体的、全面的、真实中国。2023年9月7日，第六届丝绸之路(敦煌)国际文化博览会成果通报新闻发布会在敦煌国际会展中心举行。本届敦煌文博会在讲好中国故事、推动中华文化走出去方面取得了实实在在的成效。本届文博会的举办恰逢共建"一带一路"倡议提出十周年，大会以"沟通世界：文化交流与文明互鉴"为主题，通过开展系列主题活动、加大国际传播力度来提升中华文化影响力和传播力。本届敦煌文博会以"敦煌论坛"为统一名称，共举办13项论坛活动，邀请了580多名来自中亚、东盟、共建"一带一路"国家文化官员、知名专家学者以及国际组织代表参加。通过举办"传承丝路文化与构建文明新形态"论坛、"敦煌学研究弘扬的世界意义"学术研讨会、文明古国友好组织对话会、国际青年文化论坛等，深入挖掘敦煌文化蕴含的哲学思想、人文精神、教化思想、道德理念，向国内外嘉宾展示传承丝路精神、构建人类命运共同体、文化遗产保护、敦煌学研究、文化交流与合作等方面取得的丰硕成果，彰显中华民族博采众长的文化自信，充分展示中华优秀传统文化的博大精深；通过举办世界文化遗产保护典范和敦煌学研究高地建设成果展、融贯东西的典范——敦煌文化主题展、丝绸之路简牍文物展等，向国内外嘉宾展示我国在保护和传承中华优秀传统文化方面取得的成就。此外，还邀请美国、蒙古国、阿塞拜疆等国艺术家与甘肃艺术家同台演绎"相约敦煌"，联袂打造连接历史与当代、世界与中国的文化盛宴，共同谱写了美美与共、和合共生的丝路乐章，让丝路风情与异域风情在本届文博会上完美融合。

思考：党的二十大报告要求，"加强国际传播能力建设，全面提升国际传播效能，形成同我国综合国力和国际地位相匹配的国际话语权"。传播力决定影响力。第六届丝绸之路(敦煌)国际文化博览会塑造了生动的中国故事，通过博览会让世界听到中国声音。你认为会展旅游应如何发挥自身优势，传播中华优秀传统文化？

16

参考文献

[1] 刘耿大. 会展旅游概念内涵及发展历史探析[J]. 桂林旅游高等专科学校学报，2007(01)：93-96.

[2] 许峰. 会展旅游的概念内涵与市场开发[J]. 旅游学刊，2002(04)：55-58.

[3] 王春雷. 中国会展旅游发展的优化模式构建[J]. 旅游学刊，2002(02)：44-48.

[4] 王保伦. 会展旅游发展模式之探讨[J]. 旅游学刊，2003(01)：35-39.

[5] 范智军. 城市会展旅游业成长路径研究——以广州为例[J]. 旅游纵览(行业版)，2012(02)：87-88.

[6] 汪鸿. 发展会展旅游的效应和措施[J]. 经营与管理，2011(2)：39-40.

[7] 莫伟维. 国内会展旅游发展策略探析[J]. 科技信息，2012(20)：439.

[8] 李旭，马耀峰. 国外会展旅游研究综述[J]. 旅游学刊，2008(03)：85-89.

第2章
会展旅游管理

本章要点

1. 掌握会展旅游营销的内容。

2. 了解会展旅游目的地形象构成要素。

3. 掌握会展旅游目的地形象策划要点。

4. 了解会展旅游目的地的形象品牌。

5. 了解会展旅游目的地形象的传播要点。

6. 正确理解会展旅游经济涉及的领域与会展的关系。

7. 掌握会展旅游营销中广告宣传的内容和营销策略。

8. 理解旅游目的地管理的政府行为与决策。

9. 了解会展旅游数字化管理的建设要点。

10. 掌握会展旅游危机的类别。

11. 掌握会展旅游危机管理的内涵。

12. 掌握会展旅游危机各阶段的管理方法。

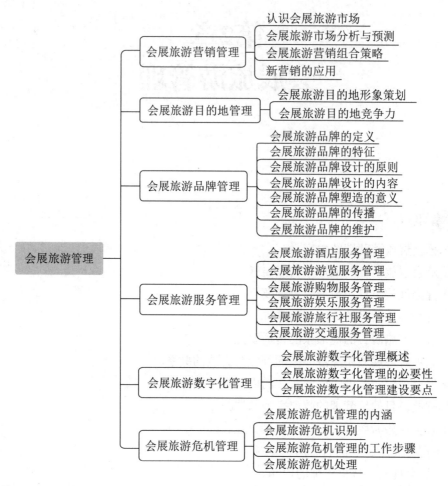

课程思政元素

粤港澳大湾区；和平统一、一国两制；区域经济发展战略；品牌强国；忧患意识，底线思维；立足人民，为人民服务；全球视野，大局观念；命运共同体；数字化生存能力；绿色生活方式和可持续发展理念；资源节约型、环境友好型社会；民族品牌发展；产业融合发展；大国担当；双循环；高水平对外开放

引例

粤港澳大湾区相继复展，会展平台效应显现

2021年5月，中国香港旅游发展局(以下简称香港旅发局)邀请一百多位来自商界及专业领域的人士担任"香港国际会议大使"，促进中国香港成为亚洲乃至全球会展活动首选目的地。

"国际性会展活动可带来'乘数效应'。"香港旅发局主席彭耀佳博士表示，设立"香港国际会议大使"计划，不仅是为了在旅游重启后吸引商务活动，也是为了向海内外推广香港的区域优势，以拉动本地多个行业复苏。

业内人士表示，会展旅游访客人均消费比一般游客高出20%以上。国际性会展活动将会对香港的经济产生"乘数效应",并推动包括粤港澳大湾区在内的地区复苏及发展。2021年1月,香港国际牙科博览会暨研讨会(HKIDEAS,以下简称香港牙博会)作为香港举行的当年首场线下展会如期举办,平均每天吸引3000多名牙科专家参加。2021年11月,香港举办首届粤港澳大湾区人工智能大会,吸引2400多名与会者前来参加。

对此,香港生产力促进局首席市场总监李润龙表示,作为全球最国际化的城市和通往内地的重要门户,香港是主办这项大湾区活动的最佳地点。毫无疑问,"香港国际会议大使"计划将会深化旅游与商界的关系,为香港带来更多国际性会展活动。

记者从中国澳门贸易投资促进局(以下简称澳门投促局)了解到,2021年6月底前,将有三场大型会议在澳门举办,预计与会者将超过8000人。据介绍,为更好地发挥跨部门及跨界的叠加效应,在上述会展活动举办过程中,澳门投促局将联同澳门经济及科技发展局、澳门旅游局、澳门各区工商联,通过会展竞投及支援"一站式"服务,组织、安排与会者走进澳门各区,亲身体验澳门风土人情及多元产业分布特色。澳门投促局有关人员表示,希望到澳门的与会者能深入了解澳门世界遗产及独特的文化底蕴,进而走访及探索澳门的特色商铺,为商户带来更多人流和客源,为澳门经济创造更大效益。

近年来,澳门持续引入更多优质会展项目落户,并着力推动具专业性的品牌及产业主题会展活动来澳门举行,以促进澳门经济适度多元发展。

统计显示,2020年,到澳门参加会展活动的旅客人均消费为3117澳门元,金额是整体旅客人均消费的1.5倍,是个人游(自由行)旅客人均消费的1.4倍。接下来,澳门将继续携手会展业界引进多元主题的会展项目,进一步激发会展市场主体的活力。

2021年4月6日,第15届137次市政府常务会议审议通过了《广州市关于促进会展业高质量发展的若干措施》以下简称《措施》。广州将通过一系列措施进一步提高会展业品牌化、数字化、国际化水平,增强会展业服务全市经济社会发展功能,巩固和提升"国际会展之都"的竞争力和影响力。

从2019年11月始,广州出台了《广州市建设国际会展之都三年行动计划(2020—2022年)》(以下简称《三年行动计划》),围绕推进广州会展业高质量发展、加快建设具有全球影响力的会展之都的任务,提出了九项重点工作,具体包括优化会展业空间布局、支持广交会优化提升、促进会展市场主体发展、培育引进品牌展会、加强粤港澳大湾区会展合作、推动智慧会展建设、规范会展行业市场秩序、提高口岸服务水平、完善会展业促进体系。

广州市商务局有关负责人表示,本次常务会议通过的《措施》共20条,涵盖了优化会展场馆功能和布局、集聚优质会展企业和项目、支持会展品牌化数字化国际化发展、引进和培育会展专业人才、优化会展公共服务等方面,从政策上推动、保障《三年行动计划》提出的工作措施得到有效落实,确保实现广州会展业高质量发展、建设国际会展之都的目标任务能够稳步有序推进。

资料来源:兰馨. 粤港澳大湾区相继复展,会展平台效应显现[N]. 中国贸易报,2021-05-18(005).

粤港澳大湾区会展活动的案例告诉我们，参加会展活动的旅客的人均消费远远高于普通游客的人均消费。会展旅游的开展涉及多方面、全方位的管理服务，一场成功的会展旅游活动离不开营销管理、目的地管理、品牌管理、安全管理以及服务管理等。在会展旅游活动的任何环节，组织者都要保证会展旅游管理工作不出差错，这样才能提高整个会展旅游活动的成功率。本章重点阐述会展旅游管理的内容，它包括会展旅游营销管理、会展旅游目的地管理、会展旅游品牌管理、会展旅游服务管理、会展旅游数字化管理以及会展旅游危机管理。本章将在参考经典教材的基础上引用会展旅游领域较新的研究成果来拓展学生的知识面。

2.1　会展旅游营销管理

2.1.1　认识会展旅游市场

1. 会展旅游市场的主体和分工

会展旅游市场的主体包括政府、会展策划者、专业会议组织者(或展览公司)、目的地管理公司、参展商(或会议代表)和其他中介组织等。

1) 政府

政府在会展旅游业的发展过程中起着不可替代的作用，它主要行使经济调节、市场监督、宏观管理、公共服务的职能。政府从政策和税收方面扶持会展产业发展，为会展旅游业的市场主体服务。如果会展旅游业的上游企业和下游企业以及会展产业群想要在市场经济中正常运行，会展旅游的消费者和生产者就应当有相应的自由选择的权力，这就要求政府规范化管理市场，营造良好的制度环境，引导会展经济健康发展，进而形成持久的大规模买卖关系。

2) 会展策划者

会展策划者是会展旅游市场的生产者，也是会展旅游活动的组织者和提供者。会展策划者通常包括主办方、承办方、协办方、支持单位等相关机构，由政府、非政府组织和公司等机构担任主导者。

3) 专业会议组织者(或展览公司)

专业会议组织者(professional conference organizer，PCO)是负责起草申办、策划、组织、协调、安排和接待国际会议和大型活动的专业公司。随着会展业和旅游业的融合发展，部分旅行社、旅行商开始承接会议业务，甚至开始在会议接待业务中发挥重要作用，形成了"会议操作代理人"的专业分工，他们在会展旅游活动举办期间与活动参与者(包括参展商、专业观众以及一般观众等)直接接触。专业会议组织者的服务质量直接关系到会展旅游活动参与者对整个活动的印象和评价。

4) 目的地管理公司

目的地管理公司(destination management company，DMC)起初是为了处理会展旅游活动中出现的后勤事件而成立的临时机构，后来随着会展业的逐渐发展演变成处理会议组织者部分工作的专业机构，它受主办方委托，为会展提供各种服务。

5) 参展商(或会议代表)

会展旅游参展商消费水平比较高，他们也是会展旅游产品的主要购买者。随着会展旅游业的发展，越来越多的参展商认识到，参加会展活动不仅是企业实体或政府机构日常经营管理的一个组成部分，更是展示其经济实力和社会形象的良好途径。

6) 其他中介组织

中介机构在帮助政府部门决策、执行政府决策、说服会展参与机构接受会展理念等诸多方面，是一支不可或缺的生力军。它是培育和管理会展活动的要素之一。

2. 会展旅游市场的特征

1) 团队客人占主导

基于会展活动的特殊性，容易吸引众多的参展商和观众参加，从而为城市带来大量客源。会展客源以团队客人为主，散客占的比重较小。

2) 需要专业的策划人员

在会展旅游活动中，专业知识的策划人员比销售人员重要得多。美国学者拉瑟福德和乌姆布莱特发现，与一般的旅游形式不同，在会展旅游中，没有高素质的专业人才，难以支撑大型的国际性会展活动。

3) 参与者素质高

根据《中国会展经济发展报告》的相关调查，前往北京、上海、广州参加展览会的参展商和观众的学历总体较高，大学本科及以上的比例连续三年都在70%左右。会展旅游参与者的高学历特点，决定了其对旅游产品和服务的需求表现出不同特征，这部分旅游者消费更加理性，对服务的要求更高，对体验、个性化定制的旅游安排兴趣更大。因此，旅游企业需要有针对性地推出相关服务，以迎合会展旅游者的需求。

4) 要求专门设施和专业化服务

会展旅游活动依托于会展活动，而会展活动对基础设施又具有极大的依赖性。如果旅游企业没有硬件支持和专业化服务，就很难满足会展旅游者的需求。例如，奥运会、世界杯足球赛、世界博览会和一些大型展览会、交易会，如果举办地没有便捷的交通设施，这些活动是难以顺利开展的。同时，科技的发展加快了会展业的发展，现代化会展设施已成为会展活动的必备条件。

5) 消费档次高

会展旅游市场的消费档次较高，主要源于两个方面。一方面，由于会展旅游市场的消费者多以参展商或专业观众等会展相关人员为主，其社会地位相对较高，且其差旅费通常由其所在单位承担，因此这类消费者对价格的敏感度低，购买能力强；另一方面，会展旅游者逗留时间相对较长，如展览会通常持续时间会在三天以上，加上布展和撤展时间，大多数参展商需要在举办城市逗留一个星期左右，部分参展商和观众还会在展后安排自己的旅游活动，从而引致更多的旅游消费。

6) 季节性弱

大型展览、会议活动通常会定期举办，且举办时间大多安排在举办地的旅游淡季，通常避开重大节假日，这就填补了旅游公司、旅行社的淡季业务空白。

2.1.2 会展旅游市场分析与预测

1. 会展旅游消费者市场的参与者

会展旅游消费者市场的主要参与者是会展旅游者。会展旅游者根据特征的不同，可以分为专业观众和非专业观众。专业观众是指与会展旅游活动有直接购买关系的人群，也指组织、协会或其他主办机构的会员以及受到邀请前来参加活动的人员，他们与参展商签订购买合同的可能性更大；非专业观众主要指看热闹的人群，相当一部分是不邀自来的活动参加者，购买和成交的可能性较小。鉴于以上情况，会展旅游组织者需要对会展旅游产品实施多样化报价，针对不同的会展旅游者、不同的会展旅游需求对会展旅游产品进行组合。

2. 会展旅游生产者市场与再卖者市场

会展旅游生产者将会议产品出售给专业会议组织者，专业会议组织者组织会展旅游活动的卖家(活动出席者)购买产品，再交由目的地管理公司去接待，专业会议组织者和目的地管理公司共同组成再卖者市场。由于会展活动是一项操作性极强的系统工程，从招募、布置到进行，涉及许多部门，牵涉很多环节，会展企业很难将更多的注意力投入场外服务。这就需要会展企业和旅游企业之间能够加强合作，共同推动会展旅游市场的正常运作。

会展企业将展览产品(创意、主题或品牌)出售给再卖者，再卖者组织参展商(展览的买家)购买产品，同时寻求旅游企业的支持；旅游企业需要发挥行业功能优势，为会展的举行提供相应的场外服务。这种场外服务从会展活动本身拓展开来，涉及餐饮、住宿、娱乐等方面，进而争取使会展相关人员产生游览、购物等更进一步的需求。

会展旅游的深度发展客观要求会展业和旅游业之间呈现良好的对接状态，实现专业化分工，其最终目标是旅游业能够选择自身可参与部分，全程参加会展活动，介入前期策划、中期服务和后期组织旅游，依靠自身长期经营旅游业务所积累的行业优势，以树立会展形象与品牌为职责，为会展活动提供所需的相关服务，例如安排车辆接送，代订客房、餐饮、票务，组织在目的地的参观游览和娱乐消遣活动，提供翻译、导游讲解服务等，还可以根据实际需要适时提供一些专业建议以供会展旅游者参考。

3. 会展旅游市场需求预测

1) 会展旅游市场需求预测的定义

会展需求是指会展旅游者为了满足对会展活动的欲望，在一定时期内愿意并且能够以一定价格购买的会展产品的数量。会展旅游市场需求预测是指依据会展旅游市场的历史和现状，凭经验并应用一定的预测技术对会展旅游市场的发展趋势进行预计、测算和判断，得出符合逻辑的结论的过程。会展旅游市场需求预测反映了市场现实需求状况，是分析会展市场发展趋势和预测会展需求趋势的重要依据，其服从于会展旅游，是会展旅游的有机组成部分。

2) 会展旅游市场需求预测的内容

会展旅游市场需求预测的内容非常丰富，宏观方面主要包括会展旅游的发展及变化、会展旅游市场容量及变化、会展旅游市场价格的变化趋势、会展旅游需求的变化趋势等。

3) 会展旅游市场需求预测的方法

(1) 传统预测技术。传统预测技术主要是根据已有的、其他人为其他目的而收集的历史资料和现实资料，依靠个人经验与综合分析能力，对市场未来的变化趋势做出判断，以判断结果为依据做出预测。传统预测技术的优点是不需要太多经费，比较经济实惠，花费时间相对较少，如果运用得当，是很有实用价值的；其缺点在于不能用于长期预测，预测结果的误差相对较大。

(2) 时间序列预测技术。时间序列预测技术是以历史和当前的时间序列数据资料为基础，运用一定的数字方法使其向外延伸，以此预测市场未来的发展趋势。时间序列预测技术的花费不多，简便易行。

(3) 因果分析预测技术。因果分析预测技术也称为相关分析法，即分析导致市场变化的原因，找出原因与结果之间的联系，并据此预测市场未来的发展趋势。

2.1.3　会展旅游营销组合策略

会展旅游产业作为最具活力和潜力的绿色产业之一，在具有广泛发展前景的同时也极具产业带动效应，能够促进城市多种相关产业的发展。会展旅游经济不仅可以培育新兴产业群，还为交通、商业、餐饮、广告、金融等产业带来巨大商机，并带动第一产业和第二产业协同发展。营销定位与成本控制是影响会展旅游产业发展的关键因素，直接关系到会展的收益以及会展的长期效应。在经营会展项目的过程中，会展营销是业界普遍关注的方面。

1. 营销组合要素

会展营销组合是会展旅游企业依据其营销战略对营销过程中与会展有关的各个要素变量进行优化配置和系统化管理的活动。营销组合要素主要包括产品、价格、渠道、促销。

1) 产品(product)

会展旅游产品是指会展旅游企业向会展参加者提供的用来满足其需求的会展旅游活动及全部服务。如果想要打造合格乃至优秀的会展旅游产品，以下要素必不可少。

(1) 服务要素，包括服务范围、服务质量、服务水准、保障及售后服务。

(2) 基本设计，例如旅游目的地基础设施的规模和外观。

(3) 品牌，为特定会展旅游产品赋予独特、抓人眼球的名称和形象，优秀的品牌定位是会展旅游营销活动成功的核心。

如果要打造一流的会展旅游产品，会展企业就必须考虑服务范围、服务质量和服务水准，同时还应注意品牌、保障及售后服务等。会展旅游企业应根据不同行业和企业的市场战略、不同产品的目标消费者和目标市场，以及本企业所具备的资源、技术、设施、人员的具体情况制定产品和服务差异化策略。

2) 价格(price)

与有形产品相比，会展旅游服务特征对于服务定价可能具有更重要的影响。会展旅游服务具有不可贮存性，对于其服务产品需求波动较大的企业来说，当需求处于低谷时，会展旅游企业往往需要通过使用优惠价或降价的方式，以充分利用剩余的生产能力，因而边际定价策略在包括会展旅游企业在内的服务企业中得到了普遍应用。就基本的定价策略而言，会展服务产品的定价可以采用反向定价法、认知价值定价法、需求差异定价法。

会展旅游企业除了需要考虑在需求波动的不同时期采用不同的价格外，还需要考虑是否应该在不同的地理细分市场采用不同的价格策略。一般来说，在全球市场中执行统一的服务价格策略是不现实的，即使是同样的服务项目和服务内容，为客户创造的服务价值相同，所支付的费用相同，但在不同的国家，收费可能也需要做出调整。价格方面需要考虑的因素包括价格水平、折扣、折让、佣金、付款方式和信用。在区别一项会展服务和另一项会展服务时，价格是一种识别方式，而价格与质量间的相互关系，即性能价格比，在会展营销中是需要重点考虑的对象。

3) 渠道(place)

在会展营销中，提供会展服务者的所在地以及其地缘的可达性是重要因素。地缘的可达性不仅指实物方面，还包括传导和接触的其他方式，如网络营销。销售渠道的形式，即直销与分销，以及会展服务涵盖的地区范围，都与会展服务的可达性有着密切的联系。

为了满足目标市场对会展服务的特殊需求和偏好，会展旅游企业往往需要采取不同的渠道策略。当会展产品的消费者相对集中、量大且购买频率低时，会展旅游企业通常会选择直销策略。这是因为消费者希望通过保持供求关系的相对稳定，以获取更优惠的条件。当消费者相对分散、购买量小且购买频率高时，会展旅游企业往往会选择分销策略。

4) 促销(promotion)

促销是指以刺激目标客户购买或销售代理商经销为目的的一切短期激励手段，包括广告、人员促销、销售促进和公共关系等市场沟通方式。会展旅游企业应根据会展旅游市场和消费者偏好的变化，因地制宜地制定促销组合策略。

2. 营销策略

1) 市场调查和定位策略

市场调查是成功举办会展活动的基础。市场调查是指针对与本会展项目相关的市场情报进行系统的收集、整理、分析、评价，目的在于为会展旅游制定营销决策提供科学依据的过程。市场调查除了要了解目标市场、竞争对手，还要掌握地区经济、地理方面的优势，使之充分为会展服务。在掌握市场信息的基础上，确定会展的定位，决定是走综合性会展道路还是走专业性会展道路。

综合性会展是指将各个产业、行业与内外贸结合的交易会、博览会或大型国际会议。专业性会展是指以某一个产业或者行业为依托举办的交易会、博览会或大型会议。综合性会展以广交会为例，其宣传口号为"来到'广交会'就可以找到中国大多数的出口商品"；专业性会展以高交会和宁波中国国际男装展为代表，高交会是高新技术产品的展会，而中国国际男装展的细分市场更加明确。

2) 打造会展品牌

会展品牌具有重要的作用，既能对会展委托方产生影响，也能对所有的参展者(包括会展现场的所有参展商、专业观众和非专业观众)以及社会公众产生影响。因此，会展旅游业应提升品牌意识，打造知名会展旅游企业品牌。

以上海为例，上海每年会举办800余场国际性会展，曾在一个暑假期间，面向儿童推出三场卡通展，由于展期接近，题材重复，各展会规模无法达到预期，效益也随之大打折扣。参展商面对众多的招展函不知所措，不知道该信赖谁家。而在国外，多年的市场竞争已经实现了优胜劣汰，形成一套完整的会展企业营销机制，打造出不少品牌会展，许多出色的品牌展览公司都有自己的独家领域。例如，美国的夏洛特展览公司专门举办针对妇女、家庭用品和草坪、农场用品的展会；Weathersfield展览公司主要从事鲜花、礼品和户外体育活动用品展。这些具有独家领域品牌效应的展览公司更能吸引相关行业参展商的眼球。汉诺威工业博览会、科隆国际博览会、慕尼黑国际展览会等知名展会的大多数参展者都是出于展会的知名度而前往参展的。

3) 注重服务营销

服务是会展旅游业的根本所在，没有一流的服务就不可能有一流的会展，因此，从立项、招展、办展到会展结束，会展旅游企业应贯穿良好的服务意识，具体应做好以下几点。

(1) 做好展前的信息发布，帮助参展商做好展馆展台的布置工作和展场企业的广告宣传，设置展场咨询服务台，以免参展商遇到金融、法律、会计等方面的问题不知该如何解决，影响参展效果。

(2) 举办各种洽谈会、主题研讨会，交流信息，创造商机。例如，广交会设立跨国定点采购专区的做法很值得借鉴。

(3) 设立海关、商检绿色通道，为参展商提供便利。

(4) 提供运输、保险、翻译等各方面的服务。

(5) 会展结束后提供后续服务，建立参展商、观展商资料库，保持会后联络，征求参展商的意见和建议，便于日后改进工作。

4) 制定网络营销策略

互联网的飞速发展改变了人们的购物习惯和沟通方式，开拓了会展旅游业在网络营销领域的市场。会展本身具有集中性和实物性，但这也决定了其时空的有限性，即它是在某段时间在某地集中举行。开辟网上会展可以突破这些限制，除了在会展举办期间作为主场的有利补充之外，它还可以提供全天候、跨地域、跨国家的会展环境，为各国贸易商提供一个丰富、开放、全息的信息交流场所。

常用的会展网络营销策略包括：建立会展官网、公众号、自媒体号进行宣传；发放电子广告；邮件群发。同时会展经营者要与时俱进，不断更新观念、技术以及设备，保障网上会展的时效性。

5) 会展旅游联合营销

会展与旅游具有十分紧密的联系，会展参加者是旅游业的重要客源，开发会展地旅游资源对会展的成功举办具有重要作用。汉诺威世博会旅游与票务处主任沃尔特·克罗姆贝奇先生在同上海旅游业世博会考察团谈到汉诺威世博会的赤字原因时说道："汉诺威世博会一开始就只把精力集中在办展上，而没有考虑到如何同旅游结合起来，没有考虑如何吸引旅游者，没有把宣传促销和招徕旅游者放在一定的重要位置上，没有用大型广告把周围景点结合起来向世界展示。"会展如何实现与旅游资源的结合，利用旅游资源促进会展成功举办是一个很值得思索和实践的问题。

2.1.4 新营销的应用

会展旅游市场在进入21世纪以来，逐步迈进客户主导时代，会展企业对会展项目进行包装、推广时，要接受新观念、新技术的洗礼。营销观念的创新和新型营销手段的运用是未来会展业发展过程中要面对的重大课题。

广告长期以来是企业获得直线利益收入、品牌知名度、企业名誉等最直接的手段。随着信息时代的到来，广告投放的媒体也从传统的平面媒体衍生至今日的网络媒体和手机媒体。企业运用统一的形象和别出心裁的产品广告向目标客户传递信息，可以减弱会展营销环节中的信息不对称和信息流失，让客户眼前一亮，提高对广告的接受度。

1. 切实更新营销观念

任何改革都来自观念的创新。进入新时代，从政府主管部门或行业协会到每一个会展旅游企业都要树立新的营销观念。具体而言，主要表现在以下两个方面。

1) 营销主体

会展营销主体包括政府、会展旅游企业、参展商和与会者、媒体。随着观念的转变，越来越多的营销主体参与到会展的经营和推广环节中，共同推动会展旅游业发展。例如，国内政府部门和会展界达成共识，将会展城市作为一个产品来经营和推广。显而易见，办展城市也需加强与ICCA等会议和展览组织的联系。

2) 营销手段

现代会展业已发展了一百多年，运用的营销手段也不断与时俱进，早已不限于传统的报纸杂志和广播电视，大量的新技术被应用到会展营销活动中来，使得营销竞争更加五彩纷呈。其中，最耀眼的当属网络技术的发展，互联网在会展活动中被广泛运用，使得会展经营中的定制化营销成为可能。

2. 争取相关组织的支持

相关组织在会展和旅游产业结合过程中发挥的作用日益凸显，相关组织一般包括以下四种类型。

1) 政府有关部门

任何一项产业在发展初期都离不开政府的扶持，政府在会展旅游业的发展过程中同样有着不可替代的作用，政府行使经济调节、市场监督、宏观管理、公共服务的职能，为会展业的发展创造良好的市场环境。会展旅游企业需要经常与政府部门的商务系统、各级贸易促进委员会、旅游局以及公安部门等沟通交流。

2) 各类驻外机构

我国的会展旅游企业大大忽视了驻外机构的作用。这些机构包括驻外使领馆、各种友好组织的国外联络处以及其他政府机构在国外设立的办事处等。这些机构对当地社会经济情况有深入了解，这恰是会展旅游企业所需要掌握的信息。例如，当会展旅游企业要举办国际旅游交易会时，它可以与文化和旅游部的驻外办事处进行深度合作，利用对方的信息优势，选择最适合的招展、招商渠道及手段。然而，我国会展旅游企业对驻外机构的这些优势的开发还远远不够，需要提高合作效率，以提升我国会展业的整体水平。

3) 行业协会或学会的海外组织

这里的行业组织主要包括两类。第一类是国际性或区域性专业协会，如国际大会及会议协会、国际展览联盟、国际展览管理协会等。若能得到这些权威性组织的指导和推荐，可以有效提高国内会展旅游企业的美誉度，增强展览会的吸引力。第二类是某一个行业的协会，如世界旅游组织、中国棉纺织行业协会、中国汽车工业联合会、中国模具工业协会等。若能得到这些机构的认可，会展主办单位除了可以享受技术支持和行业资源优势外，还能迅速提升会展活动的可信度。

4) 国际商业公司

这里的国际商业公司主要包括实力雄厚的管理咨询公司、公关公司、市场调查公司和营销咨询公司等。这类大型公司能够迅速掌握市场动向，有固定客源，客户忠诚度高。如果会展旅游企业能和国际商业公司建立合作，会议和展览会营销就可以取得显著效果。因此，国内会展旅游企业要熟悉国际惯例和法规，积极采取市场化运作手段，充分发挥国际商业公司的作用。

3. 积极开展联合促销

基于会展旅游行业对旅游目的地的基础设施和资源的依赖性，在对外宣传过程中，不能单一地宣传会展业或旅游业自身的优势，要充分挖掘当地特色，凸显当地的整体形象以及优越的自然资源和人文资源，从而达到吸引更多参与者的目的。开展联合促销既能塑造和推广地区会展业的整体形象，又能有效组织分散的资金、人力和物力，集中力量宣传本地区优良的办展(会)环境以及品牌会议或展览会，进而做到优势互补、协调一致，提高产业的市场和地区影响力。

1) 与政府合作

在会议方面，可以通过策划达到共赢，争取由政府有关部门牵头，大力推进目的地整体营销。因为广阔的市场前景和良好的外部环境能够吸引更多的国际会议组织者和公司会议策划人，而这需要依靠精心策划的目的地营销活动来完成。一些国际性会议一般较少固定在某个国家或城市召开,这必将使得国家与国家、城市与城市会议业之间的竞争越来越激烈。

2) 建立促销联合体

本着平等自愿、投资多、受益多的原则,成立全国范围内的促销联合体,使得面向全球开展联合促销成为可能。单个展览公司难以同时在多个国家建构办事网络,而建立促销联合体可以最大限度地扩大宣传营销的范围,尽可能地构建有效的国际促销网络,达成联合促销体内的合作共赢。

3) 会展与旅游业合作

随着会展业与旅游业的进一步融合发展,越来越多的会展部门和旅游业在开展整体促销时通力合作。由于会展活动和旅游活动之间存在诸多共性,会展旅游企业结合城市周边的旅游景点和接待设施开展推广活动成为可能。

4. 推进营销技术创新

1) 营销手段的创新

营销手段的创新是更新会展营销理念的重要内容之一。从营销主体的角度来看,可以将营销手段的创新分为两个层面,即会展城市层面和会展旅游企业层面。

(1) 会展城市层面。对于会展城市而言,行业主管机构可以与旅游、城建、媒体等部门联合,以积极建设目的地作为手段加强各行业之间的协作,切实提高对大型会展活动的综合接待能力。

(2) 会展旅游企业层面。对于会展旅游企业而言,营销手段的创新主要在于不断更新客户关系管理系统,完善市场统计制度和客户数据库,对参展商或主要贸易观众开展一对一营销。例如,出国展的传统目标市场和推广渠道是外贸进出口公司和贸促会系统,尽管渠道推广仍然占有举足轻重的地位,但大部分出国展的组展单位都以直接的客户销售作为招展的主要手段。

2) 自媒体营销

自媒体种类丰富多样,其传播机制独树一帜。与传统媒体相比,社会化媒体营销成本低,不需要高额广告费,容易实现线上沟通和支付、线下交易。同时,各类自媒体具有庞大的用户群,且发展速度快,可以成为会展营销的潜在顾客群,为会展营销提供了广泛的受众基础,这是会展营销工作开展的重要前提。另外,社会化媒体在会展营销中的优势在于其营销的"三高"——高投放率、高准确度和高便捷性。高投放率是指社会化媒体比广告、电视、广播等传统媒体更有针对性。关注微信公众平台的目标用户会接收到展会信息;微博会将会展信息置于更广阔的宣传空间;抖音、快手等短视频可以将会展营销场景化、故事化,丰富宣传形式,大大提高了展会信息到达率。高准确度是指会展能够借助社会化媒体链接的商城、小程序甚至是主办方官网等将企业的商品信息更准确地传递给潜在顾客,实现有效营销。高便捷性,一方面指的是社会化媒体平台广泛的用户基础以及微社群操作简单,另一方面指的是信息接受者操作便捷、信息接收方便。

2.2 会展旅游目的地管理

2.2.1 会展旅游目的地形象策划

1. 会展旅游目的地形象相关概念界定

1) 形象

"形象"在《现代汉语词典》中是指"能引起人的思想或感情活动的具体形状或姿态"。这说明形象是表象，是客观事物或人物的本质特征的外在表象，是人对事物的客观认知。

形象是一个人对某个地方的信任度、观点和总体印象的综合体现，代表人们对所了解的事物的个人化和主观解读，这种解读是基于人脑的信息处理过程而产生的。

总体来说，以上对形象的研究均认为形象是客观事物留在人们心目中的总体印象。除此之外，对于形象的研究已经扩展到企业形象、地区形象、城市形象、旅游地形象等相关方面。

2) 旅游地形象

旅游地作为一个地理空间，其显著特点是空间认知，核心内容是地理位置、景观认知以及空间模式形成。旅游地是旅游者进行旅游活动的主要场所，同时也是旅游经营者开展经营活动的空间。

旅游地形象也称为旅游目的地形象，它是指旅游者对某一特定旅游目的地的感知、印象和情感的综合反映，包括对该旅游目的地的认知、情感、联想、态度和印象等方面的评价和看法。旅游地形象实际上是一个系统形象。

(1) 从旅游地形象生成的过程来看，有原生形象、引致形象和复合形象三个相互联系、逐层递进的形象层次。

(2) 从旅游目的地来看，有视觉形象、味觉形象、听觉形象和嗅觉形象等。

(3) 从旅游目的地内部来看，有旅游从业人员的服务形象、当地居民的形象和其他旅游者的形象；在空间范围内有第一形象区的形象、最后形象区的形象、光环效应区的形象以及地标区、核心区和边缘区的形象。

3) 会展旅游目的地形象

会展旅游目的地形象是受众和潜在目标群体对开展会展旅游的设施与服务、内在综合实力、外显活力和未来发展前景的具体感知、总的感受和综合评价。简而言之，会展旅游目的地形象是公众有意识或无意识地对该地各个方面的感知和评价。

在有意识的情况下，受众会通过主动搜寻广告信息、咨询会展公司等渠道来形成自己对某一会展目的地的感知印象；在无意识的情况下，受众会受到大众传媒、口碑、网络评价等的影响，进而形成对某一会展目的地的潜在印象。

因此，会展旅游目的地形象策划需要发挥其优势，通过对会展旅游目的地形象的主

29

动设计，树立有利于自身发展的会展旅游目的地形象，重视形象的传播、更新与维护。这不仅可以帮助会展旅游地提升其内在综合实力和外在活力，也有助于吸引更多的潜在旅游者，推动会展旅游业的持续发展。

2. 会展旅游目的地形象策划的内容

会展旅游目的地形象设计的内容分为三个层次，即会展旅游目的地整体形象设计、会展场馆形象设计和会展展位形象设计。

1) 会展旅游目的地整体形象设计

国内会展旅游发展起步较晚，大多数会展旅游目的地都是旅游城市，因此会展旅游目的地整体形象设计可借鉴会展旅游形象设计。会展旅游目的地整体形象设计的整体性表现为会展理念识别(mind identity，MI)、会展行为识别(behavior identity，BI)、会展视觉识别(visual identity，VI)和会展听觉识别(audio identity，AI)四个层面相互联系、相互影响，从而形成一个密不可分的整体。

2) 会展场馆形象设计

会展场馆形象作为会展旅游者对会展旅游目的地形象的第一印象，是会展旅游目的地形象设计的主要环节。会展旅游目的地场馆形象设计要遵循如下原则：地理位置适宜；配套基础设施齐全；会展地的综合配套功能、设计理念以参展商为本；会展场馆建筑风格鲜明独特。

3) 会展展位形象设计

展位设计应美观、容易记忆，但更重要的是帮助参展商达到展览的目的。展位要反映出参展商的形象，不仅要吸引参观者的注意力，还要为参展商提供工作的功能环境，如会谈、展示、咨询、休息等展位的基本功能。展位是向顾客展示产品与传播信息的地方，展位形象代表着参展企业的形象和产品形象。因此，展位形象创意不应过于怪异、离谱，应体现地域文化特色，可采用立体布展方式，营造实景效果，还应注意颜色的运用及其给观众带来的心理效应。

3. 会展旅游目的地形象策划的方法

1) 策划基础——会展旅游目的地形象调查

(1) 调查核心要素。核心要素包括会展场馆、会展企业、会展人才、会展服务、会展地旅游资源、会展营销六个方面。

(2) 调查基础要素。基础要素包括政府的支持与服务、城市设施、城市精神、城市经济水平和城市目标及支柱产业五个方面。

2) 策划核心——会展旅游目的地形象定位与口号设计

(1) 形象定位。如果会展举办地想要成为具有影响力的会展旅游目的地，那么如何在受众分析、会展旅游目的地形象构成要素分析的基础上对会展活动进行定位就成为核心问题。会展形象定位的方法主要有领先定位法、比附定位法、全新定位法。

(2) 形象口号设计。会展旅游目的地形象定位的最终表述，往往以一句主题口号加以概括。形象口号是旅游者易于接受的了解旅游地形象的有效方式之一。会展旅游目的地形象主题口号设计要结合地方特征、行业特征、时代特征和广告效果。

形象口号是城市形象构筑的外在表现，它不仅需要具有独特性、时代感，还应与地方文脉相通，与城市的总体战略目标紧密相关。以2010年上海世博会为例，其主题口号"城市，让生活更美好"以及英文表述"Better City，Better Life"都充分体现了这一原则。此外，副主题"城市多元文化的融合、城市经济的繁荣、城市科技的创新、城市社区的重塑、城市和乡村的互动"，更是从多个角度对城市发展进行全面阐述。吉祥物"海宝"也成为宣传口号和城市形象的一部分，共同构建了上海的城市形象。值得一提的是，这一宣传口号不仅与上海市旅游口号、上海市整体会展形象相互关联，更是上海这座城市兼容并蓄的体现。这一口号不仅反映了上海市会展业的发展和城市的发展，更展示了上海作为国际化大都市的魅力，以及其不断完善和发展的活力。

3) 会展旅游目的地形象策划的整合

在市场调研的基础上确定会展活动的定位是会展形象策划的一大前提。会展旅游目的地形象除了通过各个独立的形象要素表现之外，还存在一种综合性的整体形象。从形象设计的角度来看，目的地整体形象是通过对各种形象要素的整合实现的。形象整合的主要方式有会展主题策划、节事活动、其他活动的举办。

(1) 会展主题策划。无论是会议还是展览，都需要有明确的主题。主题可以是一个或相关的几个，但绝不能没有主题，也不能有太多的主题；而且主题要鲜明，这是会展运作专业化的重要表现之一，同时会展主题策划也是重复办展和培育会展品牌形象的重要手段之一。

(2) 节事活动。这是一种以节日和盛事的庆祝与举办为旅游吸引物的特殊旅游形式。它的独特之处在于其具有暂时性和短暂性，使得各种高质量的产品、服务、娱乐、背景、人力等众多因素得以围绕某一主题进行组织和整合。这种吸引大众媒体关注的节事活动能够迅速提升会展目的地的知名度和美誉度。对于会展目的地来说，举办节事活动有着深远的影响，它不仅能增强会展目的地的旅游吸引力，还能使原本静止与固定的旅游吸引物(如当地的自然景观和人文景观)变得生机勃勃，营造出良好而浓厚的旅游氛围。

(3) 其他活动的举办。除了每年定期的节事活动，会展旅游目的地还可以基于本地的"地脉、文脉"并结合时代背景举办各类艺术活动，借此宣传城市形象和提高城市国际知名度。

2.2.2　会展旅游目的地竞争力

会展产业经济是城市第三产业发展成熟后必然会出现的一种经济形态，这种新兴的旅游模式逐渐成为诸多发达国家国民经济的新增长点，故被赋予"城市面包"和"触摸世界窗户"的美誉。会展旅游是当今旅游业发展的热点，是世界都市旅游的重要组成部分。会展旅游业所面临的市场竞争异常激烈，要想在残酷的市场竞争中站稳脚跟，没有一条科学的发展路径是绝对不行的。

1. 会展旅游目的地竞争力的内涵

国内学者普遍认为，"旅游目的地竞争力"是一种能力，它不是固定的、根据某些指标进行排名的结果，而是一种动态的、不断发展的能力。这里的"会展旅游目的地竞争力"是指具有会展旅游组织、开发、运营能力的目的地发挥自身优势，通过内外资源整合和有效经营形成本地区的竞争优势，进而将该"会展旅游目的地"打造成为本区域或者更大范围内的优势品牌的综合能力。

2. 会展旅游目的地竞争力的影响因素

会展旅游目的地竞争力的形成受诸多因素的影响，识别会展旅游目的地的竞争力影响因素是提高其竞争力水平的前提和基础。影响会展旅游目的地竞争力的因素主要包括以下五个方面。

1) 会展旅游吸引物

会展旅游吸引物是核心资源，它是指吸引旅游者到访目的地的各种特性的集合，是旅游者到目的地旅游的根本动力。这一因素是形成旅游推力的主要因素，在很大程度上影响着旅游者选择某一目的地的决策结果。这一因素主要包括以下内容。

(1) 目的地的自然特性。自然特性是旅游目的地吸引力的重要来源，包括地形、地貌、气候和生物群等方面。这些特性对于知名旅游目的地来说具有至关重要的意义，同时也是目的地管理组织难以掌控的因素。因此，对于那些自然特性优越的目的地，其发展重点应放在可持续性开发利用上，以确保资源的合理利用和环境保护。而对于那些自然特性相对较弱的目的地，应更多关注其他方面的因素，例如文化、历史、人文等，可以通过创新开发来提升目的地的吸引力和竞争力。

(2) 目的地的历史建筑遗迹。文化和历史特性是旅游资源的重要组成部分，它们是人类社会发展留下的独特印记。这些特性会随着时间的推移而发生变化，使得每个时期的旅游资源都具有其独特的吸引力。在旅游者选择旅游目的地时，历史和文化因素往往具有极大的吸引力，旅游者希望体验到与日常生活不同的文化感受。如果一个旅游目的地能够提供这种独特的文化体验，就有可能吸引更多的旅游者前来。

(3) 目的地的地方美食。旅游是人们休闲、放松和体验不同文化的重要方式，而美食作为一种独特的文化符号，经常成为吸引旅游者的亮点之一。独特的美食会对会展旅游者产生吸引力，为旅行增添别样的魅力。有些地方的美食能够成为旅游的一大亮点，源于其文化传承、口味特色和体验互动等方面。

(4) 目的地的旅游节庆活动。旅游节庆活动是指人类在生存发展过程中，为了庆祝、祭祀和纪念等创造的活动仪式。它能激发旅游者或居民的兴趣，使更多人参与。旅游节庆活动包括节事活动、国际盛事等，如奥运会、世界杯和全球性的体育锦标赛等。旅游节庆活动既可以是一次性的活动，也可以是固定举办的活动。与闲暇活动不同，旅游节事活动的吸引力具有很强的目标市场指向性，同时对大众旅游市场也具有较强的附加吸引力。旅游节事活动不仅能为旅游目的地带来直接的经济效益，还能带来相关的社会效益和文化效益。

(5) 目的地的购物环境。购物是大多数现代旅游者在旅游活动中的重要内容，旅游者或为自己选择目的地的独特商品，或为馈赠亲友选择有特色的纪念品，因此购物环境是越来越受旅游者关注的目的地吸引因素之一。世界诸多著名旅游目的地都是以购物环境为主要吸引力的，如有"购物天堂"之称的中国香港。

(6) 目的地的民风民俗。我国地域广阔，每座城市各具特色，因而有"百里不同风，十里不同俗"的说法，而体验民风民俗恰恰是现代人外出旅游的一个重要诉求。民风民俗已经成为具有集中性、风俗化、活态化的活动载体。

(7) 目的地的会展场馆及会议中心。目的地拥有的会展场馆及会议中心的数量和质量本身就决定着能否吸引会展旅游者。这些会展场馆及会议中心对于一般的旅游者来说也可以成为旅游吸引物。例如，上海浦东的国际会议中心就是很多观光旅游者希望游览的景点。

2) 基础设施和可进入性

(1) 物质性基础设施建设。目的地基础设施的建设水平决定了旅游活动是否能够顺利进行，也会影响旅游者的满意度。从宏观的角度来看，旅游目的地的物质性基础设施包括住宿服务、交通服务、餐饮服务、旅游服务、通信系统等相关的基础设施。

(2) 服务业的发展水平。服务业的发展水平是目的地非物质性基础设施建设水平的主要体现。会展旅游市场的竞争归根结底是人才的竞争，其发展需要大批高质量服务业人才。同时，旅游活动涉及的众多企业也从属于服务业，旅游目的地服务业发展水平对其在旅游市场的竞争力具有极大影响。

(3) 目的地的空间可进入性。旅游目的地具备空间可进入性是旅游者前往目的地的先决条件。从目的地的外部来看，空间可进入性更多受经济、社会和政治因素的影响。例如，航空产业规划以及机场运营能力、陆路交通网络规划设计、进关签证和准入等。

(4) 目的地的情感可进入性。目的地的情感可进入性一般是指目的地居民的友好好客程度。由于不同国家和地区居民的生活习惯、文化传统不同，对外来旅游者的接受度也不同。旅游者能够感知的当地居民好客程度受多方面因素影响，包括当地居民接待旅游者的热情，为旅游者提供信息的意愿，对待旅游者和旅游业的态度。目的地居民对旅游业发展的支持有助于增强目的地的竞争力。

3) 会展行业组织管理

会展行业组织管理水平是影响会展旅游资源吸引力的重要因素。对目的地的竞争力有潜在影响的目的地管理部门有会展旅游经营企业、国际国内行业组织等。

(1) 会展旅游经营企业。分析目的地的竞争力时，应考察是否有经验丰富的会展旅游经营企业来对这些资源进行整合和利用，具体应分析专业的会展组织者和目的地管理公司以及这些企业的数量、规模和竞争关系。

(2) 国际国内行业组织。对于会展旅游目的地而言，各类会展企业包括专业会展公司和场馆企业是否加入某些重要的国际国内行业组织，如UFI、中国会展经济研究会、地方会展行业协会等，直接决定着这些会展企业被认可的程度和水平，代表了行业的素质与品质。加入这些组织可以促进行业交流和互通，倡导诚信经营，促进行业共同进步。

4) 相关支持性行业

分析相关支持性行业，具体应分析酒店业的规模和档次、餐饮企业的规模和数量、旅行社的发展水平和数量、物流业的发展状况、金融体系完备情况、知识产权保障情况等。

5) 环境安全和政府效率

环境安全是提升目的地竞争力的一个关键性因素。如果会展旅游目的地政治不稳定、犯罪率较高、发生自然灾害和医疗服务不完善，其对旅游者的吸引力将会大幅降低，即使目的地管理部门及时采取了相应的补救措施，也会在一定时间内严重影响目的地旅游业的发展。

在会展旅游业的发展中，政府是重要的利益相关者。政府的角色定位是宏观调控和把握政策走向，引导和规范市场行为，不必直接参与市场运作。有研究者指出，政府还可以通过直接投资大型会展场馆的建设来增强目的地对各类会展活动组委会的吸引力。对于会展活动组委会来说，在选择会展举办地的时候，除了看重目的地本身的资源要素、管理水平和影响力，还要考虑会展的申办程序和手续。

3. 会展旅游目的地竞争力的评价

人们对会展旅游目的地竞争力的认知最终要依靠评价来实现，而评价的基础，是反映目的地各个方面竞争力的指标体系。在将影响因素细化为评价指标之后，会展旅游目的地竞争力测评方法成为落实该研究框架思想的手段。在21世纪之前，关于旅游竞争力的研究以定性评价为主，发展至今，各国学者不再局限于定性方面的研究，而是更多地关注定量方面的研究，把各类指标量化，再做深入分析，特别是面板数据模型的引入，使科学地衡量目的地的竞争潜力成为可能。

1) 定性方法

定性方法主要包括归纳法、质量分析法、演绎法、德尔菲法、吸引力指数和情境法等。G.I.Crouch和J.R.B.Ritchie于1999年运用定性方法，基于波特的国家竞争力"钻石模型"提出适用于旅游目的地竞争力评价的综合模型。

2) 定性与定量相结合的方法

要科学、客观、深刻地认识和把握会展旅游现象，应将定性和定量分析方法结合使用。相关方法包括：层次分析法，例如，万绪才等人于2001年运用层次分析法，将旅游业国际竞争力综合评价的基本层次概括为旅游资源与产品条件、社会经济条件；"问卷+统计分析法"，例如，有学者将前人定性研究得到的指标细化形成问卷，通过访谈的方式获得数据，对此组数据进行统计分析，获得方差、均值等分布状态，并据此对旅游目的地进行分析。

2.3 会展旅游品牌管理

2.3.1 会展旅游品牌的定义

1. 品牌的定义

有关品牌的定义，主要包括以下四种。

(1) 符号说。美国市场营销协会定义委员会认为，品牌是用以识别一个或一群产品或劳务的名称、术语、标记、符号或设计，或是它们的组合运用，其目的是据此辨认某个销售者或某群销售者的产品或服务，并使之同竞争对手的产品和服务区别开来。

(2) 情感说。品牌的发展是因为品牌具有一组能满足消费者理性和情感需要的价值，品牌管理的一项任务就是要建立品牌个性，创造性地运用广告资源来为品牌建设(即企业的长期收益)投资。

(3) 关系说。品牌代表消费者在其生活中对产品与服务的感受以及因此产生的信任、相关性与意义的总和。

(4) 资源说。该定义主要是从品牌价值来考虑的，品牌资产是一种超越生产、商品及有形资产的价值。

总之，品牌是一种综合体现产品或服务核心价值的符号、标志，它的实质是维系产品或服务与消费者之间的关系。

2. 会展旅游品牌的界定

会展旅游品牌是指会展企业或者其产品和服务的名称、符号或相关设计以及它们的组合，其目的是识别某个会展旅游企业的旅游产品或服务，并使之同竞争对手的产品和服务区别开来。

具体来说，会展旅游品牌是在会展旅游目的地的旅游吸引物、基础条件和会展资源的基础上，将会展品牌与其他优质旅游资源的有机结合。会展旅游品牌能满足会展旅游者理性和情感的需要，它维系着会展旅游相关产品和服务与旅游者之间的关系，代表着旅游者在消费过程中对会展旅游产品和服务产生的信任，是会展旅游目的地与相关企业拥有的无形资产。

从层次和表现形式上看，会展旅游品牌包括会展旅游地品牌、会展旅游企业品牌、会展旅游产品品牌。其中，会展旅游地品牌是公共品牌，不为某一特定的会展旅游企业所有，而是为某地区政府和所有的会展旅游企业所共享。具体的会展旅游企业为追求自身利益最大化，一般不能或不愿直接为会展旅游地品牌的培育投入资金和人力，所以政府是会展旅游地品牌创建和管理的重要主体，而企业尤其是优势企业是旅游地品牌形成和发展的基础动力，因此也是会展旅游地品牌创建和管理的主体。会展旅游企业品牌是会展旅游企业拥有的品牌。会展旅游产品品牌是会展旅游企业品牌的重要组成部分，其经营主体是会展旅游企业。

2.3.2　会展旅游品牌的特征

会展旅游品牌具有不同于其他品牌的特征，具体包括在地性、文化性、综合性等。

1. 在地性

会展旅游品牌的形成离不开会展举办地的地脉文脉，具有在地属性。不同的旅游目的地在自然风光、人文历史、旅游资源、风土人情等方面存在差异，因而带有很强的地域特色。例如，福建省厦门市的会展旅游以两岸融合、海洋文化等为特色；而作为国际化大都市的上海，经济发达，开放程度高，其举办的2010年世界博览会和中国国际进口博览会等品牌会展，代表了中国会展业的现代化水准。

2. 文化性

在会展旅游品牌构成要素中，最具竞争力、冲击力、生命力的部分就是文化底蕴。那些具有特殊文化品格和精神气质的城市，具有特别的吸引力并且难以让人忘怀。一座城市只有保持它所固有的特色，在历史和文化传统中不断地塑造和美化自身，才会具有真正的、永恒的魅力。在文旅融合的过程中，要充分发挥创造力、想象力去创造场景，去策划新的展会，去塑造全新的文旅生活。以2023年西安举办的第十届中国西部文化产业博览会为例，博览会中展出的陕西展馆结合唐风古典的宫阙建筑元素，搭配多媒体展示形式，展现出陕西厚重的历史文化底蕴。陕西展馆主要分为陕西戏曲、陕西话剧、长安画派、西部影视、文学陕军、革命圣地延安六个部分。其中，陕西话剧板块以《平凡的世界》《白鹿原》《主角》等最为出名；西部影视板块展示了《白鹿原》《装台》《平凡的世界》等众多优秀的西部影片；文学陕军板块重点展示了杜鹏程、柳青、路遥、陈忠实、贾平凹、陈彦等知名作家的代表作品内容。第十届中国西部文化产业博览会借助传统的陕西历史文化和现代科技的融合，吸引众多旅游者前来体验独特的陕西文化。

3. 综合性

会展旅游品牌作为有机联系的整体，是一个由会展旅游地品牌、会展旅游企业品牌、会展旅游产品品牌、品牌会展、旅游资源组成的复杂的、有序的动态系统，是多方面的综合体。通过对会展旅游地多种资源进行整合与提炼，从而凝聚成会展旅游品牌的独特内容和表现形式。

2.3.3 会展旅游品牌塑造的原则

1. 以顾客为中心原则

会展旅游品牌设计面向旅游者，其目的是展现旅游品牌形象，只有被旅游者认可和接受的旅游品牌才能算是成功的设计。所以，设计会展旅游品牌时一定要满足旅游者的需求，尊重旅游者的习俗，引导旅游者的习惯。

2. 差异化原则

追求差异化并不意味着盲目地求新求异，而是要结合会展旅游品牌设计的需求，塑造独特的会展旅游企业形象和文化，包括体现品牌展会和品牌会议的形象和文化。

3. 尊重事实的原则

会展旅游品牌设计不是"空中楼阁"，设计者一定要严格尊重事实，否则无法打动旅游者，更不会产生长期的品牌效应。

4. 前瞻性原则

会展旅游品牌设计要有前瞻性，坚持品牌设计的高起点、高标准原则，以避免设计者因为目光短浅造成会展旅游品牌不适应未来发展的需要，进而导致重复建设。

2.3.4　会展旅游品牌设计的内容

1. 品牌名称

品牌名称是品牌的核心要素，也是形成品牌概念的基础，它可能是企业的名称，也可能是商标名称。设计品牌名称是给品牌取名字，也称为品牌命名。在品牌管理领域，业界普遍认为品牌命名是打造品牌的关键一步。美国营销专家阿尔·里斯指出："从长远来看，对于一个品牌来说，最重要的就是名字！"由于品牌名称具有吸引消费者、方便传播、提高产品档次和品位、增加品牌联想等功能，企业界对品牌名称十分重视。但是，会展旅游品牌的命名与此不同，有其自身的特殊性。

会展旅游是以城市为载体开展的旅游活动，因此会展旅游品牌名称就是城市本身的名字。城市经过千百年的演化，其名称一般已经固定，不能轻易改变。尽管如此，会展旅游品牌名称在设计上还是应该通过适当的方式表现出来。从设计美学的角度来看，可以利用汉语拼音字母、英文、书法艺术、色彩等表现手段展示品牌名称，增强会展旅游品牌名称的独特性和感染力，给会展旅游者以视觉冲击和美学感受。例如，石家庄会展旅游品牌的名称利用英文单词"TOUR"前面的两个字母"TO"的变体，巧妙地组成了"石"字，构思新颖，设计精巧，令人印象深刻。

2. 品牌标志

品牌标志是用于品牌识别的视觉符号，包括文字、图案、颜色和标识物等元素。它作为品牌的具象符号，是品牌必备的要素，能够帮助消费者区分不同的品牌，同时激发相应的联想。根据现代心理学家的分析，人类接收到的外界信息中，超过8%来自视觉，11%来自听觉，而3.5%来自嗅觉。相比之下，图形比语言更容易被记忆和回忆，特别是在短期和长期记忆中。品牌标志可以带给消费者最大的视觉满足，消费者通常通过品牌标志来识别产品。

会展旅游品牌标志分为以下四种。

(1) 文字标志。文字标志是指用文字构成的商标，包括中国的汉字和少数民族文字、外国文字、阿拉伯数字或各种不同文字组合而成的商标。受行业特点的影响，对于会展旅游品牌的标志，不仅要用文字的形式标识出会展品牌的名称，还要向旅游者传达这个标志与会展旅游有关。

(2) 图案标志。图案标志是指用图形构成的商标。图案标志又可分为三种，即记号商标、几何图形商标、自然图形商标。记号商标，是指用某种简单符号构成的图案标志；几何图形商标，是指用比较抽象的图形构成的图案标志；自然图形商标，是指用人物、动植物、自然风景等自然物象构成的图案标志。会展旅游品牌标志通常用形象或抽象的图案将该地的核心旅游资源表达出来。例如，余杭市的会展旅游品牌标志是将"余杭"的"余"演绎成一只由良渚文化形象元素构成的腾飞的大鸟。这个品牌标志传达了该地的核心旅游吸引物的文化特质，让旅游者一目了然，从而产生较强的吸引力。

(3) 标志色。标志色是指品牌标志颜色。作为符号构成的要素，人类赋予色彩以不同的寓意。色彩运用得当，可以给旅游者以强烈的视觉冲击，引发其心理共鸣。例如，西班牙的会展旅游标志(logo)是由20世纪西班牙绘画三杰之一的米罗设计的。标志主体由火红

37

的太阳和一颗闪耀的星星构成，颜色运用了西班牙国旗的三种色彩，表达了对生命和自由的称颂和激情，从而象征着旅游和假期带给人们的欢快。

(4) 标志物。标志物是指用人物、动物、景物等具体的图形来代表品牌，与图案标志相比，标志物更加具体化。用人们熟悉的标志物来标识品牌，可以缩短旅游者与品牌间的心理距离，提高品牌的可接受度和受欢迎度。旅游是一种体验，具有无形性和异地消费的特性。与品牌名称相比，受文化因素的影响，具象化的标志物没有语言文字的信息量大，更具有市场的可转移性，能够跨越文化和地域的限制。在标志物的选择上，尽量选择当地最为知名的元素为主题。例如，澳大利亚的标志物是袋鼠，荷兰选用郁金香作为标志物，加拿大选用一片枫叶作为标志物。

2.3.5　会展旅游品牌塑造的意义

1. 提升城市的知名度和美誉度

会展活动的举办能够在短时间内聚集大量的人、产品、技术和信息，让参展者能够体验到城市的经济状况以及风土人情。会展旅游品牌的重要组成部分是品牌会展，通过现代传媒的广泛宣传，品牌会展举办时的轰动效应能够引起公众的关注，甚至在短时间内成为公众瞩目的焦点，这会使举办地的知名度迅速提升。此外，通过会展旅游品牌的建设，可以优化旅游环境，改善会展旅游接待设施，提高服务水准，使会展地在旅游者心中树立良好的形象。例如，瑞士达沃斯、俄罗斯索契、中国博鳌在发展会展旅游之前或是名不见经传的小镇，或是风景秀美的普通旅游城市，影响面有限，后来通过举办会展蜚声海内外。

2. 使会展旅游成为新的旅游经济增长点

会展旅游以其兼容性强、辐射面广、消费档次和文化含量高等特性，成为一种新兴的旅游形态，在全球范围内迅速兴起，并日益成为各地提高旅游产业质量、加快产业结构调整和国际化发展的一个新的突破点。会展旅游对旅游业发展的拉动作用及其创造出的经济和社会效益，已广为世界各国各地所重视。会展产业链条长，行业关联度高，不仅能促进产业供需对接，还能带动餐饮、住宿、交通、旅游等关联产业发展，溢出效应明显。例如，去哪儿网数据显示，2023年4月广交会期间，广州酒店的预订量相比2019年增长1.6倍；携程网数据显示，在此期间，平台上广州相关搜索热度环比增长超两成，对比2022年同期增长301%。

3. 有利于增强城市会展旅游的核心竞争力

对于城市而言，品牌是市场竞争中的王牌。当代中国正处在城市社会来临的前期，区域间的经济发展竞争和城市地位在全国范围的重组已经开始，城市的现代化建设、城市形象建设和城市核心力的构建是中国所有城市共同的任务。随着市场经济关系的深化，城市间新的竞争正在开始，构建城市核心竞争力成为城市可持续发展的关键所在。会展旅游品牌是城市核心竞争力一个重要资源性要素，在创造城市形象的过程中，可通过会展旅游品牌的创新，构建城市核心竞争力主体要素。例如，我国香港举办的会展旅游活动既有明确的定位，又非常注重规模，相关部门采取各种措施树立城市会展旅游品牌和会展品牌，使得许多会展活动能连续举办十几年，甚至三十多年，从而使得香港在激烈的会展旅游竞争中占得一席之地。

2.3.6　会展旅游品牌的传播

1. 概念和构成要素

会展旅游品牌的传播是指以会展举办地为依托，通过整合会展旅游资源，将信息传递给目标受众，树立会展旅游品牌形象，实现会展旅游经济、社会与环境目标的综合性活动。

会展旅游品牌的传播过程就是会展旅游管理者和经营者将本地旅游品牌的文化内涵和独特旅游体验，用符号编码形成信息，通过传播媒介，将这些信息传递给旅游者的过程。

会展旅游品牌传播的构成要素包括以下几个方面。

(1) 传播主体，包括会展旅游组织者、会展旅游投资者、会展旅游经营者、会展旅游者等。

(2) 传播客体，包括会展旅游产品、会展旅游服务、会展旅游环境等。

(3) 传播内容，包括会展旅游品牌形象、会展旅游产品特点、会展旅游服务方式等。

(4) 传播媒介，包括大众传媒、专业媒体、网络媒体等。

2. 传播内容和空间维度

1) 会展旅游品牌内部传播与外部传播的差异

(1) 传播对象不同。会展旅游品牌外部传播针对的是目标市场的旅游者和潜在的旅游者；而内部传播针对的是城市空间范围内的旅游管理者和经营者。旅游业是关联性很强的产业，其内部传播的对象也很广泛，包括与食、住、行、游、购、娱有关的部门、行业以及市民。

(2) 传播目的不同。外部传播的目的是让旅游者和潜在旅游者了解会展旅游品牌所包含的价值主张和独特的旅游体验，通过信息的不断交流，让旅游者认同并接受，激发其旅游动机；而内部传播的目的是让会展旅游管理者和经营者理解品牌的文化内涵和经营理念，鼓舞激励旅游业的从业人员、合作伙伴、市民为实现共同的目标而努力。

(3) 传播内容不同。外部传播的目的是让旅游者了解、认同并接受会展旅游品牌的独特卖点；而内部传播不仅要让旅游从业人员、合作伙伴、市民知晓该地旅游产品和品牌的独特之处，更要让他们了解品牌的文化、内涵、个性和城市精神与特质，通过从业人员的优质服务、市民良好的精神面貌，体现和展示会展旅游品牌内涵。

(4) 传播媒介不同。内部传播媒介包括会展旅游品牌官方网站、内部报刊、员工手册等；外部传播媒介包括电视媒体、网络媒体、杂志等。

2) 会展旅游品牌内部传播的内容

(1) 会展旅游品牌理念。会展旅游品牌理念包括会展旅游品牌愿景、使命、价值观等。要将会展旅游品牌的理念灌输到旅游经营者和广大市民的思想中，只有树立品牌理念，旅游从业人员才会接纳品牌知识并在为旅游者服务的过程中体现品牌理念，让旅游者体会品牌独特的价值；市民才会用自己的言行去树立和维护会展旅游品牌的形象，提高会展旅游品牌在旅游者心目中的美誉度，并通过旅游者的口头传播，吸引更多的旅游者前来消费，实现品牌效应向经济效益和社会效益的转变。

(2) 会展旅游品牌定位。会展旅游从业人员应明确会展旅游品牌在旅游市场中的位置，了解会展旅游品牌的竞争优势，熟悉本地旅游品牌，掌握品牌管理学的基础知识，熟悉本地旅游品牌有别于其他会展旅游品牌的特点，从而在品牌实践过程中得心应手，全面准确地向旅游者表达和解释本地旅游品牌的内涵，并以自己优质的服务，让旅游者感受到该地会展旅游品牌所作出的独特旅游体验的价值承诺。

(3) 会展旅游品牌形象。强调会展旅游品牌的正面形象，让会展旅游从业人员形成对会展旅游品牌的积极认知。旅游业是体验性的产业，具有无形性和异地消费的特征。会展旅游品牌的理念和知识通过会展从业人员的服务得以体现，服务质量的优劣取决于服务技能的高低。因此，会展旅游品牌的管理者应该对旅游从业人员进行品牌导向的技能培训，将会展旅游品牌融入到操作技能当中去，以优质的服务让旅游者切身体会到该地旅游品牌所倡导的理念，获得较好的旅游体验。

3) 会展旅游品牌内部传播的途径

(1) 官方网站。在官方网站上发布会展旅游品牌理念、定位、形象等相关信息，让会展旅游品牌工作人员深入了解并高度认同会展旅游品牌文化。

(2) 内部报刊。通过内部报刊传递会展旅游品牌信息，让会展旅游从业人员了解会展旅游品牌的竞争优势。

(3) 员工手册。在员工手册上介绍会展旅游品牌的愿景、使命、价值观，让会展旅游从业人员形成对会展旅游品牌的积极认知。此外，还可以通过开展员工培训、组织文化活动等方式进行内部传播，具体方式包括公司周年庆典、元旦迎新晚会、中秋聚会、公司运动会、新员工入职仪式、培训、公司营销年会、公司年终总结大会、部门例会等。

会展旅游品牌的内部传播对象还包括广大市民，会展旅游品牌管理者可以通过各种媒介对市民进行品牌传播，例如地方电视台、报纸、杂志、标语、公交汽车、火车站台、机场候机厅、社区讲座等，将本地旅游品牌的相关信息和知识传递给市民，赢得市民的了解、认同、支持和参与，为会展旅游品牌的构建奠定坚实的群众基础。

2.3.7 会展旅游品牌的维护

1. 品牌抢注与品牌侵权

1) 品牌抢注的含义及其危害

品牌抢注是指行为人不以使用为目的，以不正当手段抢先注册他人已经使用并有一定影响力的商标的行为。

品牌抢注可以分为两种情况。第一种情况是地域性抢注，即品牌在境内已注册，但在境外没有注册而被境外机构和个人抢先注册，从而使品牌以后越出国门到海外市场发展的道路被堵死；第二种情况是时效性抢注，即企业原注册的商标超出受法律保护的期限，但因为某种原因没有及时去续注，结果被别人抢注。

品牌抢注会扰乱正常的市场竞争秩序，侵害商标使用者的合法权益，破坏公平竞争环境，影响消费者对产品或服务的选择，阻碍市场经济的健康发展，影响我国相关产业的发展及国际竞争力。

2) 品牌侵权的含义及其危害

品牌侵权是指企业在未经授权的情况下，擅自使用与他人注册商标相同或相似的商标，或者违反了其他商标法律法规的行为。

品牌侵权的危害包括以下几个方面。

(1) 侵犯他人权益。品牌侵权行为侵犯了他人的商标权、专利权等合法权益，给他人造成了经济损失和商誉损害。

(2) 破坏市场秩序。品牌侵权行为扰乱了市场秩序，破坏了公平竞争的原则，导致市场混乱和资源浪费。

(3) 损害消费者利益。品牌侵权行为导致消费者对产品或服务的质量和信誉产生怀疑，从而损害了消费者的利益。

品牌侵权是一种严重的违法行为，必须坚决予以打击。政府和企业应该加强商标法律法规的宣传和执行力度，保护商标权人的合法权益，维护市场秩序和消费者利益。

2. 企业自身存在的品牌防御缺失

1) 品牌要素设计时缺乏独特性，容易被竞争对手混淆使用

企业在品牌建设初期酝酿品牌元素时就要尽可能地使品牌清晰独特，容易被消费者识别。比如，苹果公司采用一个水果的名字作为品牌名称就很出人意料，品牌标识更是用一个被咬了一口的苹果，这样的标识非常独特且容易记忆，即使有不良企业试图仿冒，也很容易被消费者识别。相比之下，宝马公司采用的蓝白两色圆形标识就很容易混淆，仿冒者只要改变一下蓝白两色的位置，或者把圆形图案改成椭圆形，消费者就很容易混淆真品牌与仿冒品牌。

2) 品牌要素投入使用前没有进行全球性排查

品牌要素包括企业的品牌名称、标识、包装、广告语、URL等。企业在品牌要素设计完成及投入使用前一定要在全球范围内进行排查，确保所有元素没有被其他企业使用或者注册过。一旦发现已有其他企业使用，还可以重新设计，最多损失一些设计费用。但如果被人举报侵权，不仅前期所有的品牌建设、推广付之东流，还有可能赔付巨额罚款。

3) 品牌要素投入使用后，企业没有进行及时且充分的商标注册

企业在完成全球性排查之后，要及时对品牌要素进行充分商标注册。很多企业在这方面缺乏法律意识，或者认为只要简单注册一下就可以高枕无忧，结果吃了大亏。企业应该及时并且充分地进行商标注册，以保护自身的合法权益。如果企业使用品牌要素后没有进行及时并且充分的商标注册，可能会面临以下问题。

(1) 被抢注，即企业的品牌名称、标识、包装、广告语、URL等品牌要素被竞争者模仿、偷用、不当使用和滥用。

(2) 品牌形象受损，即品牌不当延伸、不当品牌组合或更新等各种品牌战略失误，可

能会对品牌形象造成负面影响，稀释品牌资产。

3. 品牌的防御与保护

1) 品牌防御与保护的含义

狭义的品牌防御与保护，是指对品牌要素，即品牌名称、标识、包装、广告语、URL、品牌形象代表等的防御与保护。防御和保护的目的是使品牌要素免受竞争者的模仿、偷用、不当使用和滥用，保护品牌形象不受损。

广义的品牌防御与保护，除包括狭义的品牌要素防御与保护之外，还包括防止品牌不当延伸、不当品牌组合或更新等各种品牌战略失误而导致的对品牌资产的稀释。

2) 品牌防御与保护的意义

(1) 维护企业声誉。品牌是企业的重要资产之一，是企业形象的代表。会展行业涉及众多的参展商和观众，每个参展商和观众都有自己独特的品牌形象和利益诉求。通过品牌防御与保护，企业可以防止其他不良参展商或观众利用假冒伪劣产品或服务损害正规参展商和观众的利益，从而维护自身的声誉，确保消费者对企业的信任和忠诚度。

(2) 提高市场竞争力。会展行业为企业之间的合作与交流搭建平台，通过品牌防御与保护，企业可以巩固自身的市场地位，提高在竞争激烈的市场中的竞争力；还可以防止其他竞争对手利用相似的品牌或商标误导消费者，保护企业形象不受损害；也可以确保参展商和观众在安全可靠的环境中进行合作与交流，实现互利共赢。

(3) 防止知识产权侵权。品牌保护不仅包括商标保护，还包括对企业的知识产权进行保护。会展行业涉及众多的知识产权，包括专利、商标、著作权等。通过品牌防御与保护，可以防止其他参展商或观众侵犯正规参展商的知识产权，保护创新成果和技术优势。

(4) 保护品牌要素。狭义的品牌防御与保护，是指对品牌要素，即品牌名称、标识、包装、广告语等的防御与保护。品牌要素就是品牌资产的外在表现形式，必须加以保护。品牌要素尤其是那些不宜频繁更改的品牌名称和品牌标识，是企业的专有知识，一旦在国家法律机构注册后，该品牌名称和品牌标识就会得到法律保护，任何竞争对手使用该名称和标识都会作为侵权承担法律后果。因此保护和防御品牌要素不被非法使用，就相当于保护了公司的知识产权。品牌防御与保护是维护品牌形象、提高品牌声誉、增强品牌竞争力、保证品牌资产的关键措施。防御和保护的目的是使标识品牌的品牌要素免受竞争对手的模仿、偷用、不当使用和滥用，保护品牌形象不被受损，品牌资产不被稀释。

(5) 防止品牌战略失误。品牌防御与保护可防止品牌不当延伸、不当杠杆与联盟、不当品牌组合或更新等各种品牌战略失误，从而避免对品牌资产的稀释。会展行业市场存在激烈的竞争，各个会展活动之间存在争夺参展商和观众的情况，通过品牌防御与保护，可以防止其他不良会展活动冒充正规会展活动，维护市场秩序，保证公平竞争。

3) 品牌防御与保护的策略

(1) 商标注册。企业需要选择与业务相匹配的商标类别，结合企业实际业务，考虑未来可能涉及的范围，进行跨类别注册。这样可以防止他人恶意注册近似商标，避免消费者对品牌产生混淆。

① 子品牌注册。例如，宝洁已为"飘柔""潘婷""海飞丝"等品牌注册副商标，

这样可以更好地保护主品牌和子品牌，防止消费者混淆。

② 商标跨境注册。如果企业想要拓展海外市场，必须在推广地区注册对应商标，这样可以更好地保护品牌在海外的权益。

③ 形象logo注册。这样可以更好地保护品牌的独特标识和品牌价值，防止他人盗用或混淆。

(2) 技术保密。为了防止品牌产品的专利技术被他人窃取或抄袭，企业还要从以下两个方面对品牌加以保护。

① 企业应积极向国家专利局申请专利，以获得法律上的保护，通过保护商业机密，限制产品内部信息外泄，防止竞争对手复制产品。

② 企业内部建立一套严密的技术保密制度。仅有法律保护是不够的，法律保护只有在专利技术已经泄密、企业损失已经造成的情况下才能发挥作用，真正要保护品牌资产不受侵害还是要靠企业自己。

(3) 科技防伪。随着假冒商品的增多，防伪技术也在不断发展。常见的防伪技术主要有印刷防伪、物理防伪、化学防伪和数码防伪。企业还可以通过增加产品技术难度，使其难以被复制。例如，使用复杂的电路、特殊的材料等。

2.4　会展旅游服务管理

2.4.1　会展旅游酒店服务管理

1. 会展与酒店业关系

1) 会展与酒店业的良性互动关系

(1) 客源方面。会展具有人流量大的特征，这为当地酒店业提供了丰富的客源。随着会展水平的不断提升、规模的不断扩大，参加会议和展览的人数不断增加，从而为酒店业提供了更多的客源。例如，广交会聚集了来自100多个国家和地区的外商约10万人，为当地酒店业提供了大量客源。

(2) 收益方面。在会展期间，参展人员及相关人员在举办地的住宿、餐饮、娱乐等都能为酒店带来收益。据专家预算，会展业对一国经济发展的直接带动系数为1：5，间接带动系数达到1：9。例如，1999年财富论坛在上海召开期间，当地酒店增收百万美元。

(3) 质量方面。作为一种新兴产业，会展对酒店业提出了较高要求。一方面，酒店业必须充分发挥自身优势，加强硬性及软性环境建设以满足会展需求；另一方面，酒店业在与国际水平接轨的过程中必须提高服务质量以适应会展新形势。会展和酒店业在相互协调发展中实现良性互动发展。

2) 会展与酒店业的规模效应关系

(1) 会展商务圈规模的构建。会展商务圈是指从事会展业的城市经济区域带，宏观上讲，它是多个城市进行会展活动的联盟；微观上讲，它是某个城市在发展过程中适宜会展发展的区域带。会展商务圈的构建为酒店业发展创造了良好的竞争环境和协作环境。

(2) 酒店业发展创造更有利的竞争环境和协作环境。会展业的进一步发展对酒店业提出了更高的要求，为酒店业发展创造了更有利的竞争环境和协作环境。

3) 会展与酒店业的资源交流关系

(1) 信息的交流。会展中大量信息流的集聚为酒店业带去了新的思想和理念，国际化信息的引入又促使酒店业不断进步与发展，并与世界先进水平和标准接轨。

(2) 文化的交流。酒店是一地与外界进行信息文化交流的重要场所，在会展期间，大量外来人员的涌入刺激了当地文化与外界文化的碰撞，可为会展业和当地酒店业的发展理念带来新的启示和借鉴。

4) 会展与酒店业的环境互造关系

(1) 政策环境的相互支持。会展与酒店业的发展需要政策的支持，需要政府提供良好的发展环境。

(2) 社会环境的相互依赖。会展与酒店业的发展需要社会环境的支持，需要社会提供良好的服务环境。

(3) 经济环境的相互促进。会展与酒店业的发展需要经济环境的支持，需要企业提供良好的市场环境。

2. 会展与酒店业互动发展支撑体系

1) 市场支撑体系

会展与酒店业的发展要以市场需求为基准，根据市场需求来制定会展旅游产品，定价要注重消费者需求。市场是任何经济活动赖以生存和发展的外部环境，作为第三产业的会展和酒店业，由于其行业特殊性，想要实施相关经济行为更是离不开市场支撑体系。如果会展与酒店业在互动发展中想要获得双赢，就必须时刻以市场需求为基准。

(1) 酒店特色旅游产业的推出应以会展市场需求为中心。会展旅游者具有停留时间短、消费高、地域性强等特点，他们对酒店服务水平、硬件设施等有较高需求，因此在发掘会展新产品时应以旅游者需求为中心，不断提高酒店服务水平。

(2) 会展旅游产品定价应注重消费者需求。会展旅游者一般具有较高的消费能力，其更注重酒店的服务水平，因此定价应以市场需求和旅游者需求为依据。

(3) 分销渠道的确定。分销渠道是酒店扩大产品销量的重要途径之一，无论酒店是与专业的展览公司直接联系还是与相关行业协会联系，都应因时因地而宜，合理确定。

(4) 促销方式的选择。为了更好地协调会展旅游者与酒店之间的关系，促进经济目标的实现，应合理选择促销方式。适当的促销方式能缩减酒店开支，缩短会展与酒店业的距离并减少双方时间成本，为双方带来更多的益处。

2) 组织支撑体系

组织支撑体系主要是指会展活动主体、会展旅游中介组织以及酒店从业人员。组织支撑体系是成功实现会展与酒店业共同发展的人员和机构保障，具体包括以下三个方面。

(1) 会展活动主体。会展活动主体包括参展商、观展人员、相关管理者、工作人员、媒体及其他人员。实际上，在这个群体中能成为酒店潜在客源的是参展商和观展人员。在入住酒店前，旅游者的决策依赖于外界信息；入住后，酒店服务水平等实际指标是他们是否继续入住该酒店的决定因素。因此，会展旅游者对酒店的信任度和忠诚度是实现会展与酒店业互动发展的先决条件。

(2) 会展旅游中介组织。会展旅游中介组织包括展览公司、旅游商务网站及与会展相关的行业协会。它们是联系会展旅游者与酒店的中间枢纽。会展与酒店业的共同发展建立在两者相关联的基础上，而这依赖于会展旅游中介组织的调节、沟通、组织、协调等。

(3) 酒店从业人员。酒店业作为服务性行业，从业人员的基本素质和服务水平直接影响会展旅游者的评价和再次决策。高素质员工提供优质服务将有利于提升会展旅游者的忠诚度，从而实现会展与酒店业长期互动发展。

3) 基础支撑体系

基础支撑体系主要是指通信、餐饮、交通、旅游、住宿等方面的基础设施。基础支撑体系是会展与酒店业实现双赢的基础支撑，包括硬性支撑体系和软性支撑体系。硬性支撑体系是指确保会展顺利进行的公共基础设施及专业设施、酒店硬件服务设施等；软性支撑体系是指保障两者发展的外部宏观环境，包括会展相关法律法规状况、信息网络通畅程度、政府政策支持力度等。硬、软性支撑体系是相互影响、相得益彰的，若这两大基础支撑体系处理不当，必会影响会展与酒店业双方发展。事实证明，政府的组织或监督行为不当不仅会影响会展的顺利进行，而且会阻碍酒店业经济目标的实现。因此，加强基础支撑因素建设具有十分重要的作用。

4) 媒介支撑体系

媒介支撑体系是会展与酒店业实现互动发展的信息保障，包括以下三个层面。

(1) 广告传媒。它是会展与酒店业双方互相了解的第一步。会展企业通过报纸、电视、杂志等新闻媒介发布展会信息，而酒店根据所获取的信息适当组合旅游产品以满足会展企业的商务需求，两者实现初步互动。

(2) 会展中介组织。会展中介组织在我国多以展览中介公司及其他相关中介组织的形式出现，它们是组织、协调会展与酒店业等其他行业共同发展的重要机构。

(3) 会展行业协会。它是保证会展与国际化水平接轨的重要组织，其提供的行业标准及行为准则为会展业不断向前发展指明了方向，同时也为酒店业的创新经营发展提供了新的理念与要求。

3. 会展与酒店业互动发展模式

1) 一体化发展模式

一体化发展模式主要是指会展活动主体在协调机构发挥作用的前提下，通过不同消费模式实现会展业与酒店业的整合。

在一体化发展模式下，会展活动主体如参展商、观展人员、管理者、媒体相关人员

45

等因为参加会展这一目的而聚集在某地，并在酒店运用广告、新闻、互联网等媒介沟通的营销推广下成为酒店主要客源，进而在酒店完成住宿、餐饮、娱乐等消费，为酒店带来经济效益，甚至在酒店协助下完成购物、游览等相关旅游行为，从而进一步推动酒店与会展客人之间的关系向前发展。

另一方面，酒店提供优质服务必然在旅游者心目中留下深刻印象，有利于回头客的增加。提供优质服务的众多酒店不仅会形成规模优势，也会极大地提高会展承办地的知名度和美誉度，促进会展的持续化进行，从而为当地营造更广阔的外部发展环境。

实际上，一体化的发展还离不开政府、行业协会等中介组织的支持，它们所发挥的巨大作用也能推进会展业与酒店业的新型化进程。

2) 单体化发展模式

单体化发展模式是传统的会展业与酒店业的互动发展模式，两者之间互动性不强。该模式有以下缺陷。

(1) 会展活动主体和酒店之间缺乏有效的协调和配合，各自为政，无法实现资源共享和优势互补。因此，会展业和酒店业的发展会受到限制，无法实现效益最大化。

(2) 酒店缺乏一定的自我协调机制，不主动与会展组织者联系，不注重信息收集，不开展一定程度的营销推广，容易错失商机，与会展潜在客源之间的断层必然会导致酒店经济效益的降低。

(3) 从长远眼光来看，单体化发展模式不利于地区知名度的提升，极大地阻碍了当地会展业的发展。因此，随着时间的推移，这种发展模式将逐渐被淘汰。

3) 国际化发展模式

(1) 作为国际化程度较高的酒店业和会展业，目前面临的最大问题是如何应对全球化和国际化的趋势。会展搭建起国内外参展商、观众间互动的关键商贸交易平台，是聚集海内外会展旅游者的重要渠道。

(2) 国际化发展模式的主要特征在于会展业和酒店业能够在国际会展场合实现双向互动，从而促使双方提升对外开放水平。

(3) 采用国际化发展模式，应注重品牌化的品牌选择，酒店业和会展业既要重视品牌营销主题，又要创建自己的主题展览品牌，会展业在创造属于自己的主题会展品牌的同时，酒店业也要推出相应的品牌化营销主题，两者需要密切充分合作。

(4) 在当今数字化浪潮的背景下，国际数字化互动将更加频繁，从而使会展业与旅游业达到更高质量的开放水平。

4. 我国实现会展与酒店业互动发展的对策

1) 建立完善的行业管理体制和协调机制

目前，我国的会展业暂未形成统一的行业管理部门，这与完善的酒店行业管理体制形成鲜明对比，为实现两者互动发展，必须尽快建立完善的行业管理体制和协调机制。

(1) 建立完善的行业管理体制。国内会展业应建立会展行业管理体制，在协调会展业与酒店业沟通的过程中，充分利用行业自律机制组织协调会展业与酒店业在沟通过程中所遇到的问题和矛盾。

(2) 建立完善的协调机制。会展业与酒店业之间应建立完善的协调机制,通过有效协调,不仅可以减少会展业与酒店业之间的矛盾和冲突,还可以提高会展业与酒店业的互动发展水平。

2) 开发新型酒店会展旅游产品

(1) 完善标准化和多样化相结合的客房产品。在客房产品的提供上,酒店要既能满足整体的同质化需求,提供标准化服务,又能针对会展旅游者的不同需求来提供个性化的客房产品。例如,为会展VIP准备套房、行政楼层、无烟楼层等,并配备相应的设施、齐全的客房用品等。

(2) 配备风味独特、主题新颖的餐饮产品。会展旅游者大多选择在酒店用餐,酒店可以结合所在地的饮食文化特色,开发独具特色的餐饮产品,创新多种形式的餐饮活动,装饰不同风格的餐厅,以能够满足不同地域、不同层次旅游者的需求。

(3) 提供专业高效的会展服务。酒店可以提供专业高效的会展服务,包括会议室租赁、会场布置、展台搭建、礼仪服务等,以满足会展客户的需求。

(4) 与当地旅游景点合作。酒店可以与当地旅游景点合作,为会展客户提供优惠的旅游服务,增强会展客户的黏性。

(5) 开展多元化文化活动。酒店可以开展多元化文化活动,例如音乐会、画展、文化讲座等,以此来吸引更多的会展客户参与,从而提高酒店的知名度和美誉度。

3) 扩展网络信息化保障体系

(1) 加强网络安全意识教育。加强网络安全义务教育,提高人们对网络安全的认识和理解,增强其互联网安全意识和预警能力。

(2) 建立完善的网络信息安全监管机制。政府应该加强网络信息安全监管,建立完善的网络信息安全监管机制,及时发现和解决网络信息安全问题。

(3) 强化技术保障。加强网络信息安全技术的研究和应用,采用先进的技术手段和工具,增强网络信息安全的防护能力和应急响应能力。

(4) 完善法律法规体系。加强网络信息安全法律法规的制定和完善,明确各方责任和义务,为网络信息安全保障提供法律支持。

(5) 加强国际合作。积极参与国际网络信息安全合作,共同应对跨国网络信息安全威胁,推动国际网络信息安全规则和标准的制定和实施。

4) 健全系统的服务保障体系

系统化服务保障体系包括为保证会展业与酒店业共同发展的完整化、标准化服务及为服务提供支持的基础设施等,主要包括以下三方面内容。

(1) 会展服务中的安全保障工作,如现场安保、消防安全、网络安全、食品安全等,需严格执行安保标准和要求。

(2) 加强场馆和人员的管控与梳理,强化监督与指导。

(3) 建立健全安全保障管理体系,纠正或预防可能导致事故的隐患和瑕疵,提高整个行业的安全素质和人员意识。

5) 充分整合区域内相关资源

(1) 共享场地与设施。区域内会展中心和大型酒店可以共享场地与设施。这种整合可以提高场地利用率，降低成本，同时为会议和展览提供更大的空间和更多的服务选择。共享设施也有助于提高效率，减少资源浪费。

(2) 提升整体服务水平。通过整合区域内的酒店业和会展服务提供商，可以实现整体服务水平的提升。酒店可以提供住宿、餐饮、会议服务，而会展服务提供商可以负责会议和展览的组织和管理。通过协同努力，提供更全面、专业的服务，从而提高参与者的满意度。

(3) 形成产业集群。将区域内的酒店业和会展业资源进行整合，可以形成产业集群，从而形成协同效应。产业集群有助于提高行业竞争力，推动相关企业共同发展。这也有助于形成区域品牌，提升整体知名度。

(4) 推动本地经济发展。酒店业和会展业的互动发展有助于推动本地经济的发展。通过大型会议和展览，可以吸引更多的参与者和旅游者，促进当地餐饮、零售、交通等相关产业的繁荣。这对于提高地方经济水平具有积极作用。

(5) 信息与人才共享。整合区域内的酒店和会展业资源，有助于人才的培养与交流。共同的培训计划和人才交流活动可以提高从业人员的专业水平，促进行业内的人才流动，为整个区域的行业发展注入新活力。

2.4.2 会展旅游游览服务管理

1. 策划游览项目、路线

(1) 确定会展旅游的主题和目标人群。

(2) 根据主题和目标人群，选择合适的会展旅游目的地。

(3) 根据目的地的情况，制定合理的行程安排。

(4) 根据行程安排，规划游览项目和路线。

(5) 根据旅游者的需求和兴趣，安排住宿、交通、景点游览及其他活动等。

2. 安排落实

(1) 游览项目确定以后，组织方应及时与目的地接待单位取得联系。如果对方无法接待，应及时更换项目和路线。

(2) 制订详细的计划，安排参观游览的线路、具体日程，并准确告知参加对象，让其做好思想准备和物质准备。大型会展活动安排的游览活动应该在会展通知、邀请函中加以说明，并列举各条考察观光路线，供参加对象选择。

(3) 落实交通车辆，安排食宿。

(4) 准备必要的资金和物品，如照相机、摄像机、手提扩音器、对讲机、团队标志和卫生急救药品等。

(5) 人数较多时，应事先编组并确定组长、明确责任，也可指定带队人员或导游陪同游览。

3. 陪同

(1) 在会展旅游活动中，组织方应当派有一定身份的领导人陪同。除必要的工作人员外，其他陪同人员不宜过多。

(2) 每到一处，被考察、参观的单位都应当派有一定身份的领导人出面接待并做概况介绍。

(3) 如果是游览，需要配备导游。陪同外宾考察游览，还应配备翻译。

4. 介绍情况

(1) 每参观游览一处，解说人员或导游人员都要做详细解说和介绍。

(2) 介绍情况时，数字、材料要准确。

(3) 向外宾介绍情况时，要避开敏感的政治、宗教问题，以及保密的内容。对外宾不宜使用"汇报""请示""指示""指导""检查工作"等词语。

5. 提醒注意安全

(1) 在参观游览时，解说人员或导游人员应尽到对有可能发生的危险进行提醒和警示的义务。参观游览时，安全第一。

(2) 在参观特殊项目时，如实验室、工地等，解说人员或导游人员应事先做好安全工作，向参观者宣布注意事项。

(3) 参观游览结束后，在开车前，解说人员或导游人员应认真清点人数，以免落下参观者。

49

2.4.3　会展旅游购物服务管理

一般情况下，购物行为是会展旅游者的个人行为，组织方不宜干涉，而且会展旅游作为一种商务旅游，购物在其中的重要性远不及休闲旅游。但是，从我国旅游商品和商店的情况来看，组织方有必要为会展旅游者提供一些购物信息，例如在宣传手册或旅游指南上推荐一些信誉好、服务好、有特色的旅游商品销售单位或旅游购物商店，或者为会展旅游者提供当地购物中心的信息等。若在一些商业城市举行会展活动，购物也是会展旅游者的目的之一，这时组织方应尽可能地为会展旅游者提供各种商品信息、购物中心信息，以及购物指南，以方便会展旅游者享受购物乐趣。

(1) 服务规范。制定服务规范，规范员工的服务行为，确保为参展商和观众提供优质的服务。

(2) 服务内容。根据参展商和观众的需求，提供多样化的服务内容，包括展示搭建、贸易对接、物流运输、酒店住宿等。

(3) 服务质量。建立完善的服务质量评估体系，对各项服务进行评估，发现问题及时改进。

(4) 服务创新。根据会展业的发展趋势，不断创新服务模式，提高服务质量和效率。

2.4.4 会展旅游娱乐服务管理

1. 安排娱乐节目

在安排娱乐节目时，组织方应仔细考虑这些活动与会展目的以及主办方形象的联系。没有经过周密计划的娱乐节目会显得过于草率，而且会被视为对主办方资源的一种浪费。当然，娱乐节目也可以作为一种额外福利提供给会展旅游者。营利性会展旅游可以利用娱乐节目吸引旅游者，非营利性会展旅游是否安排娱乐节目应从活动目的、主办方和资金等方面综合考虑。

2. 娱乐节目经费

娱乐节目的成本应该包含在会展旅游预算之中。如果娱乐节目成本没有超出会展旅游预算，就不会出现问题；但是如果娱乐节目成本超出会展旅游预算，组织方应尽快做出调整。

3. 娱乐节目类型

娱乐节目应该与会展及会展旅游的主题密切相关，如果娱乐节目与会展主题的关系需要解释才能使会展旅游者明白，就说明所安排的娱乐节目并不是最佳选择。娱乐节目应选择符合会展旅游者期望的内容。

4. 娱乐组织工作的外包

几乎所有的优秀演员都来自专业演出公司，但是与专业演出公司合作可能需要较高的成本，但如果由组织方自己组织演出，成本会更高，手续也更加烦琐。所以，将娱乐节目的组织工作外包给专业演出公司，不仅可以保证演出质量，而且可以节省人力、物力以及财力。

5. 专业演出公司

选择信誉好、水平高的专业演出公司是娱乐节目成功的关键。在洽谈时，组织方应重点了解演出公司是否拥有举办演出活动的权限，是否获得了政府和文化部门的许可，公司的签约演员表演过什么样的节目，获得了怎样的演出评价等。

6. 签订正式的演出协议

与演员或演出公司签订正式的演出协议很重要。组织方与演员或演出公司将演出日期、旅费、补贴、报酬、人员成本、设备成本以及取消预订等事项的协商结果落实到协议中，可以为解决将来可能发生的纠纷提供证据。

7. 利用娱乐设施

演出舞台可能是一个简单的高台，也可能是一个设备齐全的剧院，有帘幕、通道以及复杂的灯光系统、音响设备。组织方应该了解娱乐活动举办地的设施设备情况，若需要提供一些道具或乐器，组织方应事先准备并进行调试。

8. 应急预案设计

不论是由于自然灾害还是档期重叠，如果预先安排的娱乐节目不能演出，带来的最大损失就是使会展旅游者的希望落空。因此，组织方应准备一套应急预案，具体内容可根据会展旅游者对演出的关注程度来决定。

2.4.5　会展旅游旅行社服务管理

1. 旅行社会展旅游业务服务的内涵

1) 会展旅游与会展服务具有主体的同一性

会展活动的参加者即为会展旅游者。会展旅游是由于会展参加者(特定群体)到会展地(特定地方)去参加各类会议、展览、大型活动等而产生的一种旅游方式。

旅行社会展旅游服务的对象就是会展参加者。由于会展参加者产生的空间转移及旅游消费需求，旅行社需要为其提供旅游服务，以助其完成在目的地的旅行与游览。

2) 旅行社会展旅游服务业务具有复合性

一方面，旅行社利用其完善的旅游接待体系对饭店、交通、餐饮等供应商的产品进行购买、组合或加工，为参展商、与会者提供高品质的(如预订客房、餐饮、票务等)配套服务；另一方面，在会展之余，积极组织会展旅游者参观游览、娱乐、购物等消遣活动，拓展会展旅游服务范围，引导旅游消费，促使会展旅游者延长停留时间、提高综合消费。

为方便旅行社会展旅游业务的组织协调，旅行社可将会展旅游业务分为基本业务与会展业务两部分，并结合旅行社自身特点与实力，构建会展旅游业务体系。由于会展旅游对会展活动的依附性，旅行社只有关注会展活动的内容与特征，才能预测会展旅游者的需求，从而提供有针对性的服务，满足会展旅游者的需要，进一步争取在游览、购物、娱乐等方面引导旅游消费。

2. 旅行社会展旅游服务业务空间拓展

1) 会展旅游服务客源市场拓展

(1) 利用会展活动吸引并招徕普通旅游者。会展旅游者包括以参加会展商务活动为目的的会展代表和将会展活动作为游览娱乐消遣目的的普通旅游者，前者的旅游方式表现为会展商务旅游，后者的旅游方式主要表现为主题式旅游。普通旅游者也是会展旅游的另一重要客源，这为旅行社拓展会展旅游客源市场提供了思路，即在积极服务好会展代表的同时，要重视利用会展活动招徕普通旅游者，以扩大会展旅游客源市场。然而，由于会展代表与普通旅游者的旅游动机不同，所表现的特征也有所不同。旅行社可通过优化服务流程，提高服务质量和效率，提供更加便捷、高效、优质的服务，来满足普通旅游者的需求。

(2) 开发高品质会展旅游产品。旅行社根据市场需求和自身条件，开发新的会展旅游产品，如会议旅游、奖励旅游、探险旅游等，以吸引更多的旅游者。会展旅游者大多是企业实体或政府机构的代表，通常他们的文化修养较好、个人素质较高、独立意识较强。该类旅游者在旅游活动参与上随机性强，可能仅限于会展商务活动的旅游，也可能在会展商务活动之余参加各种形式的旅游活动，但会受会展商务活动时间和财务报销限制，通常其他形式的旅游活动时间较少。他们对其他形式的旅游线路要求距离近与顺路，在旅游内容上也要求新颖紧凑，喜欢有一定内涵的旅游产品，讲究舒适方便。作为开发会展旅游产品的旅行社，其重要工作就是开发出能够满足会展旅游者需求的高品质产品。

(3) 用特色旅游吸引旅游者。会展普通旅游者群体具有一般旅游者的属性，只不过他们是以各类会展活动为主要的观光游览内容，以会展活动地为主要旅游目的地。该旅游群体一般以中青年为主，文化层次较高，喜欢新奇、寓教于乐的学习型旅游产品。同时不同会展活动内容的会展旅游者又具有明显的特定指向性，与一般旅游者不同的是，在旅游方式上他们注重体验式、参与式、人文化，并借助会展旅游进行学习交流，获取时尚流行信息。

(4) 拓展市场宣传渠道。旅行社可以通过广告、宣传册、网络等渠道，宣传会展旅游产品和服务，提高知名度和影响力，吸引更多的旅游者。旅行社还应加强与旅游者的联系，通过与旅游者的长期合作和联系，深入了解旅游者需求，提供个性化的服务方案，提高旅游者满意度和忠诚度。

2) 会展旅游服务产品拓展

(1) 丰富会展旅游内容，具体包括以下几个方面。

① 增加旅游项目。会展旅游可以包括多个旅游项目，如参观博物馆、游览风景名胜区、参加会展活动等。通过增加旅游项目，可以让旅游者有更多的选择，提高旅游的趣味性。

② 提供优质服务。会展旅游者通常是企业或机构的高端客户，因此需要提供优质的服务，包括高端的住宿、餐饮、交通等。同时，还需要提供专业的旅游服务，如导游讲解、旅游保险等。

③ 策划特色活动。为了吸引更多的旅游者，可以策划一些特色活动，如企业论坛、行业峰会、文艺演出等。这些特色活动可以增加旅游的吸引力，提高旅游者的满意度。

(2) 延长会展旅游链，具体包括以下几个方面。

① 拓展会展活动。会展旅游不仅包括会展活动，还包括与会展相关的其他活动，如技术交流、商务考察等。通过拓展会展活动，可以让旅游者有更多的选择，提高旅游的趣味性。

② 增加旅游景点。会展旅游可以增加一些旅游景点，如文化遗址、自然风景区等。通过增加旅游景点，可以让旅游者有更多的选择，提高会展旅游的吸引力。

3) 拓展会展旅游地理区域

(1) 市场研究与评估。在选择新区域之前，进行全面的市场研究和评估是关键。通过评估，了解该地区的商务活动、文化特点、竞争状况、法规政策等因素，以便更好地适应当地市场。

(2) 组织本地化团队。在目标区域建立本地化团队，了解当地文化、语言和商务习惯，确保团队能够适应当地需求，这有助于更好地融入市场，提供符合当地需求的服务。

(3) 建立合作关系。通过与当地酒店、会展中心、旅游机构等建立长期的合作关系，共同成长和互利共赢来实现可持续发展，可以更有效地提供全方位的服务，分享资源。

(4) 定制本地化服务。根据目标区域的特点，定制本地化的会展旅游服务，具体包括提供符合当地文化的活动、特色餐饮、参观游览等服务。

(5) 推广与市场营销。制定针对目标地理区域的市场营销策略。通过线上和线下的推广手段，提高旅游产品在当地的知名度，可以吸引更多的旅游者和业务。

4) 会展旅游服务方式拓展

(1) 旅行社要树立与会展企业共赢的观念。随着会展经济的发展，会展旅游市场逐渐扩大，旅行社和会展企业之间的合作已经成为一种市场需求。通过合作，旅行社可以提供更加专业的旅游服务，提高旅游品质和吸引力，吸引更多的旅游者参加会展旅游活动。旅行社和会展企业之间可以共享资源，包括旅游资源、人力资源、市场营销渠道等。通过资源整合，旅行社可以降低成本和风险，提高效率和竞争力，同时也可以提高会展企业的品质和吸引力。旅行社和会展企业之间可以共同拓展市场，开拓新的会展旅游领域和客源市场。通过合作，旅行社可以扩大业务范围和市场份额，提高品牌知名度和影响力。旅行社和会展企业之间是一种互利共赢的关系。通过合作，旅行社可以获得更多的业务机会和收益，也可以为会展企业提供更好的服务，提高会展旅游者的满意度和忠诚度。

(2) 旅行社会展旅游服务应贯穿于会展活动的始终。旅行社会展旅游服务应贯穿于会展活动的始终，以满足旅游者需求，提高服务质量，整合资源，拓展业务，促进会展活动的顺利开展和成功举办。在会展前，旅行社利用其成熟广泛的销售网络，主动开展会展活动的宣传促销；在会展期间，旅行社调动自身的协调与组织能力，为会展活动参加者提供食、住、行、游、购、娱一条龙服务，全面服务于会展；在会展后，旅行社协助会展企业开展展后总结服务工作，旅行社可以利用为会展活动参加者提供服务的机会，帮助会展企业调查有关参加者的相关资料及征集反馈意见。

(3) 旅行社提供从一般性到个性化的会展旅游服务。参展商和观众在参加会展活动时，不仅需要展示和交流，还需要进行旅游活动。旅行社可以为会展活动提供专业的旅游服务，满足旅游者的需求。个性化旅游服务可以为旅行社带来更多的商业机会和市场资源。通过提供个性化的旅游服务，旅行社可以吸引更多的旅游者，拓展新的市场领域，促进业务不断发展。一方面，旅行社应开发多样化服务产品，通过灵活组合，以满足会展旅游者个性化的需要，这通常适用于规模较大的旅行社；另一方面，细化会展旅游市场，集中优势，最大限度地发挥优势，以满足会展旅游者的需要。

3. 会展旅游旅行社代理服务

会展旅游旅行社代理服务是指为参加会展活动的旅游者代为安排旅游活动。旅行社可针对会展活动参展商和观众的旅游需求，为其提供旅游咨询、旅游线路规划、交通、住宿、餐饮、景点游览等全方位的旅游服务，以及会议会展、奖励旅游、研学旅行等专项服务。

旅行社进入会展旅游市场的产品策略包括以下内容。

(1) 在服务上，将展览期间的住宿接送、餐饮等基本服务作为主要产品，同时提供其他配套服务及产品供旅游者灵活选择。

(2) 在形式上，旅游产品宜采用半包价、小包价等多种形式。

(3) 在内容上，主要是投资考察游等专项旅游产品，以及短平快的城市周边游。

(4) 在促销方式上，与展览业的联合协作。

(5) 在行程安排上，既要兼顾集体活动，又要灵活应变，以帮助参展团提高工作效率和参展附加值。

2.4.6　会展旅游交通服务管理

1. 会展旅游交通服务提供商的选择

在选择交通服务提供商时，会展旅游组织方应考虑以下关键因素。

(1) 备选方是否有安排会展旅游的经验。如果备选方曾经有过相关经验，应该要求其提供服务过的会展及相关活动列表。

(2) 备选方是否有可靠的资历证明文书。会展旅游组织方应认真审查备选方的资历证书，以确保备选方有能力承接这种事务，并对其安全记录加以关注。

(3) 备选方是否熟悉所有旅行模式的价格结构和费用情况。会展旅游组织方可以将此列为招标文件的一部分。

(4) 会展旅游组织方应该多选几家交通服务提供商，从价格、服务、能力、水平、声誉及公司投保范围等方面进行比较，确认其是否可以提供高效的客户服务支持以及是否具有保证及时响应的能力。

(5) 会展旅游组织方在外地组织旅游交通事宜时，可以与当地的客运公司沟通。当地的客运公司可能会提供一些曾经共事的或建立了良好声誉的旅游交通专业团队名单，从而方便筛选。

(6) 价格是否符合企业预算，是否有不同的套餐和定价计划可供选择。当会展旅游活动规模较小时，会展旅游组织方也可以自行解决交通问题，但这种情况较少。

2. 会展旅游交通方式的选择

1) 空中交通方式

空中交通由航线、飞机和机场三个部分组成。飞机是主要的航空运输工具，承担着接送旅客的大部分任务，所以飞机成为空中交通的代称。远距离旅游者多会选择乘坐飞机出行。

(1) 空中交通方式有以下优点。

① 快速。空中交通可以大大缩短旅行时间，特别适合远距离旅行。

② 高效。飞机航班可以提供高效的出行方式，特别适合繁忙的会展活动。

③ 舒适。乘坐飞机旅行通常比其他交通方式更加舒适，特别适合长时间的旅程。

④ 灵活。可以根据需求灵活安排行程，随时更改航班时间，以满足参展商和观众的需求。

(2) 空中交通方式有以下缺点。

① 成本高。航空旅行相对较贵，可能会增加会展旅游的成本。

② 安全问题。虽然飞机是相对安全的交通工具，但仍然存在安全风险。

③ 机场限制。飞机航班通常受到机场容量和天气等因素的影响，可能会影响参展商和观众的行程安排。

④ 时间限制。飞机航班通常受到时间限制，需要在规定的时间内到达机场并办理登机手续，这可能会增加参展商和观众的时间压力。

2) 地面交通方式

(1) 地面交通方式有以下优点。

① 交通便利。地面交通拥有优越的区位条件，与航空港、火车站、码头、地铁站等交通枢纽有快捷、方便的联系，有利于进行人车分流、客货分流、交通集聚、交通疏导、交通组织。

② 场地开阔。地面交通用地规整、宽阔，有较大面积的室外广场，可用于室外展出、观众活动、开幕仪式、临时存放物品，有足够的绿化和停车空间，无视觉不良障碍，具有充分的预留发展用地。

③ 环境良好。与成片绿地、水体、公园相得益彰，互为衬托，生态环境及景观条件优越。

(2) 地面交通方式有以下缺点。

① 交通限制。地面交通易受天气、交通拥堵等因素影响，可能会耽误旅行行程。

② 时间限制。地面交通通常需要花费更多的时间，比如从机场到酒店可能需要几个小时的车程。

③ 费用较高。地面交通费用相对较低，但如果是私人包车或者专车，费用就会较高。

3) 水上交通方式

(1) 水上交通方式有以下优点。

① 浪漫幽静。豪华舒适的现代远洋游船和内河豪华游船在很大程度上已超越了传统意义上的客运功能，成为集运输、食宿、游览、娱乐、购物等多种功能于一体的水上豪华旅游交通工具，在波涛汹涌的大海中仍然可以平稳行驶，为旅游者提供迥异于陆地的浪漫与幽静环境，适合度假、游览和娱乐旅游。

② 运载能力强。巨型游船强大的运载能力和庞大的船体，为配备完善而豪华的旅游设施提供了可能，是其他交通方式无法比拟的。

(2) 水上交通方式有以下缺点。

① 易受天气、水文影响。水上交通受天气、水文等多种因素影响较大，可能会耽误旅行行程。

② 时间限制。水上交通通常需要花费更多的时间，比如从机场到酒店可能需要几个小时的车程。

3. 会展旅游交通服务管理的主要内容

1) 会展旅游交通票务

(1) 航空票务。在会展旅游活动中，从事航空票务的工作人员必须具备航空交通服务的相关知识，如航空公司使用的设备设施、提供的服务项目、各类机票价格、国家关于民航运输的法律法规以及航空公司的相关规定等。航空票务可以分为定期航班机票票务和旅游包机预订，这里主要介绍定期航班机票票务，其工作步骤如下所述。

第一步：预订机票。收集、整理和核对航班的航线和目的地，了解航班的出发时间和到达时间，准备好航班机票、航班登机牌和旅客清单等文件资料。在预订机票前，必须了解旅游者和航空公司两方面的信息(包括旅游者的姓名全称、联系电话、旅游目的地、出行日期、支付方式、特殊要求，航空公司的飞行设施设备、机票价格、行李托运及手提行李标准等),以便顺利预订旅游者所需的航班及相应座位。

第二步:购买机票。为旅游者提供订票服务,可采用电话订票、网络订票、柜台订票等方式,同时为旅游者提供航班信息和机票售后服务。购买时,票务人员应携带现金或支票及乘机人的有效身份证件或旅行社出具的带有乘机人护照号码或身份证号码的乘机人名单。在取票时,票务人员应认真核对机票上的乘机人姓名、航班、起飞时间、票价金额和前往的目的地等内容。

第三步:补票与机票变更。如旅游者机票不慎丢失,票务人员应协助旅游者挂失,旅游者凭机票遗失证明在飞机离开前一天下午到航空公司售票处取票并交纳补票费。如果旅游者持有的是电子机票,就不存在补票问题。

(2) 铁路交通票务。办理铁路交通票务的关键在于保证及时购买到会展旅游活动所需要的各种火车票。此外,票务人员还要代会展旅游者或会展旅游团队办理因旅行计划变更而造成的增购或退减火车票业务。铁路交通票务工作的实施步骤如下所述。

第一步:预订火车票。在预订之前,票务人员必须了解旅游者和火车两方面的信息,包括乘车人员信息、订购火车票的数量和种类、抵达车站名称和车次等,然后向铁路售票处提出预订计划。

第二步:购买火车票。票务人员向铁路售票处提出预订计划后,应持现金或支票到售票处购票。

第三步:退票。若旅游者的旅行计划变更或取消,应根据铁路部门的规定办理退票手续,并交纳相应的退票费。

第四步:车票改签。旅游者不能按票面指定的乘车站、日期、车次乘车时,可到车站办理一次提前或推迟乘车签证,简称改签。一张车票只能办理一次改签。开车前48小时(不含)以上,可改签预售期内的其他列车。开车前48小时以内,可改签开车前的其他列车,也可改签开车后至票面乘车日期当日24:00之间的其他列车。开车后,只可改签开车后至票面乘车日期当日24:00之间的其他列车。

(3) 公路交通票务。在处理公路交通票务时,票务人员应对旅游汽车公司进行调查,了解公司车辆数目、汽车类型、汽车性能、司机技术、租车费用、公司管理等方面的情况,并选出符合会展旅游要求的公司。在会展旅游活动中,票务人员应选择较为高级的旅游客车以满足旅游者需求。在接到旅游用车计划后,票务人员应向汽车公司提出用车要求,并通报会展旅游活动日程。为了避免出现差错,票务人员应提前联系汽车公司核实团队人数以及车辆落实情况,并将所用车型、驾驶员姓名、联系方式通报给相关部门。

(4) 水运交通票务。在处理水运交通票务时,票务人员应根据旅游计划和要求向轮船公司等水运交通部门预订船票,并在规定日期将填好的船票订单送交预订处。取票时应逐项核对船票日期、离港时间、航次、航向、乘客名单、船票数量及金额等内容。如果出现人数增减或旅行取消等情况,票务人员应及时办理增购或退票手续,以保证旅游者能按计划乘船,同时减少经济损失。

2) 会展旅游交通安排

(1) 组织会展活动过程中的交通安排。

① 会展组织方可以提供机场与酒店之间的接送机服务,对于小型会展活动可以使用

大巴车接送，但需要注意会展旅游者的身份和接送车辆的区别。在决定提供接送机服务之前，会展组织方需要考虑费用问题。

② 会展组织方应该全面评估会展场馆到酒店这一区域的交通情况，如果酒店离会场很近且交通状况良好，可以考虑鼓励会展旅游者步行，这样会展旅游者能够享受到轻松愉悦的旅行体验。

③ 如果鼓励会展旅游者尽可能多地使用当地公共交通工具(如公交车、出租车、地铁等)，会展组织方应提前准备相关资料，如城市交通路线图等。在会场周边及重要路口等地设置交通指引标识牌，指示会展旅游者规划好路线，方便有序地行驶，正确、快速到达会场，以避免拥堵、迷路和延误等问题的出现。

④ 是否安排可供选择的其他路线。会展组织方不仅确保交通计划已考虑到可能的突发事件以及其他可能破坏交通计划的情况，还要确保安排了可供选择的其他路线。这些路线能够方便、高效地代替原路线，不会给会展旅游者带来麻烦。

(2) 会展之后旅游过程中的交通安排

① 票务办理要多咨询、多对比，咨询专家或外包以争取最优折扣，熟悉退票费用、退款和旅行保险等事宜。

② 指定带队人员陪同旅游，可以是组织方工作人员或旅行社导游。

③ 票证可由带队人员统一保管或分发给个人。

④ 座位安排需考虑多种因素，尽量让旅游者自行选择。

⑤ 如需提供特殊饮食，需事先了解旅游者需求并反馈给交通运输公司。

⑥ 提供健康信息以防途中需要医疗服务，如果是国际旅行，需要带处方药原包装。

⑦ 地面运输费用计算复杂，涉及最低收费、日夜收费等标准。

⑧ 取消预订时，需考虑订金取回和额外费用情况。

⑨ 检查车辆状况、清洁度和外观，需要指定专人负责。

⑩ 司机统一着装可增强旅游者信心。

⑪ 明确上车时间、地点并提前告知旅游者。

⑫ 配备麦克风以便在车上讲解和沟通。

2.5　会展旅游数字化管理

2.5.1　会展旅游数字化管理概述

1. 会展数字化的概念

会展数字化的概念有狭义和广义之分。狭义的会展数字化主要是指主办方利用数字技术，对具体会展项目中的产品、服务场景的数字化改造，关注数字技术本身起到的降本增效、提升用户体验的功能。广义的会展数字化是指会展主办方、专业服务商(包括场馆)、企业和社团机构利用数字技术，对自身组织的服务模式、运营方式进行系统化变革，更关注数字技术对组织整个体系的赋能和重塑。

数字会展并非简单地改变展会形式，将线下会展项目搬到线上去，而是整合AR、VR等数字技术资源、数据化资源与线下会展资源，做到会展营销数字化、商务贸易数字化、观众服务数字化、客户服务数字化、数字化数据分析，连接实体空间与虚拟空间、智能空间，进而推进会展运营模式的变革与创新。需要注意的是，虽然新型数字会展核心场景围绕线上和线下多场景展开，涵盖线上展会、混合展会、企业自建展厅和线下展会四个核心场景，但是线下展会仍然是会展数字化的核心运用场景。

2. 会展数字化发展存在的问题

目前，越来越多的会展活动开始向数字化转型，数字会展也频繁进入大众视野。但现阶段的数字会展，与真正的数字会展尚有距离。许多主办方将数字会展与线上会展画上等号，但事实上，线上会展只是将会展活动搬到线上，而数字会展是指用数字技术提升会展效率、效果和效益。会展数字化的发展存在以下几个主要问题。

1) 仅以工具服务流程，缺乏系统体验思维

许多活动主办方都会借助数字工具开展活动报名、签到、连线直播、元宇宙展示等，但这些不同工具仅仅服务于整个活动的一部分流程。例如，单一的报名签到工具只解决了流程便利性问题，但对于最为核心的参会者行为数据依旧无法抓取，信息留存依旧有限。

许多国际会展活动主办方采用zoom连线直播组织会议，但与线下会议一样，采用zoom之后也只有少数人有发言的机会，大部分人只能是听众。而且zoom规模较小、封闭，主办方触达范围以外的"陌生人"往往难以参会，且跨语言需接入同传翻译，成本较高，参与者权限管理难度大。即便接入大会直播，往往也只是单向信息传播，观众参与感较低，互动性不足，活动结束过后，参会者就此离场，和传统线下活动一样，散场后信息即丢失。

2) 仅从线下复制转移，缺乏效率提升思维

随着元宇宙概念的持续火热，许多主办方开始尝试在线上搭建各类虚拟会场和展厅。对于会展观众来说，线下参展需要一场场"逛"，线上参展可以一个个"搜"，参展体验获得了极大提升。但如果仅仅只是"复制"线下，把会展从线下搬到线上，投入大量成本搭建的元宇宙会展在活动过后便和线下会展一样"拆除"(即使主办方声称365天不落幕，但没人逛，也是一种"拆除")，从本质上来说，没有从根本上提升活动效率。

3) 仅靠技术降低成本，缺乏创新运营思维

不管场域、场景如何转变，数字会展带给传统会展最大的价值是形成数据资产。有了数据积累，才有为会展的下一步发展提供创新价值的可能性。但是，多数会展活动主办方仅借助单一的数字工具去支撑线上会展活动，而没有通过会展活动数字化运营去辅助线下会展活动。如果数字会展不能给传统会展积累数据，仅仅作为提供服务和提高效率的工具，其本质还是成本中心思维，而非数字化运营思维。

2.5.2　会展旅游数字化管理的必要性

1. 政策支持维度

2021年底，国务院颁布了《"十四五"数字经济发展规划》，规划开篇明确指出，数字经济是继农业经济、工业经济之后的主要经济形态，是以数据资源为关键要素，以现代信息网络为主要载体，以信息通信技术融合应用、全要素数字化转型为重要推动力，促进公平与效率更加统一的新经济形态。

二十大报告要求以发展新理念构建发展新格局。新理念的核心是高质量发展，新格局的核心是"双循环"。会展业的高质量发展，必须以数字化转型为抓手。这既是会展业行政主管部门推动行业发展的抓手，也是会展企业做强自身、竞争发展的抓手。数字经济已经上升到战略高度，会展旅游产业数字化作为实现数字经济和实体经济深度融合发展的重要途径，已成为新时代背景下适应数字经济发展的必由之路和战略抉择。

2. 需求呼吁维度

会展产业是典型的人力密集型产业。会展活动的招商推广、场地选址、物料制作与采购、现场布景搭建、会展活动正式举办，其核心问题都依靠人力去解决。

中国会展经济研究会发布的《2022年度中国展览数据统计报告》显示，截至2022年4月，由于疫情危机，我国已经停办会展近3500场，会展面积大约涉及5000万平方米。2023年，随着危机逐步消散，线下展会陆续开启。三年危机，会展活动经历多次停滞，行业数字化趋势的紧迫性逐渐显现。因此，各大会展企业希望可以通过数字化手段降低危机影响，提高活动转化率，扩大获客渠道，打响知名度；通过数字化手段进行用户画像分析，推动后续精准营销；通过数字化解决方案对会展活动数据进行分析反馈，量化评估会展活动效果。

3. 要素升级维度

传统会展的基础依托商流、信息流、物流和人流的有效配置与资源激活。如今，构建对会展的商流、人流、物流和信息流四个基本要素进行再资源化、再产业化和再价值化的新机制和新模式，将成为会展行业新发展的核心条件和依据。显然，数字化正在或者最有可能成为重塑会展行业新动能的底层逻辑和基本依据。

传统会展行业认知中的数字化更多指向数字化的技术与工具性。然而，现今的数字化正在成为会展行业重构的新的底层标准和机制，成为商流、人流、物流、信息流"四流"再资源化、再创新与再价值化的根本原则。会展与数字化的连接应超越简单的数字化技术和工具，而成为会展重构的底层逻辑，形成一种新的会展数字化和数字化会展发展格局。

在数字化会展维度上，可能形成一种超越会展的新局面。它不再局限于传统会展所定义的空间、场所以及"四流"的基本形态，而是建构在以数字化为标准和规则中的"人、事、物"资源化、场景化、价值化的深刻实践和突破。当下热议的元宇宙会展概念或许正是这种数字化会展的一种可能形态。它代表了数字化正在重构会展本质的新趋势，在这个框架中，会展本体并不在于传统会展所定义的"四流"，而决定于元宇宙基础下的数字化规则和框架。这个框架平台将形成重新定义会展"人、事、物"关系的全部要素和价值系统。

此外，在数字化框架下，会展行业也可能会被数据、体验、营销、传播、交易、广告、娱乐等更多行业重构。事实上，这种趋势正在成为现实。数字化会展正在决定于互联网、人工智能、新营销、新传播、新媒体、新娱乐、新内容等新一代信息技术和数字框架下的行业力量。这些新型行业力量所具有的数字建构能力、数字价值框架和标准，正在重塑会展行业新的形态、面貌、格局和价值模型。

4. 市场竞争维度

(1) 打破时间限制。通过大数据、人工智能、虚拟现实等技术对技术服务全面升级，会展旅游数字化有助于实现一年365天、一天24小时不间断展示与交易，并且将会展有关信息数据上传网络，让参展商和观众随时查看，便于24小时线上线下无间断商贸洽谈，从而高效实现参展商与采购商无缝对接。

(2) 拓展会展空间。相较于传统会展而言，数字会展受场馆面积限制小，可以实现展品的全方位、多角度展示。此外，数字会展可以不受距离限制，让全国乃至世界各地的参展商和观众都有机会参与。传统会展需要承担场地租赁、搭建、物流、人员等方面的成本，而数字会展不仅可以通过数字技术，降低成本并提高效率，还可以通过智能化的展示平台，让参展商更加方便地展示产品和服务，同时也拓展了会展活动展览展示空间。

(3) 强化数据应用。如何高效利用会展活动客史信息对于会展高质量运营至关重要。数字化会展将利用云技术，建立共享数据库，实现线上会展与实体会展在数字信息领域的共享和互通，消除信息孤岛。数字会展依托大数据、云计算等技术，快速、准确、全面地收集、整合分析参展商、观众信息，以此建立服务评估和反馈机制。会展数字化运营不仅能提升客商精准对接度，还有利于对不同客户的不同需求开展精确营销，提供个性化服务。

(4) 提高参展体验。会展活动应能丰富参观者的体验，而数字化运营则能够显著提升和丰富参观者会展活动体验。数字会展可以通过虚拟现实和增强现实技术，为参展商和观展者提供更加丰富、生动、互动的体验，让他们更好地了解展品和参展商，从而提高参展商和观展者的满意度和参与度。

5. 机会获取维度

2023年5月25日，由中国会展经济研究会、中国贸易报社会展产业委员会、中贸国际智库、长三角会展研究院、上海对外经贸大学会展与传播学院、广东会展组展企业协会联合等6家单位发起的《中国会展主办机构数字化调研报告(2023)》(以下简称《调研报告》)在2023年中国会展经济研究会年会暨中国(琼海)会展经济论坛(简称中国会展经济年会)上正式发布。值得关注的是，《调研报告》加大了对会展主办机构数字化实践和探索、企业在数字化领域的经济效益以及未来战略的深度调查。该报告显示，中国会展行业数字化转型升级处于转折点，75%的会展主办机构实现了数字化收入。

技术领域在快速变革，从2020年的虚实融合一站式会展技术平台，到2021年中崛起的元宇宙技术场景，再到2022年底涌现的生成式人工智能(AIGC)都快速进军会展业，成为会展行业发展的新变量、新动能。与此同时，会展主办机构对数字化的认识在不断深化，行业数字化转型正处于转折点。未来，会展活动数字化收入占比将不断提高，线上与线下虚实融合仍将持续发展。在未来几年，会展主办机构数字化战略将从优先服务客户以及创新商业模式到内部运营效率的提升转变。

2.5.3　会展旅游数字化管理建设要点

1. 会展旅游数字化新基建

新型基础设施建设，简称"新基建"，主要立足于科技端，本质上是信息数字化的基础设施建设，主要涉及5G基站、特高压、城际高速铁路和城际轨道交通、新能源汽车充电桩、大数据中心、人工智能、工业互联网等，旨在以信息技术为支撑，推动经济社会的数字化创新发展。新基建具有基础性、先导性和战略性，将加快会展业数字化转型，进而推动会展业数字化革命。单个竞争对手之间的零和博弈逐步让位于基于平台和数据链接的群落竞争。例如，中国银河会展中心以新基建为基础，赋予了组织内外万物互联的链接能力和信息穿透能力，有助于降低组织内协调成本和信息传递成本，提高企业内组织结构调整的灵活性、应力和张力。

当前，以5G、大数据、人工智能等为代表的数字新基建推动智慧旅游发展，既是顺应数字经济发展趋势的积极作为，也是推进文旅融合、提升公共服务水平的重要方式。立足于新的发展阶段，旅游行业要深入贯彻数字化发展理念，让智慧旅游服务呈现新的发展格局。基于5G、云计算、VR虚拟现实、超算中心等高新技术新基建，有助于数据从需求侧(C端)到供给侧(B端)和政府侧(G端)、从供应链到价值链的贯通，打破人、物、信息、服务的边界，从而实现会展业的运营管理模式从传统线下升级到基于平台引领的服务会展新经济。

2. 数字会展旅游标准化

数据治理能够实现企业数据的标准化管理和数据资产的沉淀。会展行业数据治理的主要问题体现在数据管理意识不足、业务信息化覆盖不足以及系统间存在数据壁垒等方面。因此，数据治理机制要基于会展企业现有的沉淀数据，制定和推动企业实行标准化管理，形成一个数据管理办法、一套数据管理机制，积累数据资产。

(1) 数据资产。从数据管理的关键要素入手，制定主数据、数据标准、数据质量、数据治理等标准，构建全体系的数据能力管理蓝图；立足数据现状和业务需要，用可验证的、体系化的数据管理标准构建数据管理仓库和数据模型，进而可持续地满足数据应用诉求。

(2) 数据管理办法。通过数据资产梳理与认责、制度规范职责细化、制度传达执行以及岗位权限、输出口径标准化等手段，固化形成一套数据管理办法。数据管理办法能够规范数据资产的全流程规范管理，明确相应责任，确保数据管理全过程任务明确、责任到人、标准统一。

　　(3) 数据管理机制。从数据填报机制与数据考核机制两方面建立形成公司级数据管理机制体系。通过标准约束，整合内外部数据入口；通过统一归集和指标口径，形成数据输出唯一出口。同时，基于制度规范要求不定期抽查项目的业务系统录入情况、各类数据采集的录入情况，形成数据制度考核结果，并将考核纳入个人绩效考核指标，为数据治理的落实提供保障。

3. 会展旅游数字化能力

　　在行业数字化发展趋势下，结合项目前期、中期、后期不同环节的业务需求，会展企业建设数字化能力应以项目执行为落脚点，围绕数据分析、数据反馈和产业链赋能三大数字化能力展开。

　　(1) 数据分析能力。对于数据分析能力，主要聚焦在项目开始前的筛选阶段与项目执行阶段。通过对会议热度、展区人流量、活动体验、新客转化率、品牌形象植入程度等数据收集、分析和实时可视化呈现，实现更好地评估活动参与度和与会体验；通过数据监测，协助承办单位精准筛选和匹配供应商、参会嘉宾，实现参与者的定向邀请，提高活动内容的主题价值和引流能力。

　　(2) 数据反馈能力。对于数据反馈能力，主要聚焦在项目完成后，通过数据评估活动效果。承办单位希望在每一次会议活动后，通过过程数据搜集、分析并反馈活动效果，从而更好地进行客户引流，拓宽获客渠道，扩大会议触达范围，提升影响力。

　　(3) 产业链赋能能力。产业链赋能分为标准化模块赋能和定制化模块赋能。标准化模块赋能是指会展企业希望通过购买标准化模块自行举办规模小、频率高且流程固定的标准化周期会议。定制化模块赋能可以根据会展企业自身个性化需求提供定制化服务，提高模块功能的契合度。

4. 会展旅游数字化营销

　　(1) 精准定位。通过收集和分析用户行为数据、市场调查数据、社交媒体数据等，企业可以了解目标受众的兴趣、偏好、购买行为等信息，从而确定目标受众和潜在客户，并制定针对性营销策略与数字化营销方法。

　　(2) 多渠道推广。通过多种渠道进行宣传和推广，包括展会官网、小程序、H5等官方渠道以及社交媒体、电子邮件、短信等，实现无缝衔接引流及平台互动，推进会展项目全面宣传。同时，这也可以提高观众和参展商的参与度和关注度，为主办方提供更好的宣传效果和商业机会。

　　(3) 个性化推荐。推进数字化赋能会展项目，通过分析客户的兴趣和历史行为，生成个性化的推荐清单，向客户推荐他们可能感兴趣的展品和活动，从而提高客户参与度。

5. 智能化会展场馆建设

　　数字化转型将推动会展场馆的智能化建设。通过智能技术，会展场馆可以实现自动化、智能管理，提升会展场馆运营效率和管理水平，同时也可以提高场馆的安全性和环保性，减少对环境的负面影响。随着数字技术的不断发展，越来越多的场馆开始数字化转型，以提高效率、降低成本、优化客户体验。智慧场馆是数字化转型的一个重要领域，它将信息技术应用于场馆运营管理，以实现全面的数字化、自动化和智能化。

(1) 智慧场馆具有强大的报表功能，特别是财务报表。在传统的场馆管理中，财务报表往往需要手工编制，耗时耗力，容易出现错误。而在智慧会展场馆中，财务报表可以自动生成，实时更新，减少了人力成本和错误率。此外，智慧会展场馆还可以通过数据分析和预测，提前预判收入和支出情况，帮助场馆管理者及时制定预算和调整经营策略。

(2) 智慧场馆可以将单位所有部门和人员的工作贯穿起来。传统的场馆管理中，各个部门往往独立运作，缺乏协同合作，容易导致信息不畅通、沟通不畅、效率低下。在智慧场馆中，各个部门和人员之间可以通过数字化的方式实现无缝连接，共享信息、资源和知识，提高工作效率和合作效果。

(3) 智慧会展场馆可将场馆各方面信息通过信息技术流程化、标准化。场馆运营管理是一个烦琐而复杂的过程，涉及各方面的信息，如客户信息、场馆设备信息、预定信息等。在传统的场馆管理中，这些信息往往以纸质或电子表格的形式存储，容易出现信息混乱、信息丢失等问题。在智慧场馆中，这些信息可以通过信息技术实现标准化、流程化管理，使得整个场馆运营流程更加高效、精准和规范化。

(4) 智慧场馆可通过数字化方式实现在线预订、在线支付、在线查询等服务，提高客户满意度。

(5) 智慧会展场馆可以通过数据分析和挖掘，帮助场馆管理者了解客户需求、优化服务内容和提高收益。

(6) 智慧场馆可以通过数字化方式实现实时监控和管理，提高场馆设备的运行效率和稳定性，保障场馆安全和稳定运营。

6. 数字化系统平台搭建

数字化转型将推动数字化会展信息平台建设。数字化会展信息平台可以整合会展信息、参展商信息、参观者信息、场馆信息等，实现信息全面共享和管理。此外，数字化会展信息平台还可以实现会展资源的数字化存储和共享，提高资源利用率，降低会展成本。在系统平台建设上，需要为不同的业务场景建设核心功能模块，基于企业核心业务诉求实现对企业数据管理，提升业务发展水平。

(1) 通过系统平台实现企业数据贯通，把企业中的商机线索、人力资源、项目管理、资金等要素信息在系统中进行连通，以数据可视化的方式支持管理层的商业决策和资源调配安排。

(2) 利用系统平台打破"数据孤岛"现象，实现业务线上化和自动化，以数据为干，以业务为枝，逐步构建企业数据的生态树，实现数据资产化。

7. 数字化虚拟仿真场景

数字化虚拟仿真场景是一种基于大数据、云计算、物联网等新一代信息技术和传播手段，将公共文化和信息科技相结合，处理群众文化资源、提供全民艺术普及服务、管理文化馆业务的数字化服务系统和互动体验空间。数字化虚拟仿真展馆的一个关键优势在于通过互动展品吸引旅游者，旅游者可以触摸和操作展品，深入了解展品，甚至可以为展品贡献自己的内容或反馈。数字化虚拟仿真场景可以应用于广泛的领域，包括博物馆、艺术画

63

廊和商业展览等。与传统会展形式相比，它占有许多优势，例如降低运输和存储展品的成本，以及展示那些可能因太脆弱或太有价值而无法在传统会展中展示的展品。

数字化虚拟仿真场景的设计和建造是一个复杂的过程，需要各种专业人员的合作，包括建筑师、工程师和数字设计师。首先应确定展览主题和内容，然后设计展览空间并确定所需的设备和技术。成功的数字化虚拟仿真会展项目有如下几个。

1) 北京首钢一号熔炉云XR项目

在北京首钢园一号高炉内，你可以头戴VR眼镜，手持炫酷设备，驰骋在"5G云XR"打造的游戏峡谷里。始建于1919年的首钢园位于北京永定河畔、长安街西延长线上，2010年12月全面停产后，昔日粗犷的筒仓、高炉、冷却塔等极具工业风和后现代感的异形建筑，经过利旧改造，融合了现代展示和艺术元素，已经成为首都新地标，被称为"世界四大工业遗址"之一。"当红齐天首钢一号熔炉5G云XR项目"即位于首钢园一号高炉内。

在这座高逾80米、容积超2500立方米的巨型建筑中，有数十款大型XR交互体验项目。设计者规划了VR电竞、虚拟现实博物馆、沉浸式剧场、冬奥项目体验中心、特色商品购物、未来光影互动餐厅以及全息酒吧等特色区域。虚拟现实、全息影像等技术的应用，让首钢园成为全球首个将XR技术和百年工业遗存融合的国际文化科技乐园。

该项目采用多种领先算法、自研设备，为玩家带来优质的互动体验。部署了最新的"5GVR边缘计算解决方案"，体感类载具采用领先的washout运动算法及自主研发的XDOF平台，5G云VR竞技业务摆脱线缆束缚，整体优化了用户体验；服务器云化部署节省了成本，总体效率提升了120%，能耗降低40%，成本降低45%。

2) 北京瞭仓沉浸式数字艺术馆

瞭仓艺术馆是基于XR扩展现实技术应用打造的沉浸式文旅项目，项目位于首钢园科幻产业集聚区，致力于应用数字科技手段打造沉浸式、可交互的传统文化创新展示、体验实体场景，弘扬和传播中华优秀传统文化。

作品总展示面积约4000平方米，涵盖上古神话、自然环境等中国不同历史时期的具有代表性的反映中华家文化精神的展示内容，在动作捕捉、影像扫描、AI影像等数字技术玩法的应用下，传统文化内容内涵在瞭仓正以科技的、生动的、时尚的创新体验方式进行传播与传承。

3) 广东海上丝绸之路博物馆

广东海上丝绸之路博物馆是以"南海1号"宋代古沉船发掘、保护、展示与研究为主题，展现水下考古现场发掘动态演示过程的世界首个水下考古专题博物馆，是国内首家将宋代沉船水下考古现场发掘向观众开放，高起点打造的动态博物馆，是广东省建设文化大省的重点文化项目之一。

广东海上丝绸之路博物馆加强"南海1号"考古发掘中文物数字化信息采集，推进了藏品、文献等的智慧管理，利用新媒体技术和网络直播、VR/AR等信息技术加强了文物数字化资源应用，提供历史主题AR互动航海墙、"南海1号"三维文物展示、"丝路传奇"VR体验、海底世界VR体验、智慧机器人讲解、线上展览等服务，增强了博物馆与观众的互动，提升了文旅数字化水平，丰富了数字旅游产品和服务供给，提升了"南海

1号"历史文化传播效果，具有较强的社会效益。

此外，还有影视剧包括文化产业的衍生品跟"南海1号"进行融合，融合后产生一种观众喜闻乐见的艺术形式，能够使更多的人认识"南海1号"、了解"南海1号"。同时成立"南海1号"保护活化利用的研究院，使文物更好地"活"起来，更好地展现给广大的社会观众。

4) 苏州博物馆"苏色生活馆"

"苏色生活馆"以时间节气为主题，以色彩物像为内容，演绎二十四节气之下动态的苏州生活美学，形成以苏州传统民俗文化生活美学为色彩提取依据的叙事内容，并通过全方位LED屏营造沉浸式的数智化色彩通感空间。二十四节气的每一刻都蕴藏着苏州人洞察天地的收获，蕴含着生存智慧、生活哲学和生活美学，在此过程中，积累苏博IP系列艺术品集，形成可持续发展的"空间互联"体系，开辟国内博物馆数字化新模式。

在运营模式上秉持可持续原则，对博物馆场景进行全面的数智化革新，采用全面围合式的沉浸数字场景，搭配世界前沿的中台播控系统作技术支持。这个实时渲染、虚实相生的色彩空间旨在实现展示内容的常换常新、自我造血，开创万物互联之下的5G数字博物馆时代。苏色生活可视化空间位于苏州博物馆西馆B1层，展厅共分为"苏色生活"主题数字展、影音空间、衍生空间三个板块。展厅整体分为外廊、内庭、天花三个板块，分别呈现一节气、一季节、一昼夜下的苏州生活。

2.6 会展旅游危机管理

2.6.1 会展旅游危机管理的内涵

会展旅游危机是指影响会展旅游者对会展旅游目的地的信心和扰乱会展旅游业正常运转的一切非预期性事件，它们可能以无限多样的形式在较长时期内不断发生。

所谓会展旅游危机管理，是指为避免和减轻危机事件给会展旅游业所带来的严重威胁而进行的非程序化决策过程，其目的是通过研究危机、危机预警和危机救治达到恢复良好的会展旅游经营环境和会展旅游消费者对会展旅游目的地信心的目的，并将危机所造成的损害限制在最低程度。

会展旅游危机管理涉及的管理主体比较广泛，仅依靠个别主体建立危机防范系统、提高经营管理水平是远远不够的，必须建立政府、会展旅游企业、会展旅游主管部门、行业协会及从业人员多方分工合作、共同努力的运行机制。会展旅游危机管理的主体主要包括以下几个方面。

1. 政府

政府的主要职能是通过宏观职能来预测和调控可能遭受的危机，采取预防措施，阻止危机发生，并尽量使危机的不利影响最小化。

2. 会展旅游企业

会展旅游业是敏感度很高的行业，我国会展旅游业经营单一、规模较小的现状不利于会展旅游企业分散风险。因此，要加强会展旅游企业集团化经营，实现规模经济，增强自身实力和抗风险能力。同时还要成立危机管理领导机构，树立危机管理意识，建立危机管理制度。

3. 会展旅游主管部门

要建立一个有效的危机应急机制，必须充分发挥会展旅游主管部门的作用，加强会展旅游专业人才的培养，加强会展旅游各参与主体的合作，从而有效防范危机。

4. 会展旅游从业人员

会展旅游从业人员要积极参与培训和学习，树立正确的危机意识，提高危机应对能力，积极参与政府和会展旅游企业的危机救治。

2.6.2 会展旅游危机识别

1. 会展旅游危机识别的方法

(1) 历史资料。通过对历史资料的回顾与总结，管理人员可以了解历届会展旅游的概况、存在的危机问题以及相关的解决方式，从而对本届会展旅游危机管理提供一定的参照。

(2) 头脑风暴。会展旅游危机管理机构可以采用头脑风暴法进行危机识别，具体做法是组织8～12人的头脑风暴会议，在确定议题、准备充分的条件下，让与会者打开思路，积极讨论，使各种设想在相互碰撞中激起创造性风暴，尽可能多地提出潜在危机设想。

(3) 请教专家。请教专家，可以识别出许多普通人难以察觉的潜在危机。这里的专家包括会展旅游组织方的资深人员、危机管理资深人士以及其他对此颇有经验与研究的专业人员。通过虚心请教，管理人员可能会得到有效的工作指点。

(4) 请教一线工作人员。一线工作人员是具体负责会展旅游工作的一般员工，包括会展现场工作人员、会展旅游司机、导游、接待服务人员等。一线工作人员虽然不是专家，但是他们长期从事会展旅游一线工作，有无人能及的第一手经验，对于危机有着更为直观的感受。管理人员可以通过书面调查、面谈等方式，收集常规计划中未被识别的风险。

(5) 现场考察。通过现场考察，管理人员可以亲身体验，从而识别潜在的危机。

2. 会展旅游危机的分类

1) 内部危机

内部危机主要是指会展旅游内部由于组织不当等原因所发生的危机事件，常见的有以下几种。

(1) 场馆选择不当。在会展活动策划中，场馆的选择是至关重要的环节。如果选择不当，可能会导致场馆空间不足、设施不完善等问题。

(2) 安全风险。在会展活动中，人员密集、设备复杂，安全风险也会相应增加。

(3) 会展旅游过程中发生火灾。

(4) 人员过多造成拥堵及受伤。

(5) 服务不到位造成会展旅游者不满。

(6) 公共设施状况不佳。例如照明设施、公共卫生设施、预警系统及通信系统状况不佳。

(7) 突发性疾病或紧急医疗事件。例如食物中毒、昏迷、中暑、有害气体中毒等。

2) 外部危机

外部危机主要是指来自市场经济主体外部环境的危机，它可进一步分为自然危机和人为危机两大类。

(1) 自然危机主要是指由自然界的一些不可抗力因素引起的灾难，如洪水、飓风、地震、暴风雪等。

(2) 人为危机主要是指由人为因素造成的危机，一般包括管理危机、政治性危机、经济性危机和安全性危机。管理危机主要是指因管理不善可能导致的场馆无序、混乱等危机；政治性危机主要是指由于国内政治形势混乱、战争、国际关系不稳定等引起的危机；经济性危机主要是指由于国内或国际经济秩序动荡、经济形势恶化等引起的危机；安全性危机主要是指由于流行性疾病、灾害和犯罪行为等引起的危机。

2.6.3　会展旅游危机管理的工作步骤

67

1. 加强会展旅游危机管理教育

危机管理教育是会展旅游企业预防危机的有力保障。会展旅游企业应对员工进行危机意识教育和危机预控专业知识的培训和学习，培养员工"居安思危"的旅游危机观，使员工树立正确的危机意识和主人翁责任感，提高员工对危机征兆的识别能力。同时通过对一定危机情景的模拟，对员工进行演习和培训，员工通过接触各类危机情景，积累处理危机的技能知识和经验。只有树立正确的危机意识、提高危机反应能力，才能增强企业抗风险的整体能力，才能提升会展旅游服务质量，从而提高会展旅游企业的信誉度。

2. 建立会展旅游危机管理机构

为了正确评估危机对企业的潜在影响和危机发生的可能性，会展旅游企业高层和专业部门管理人员应组成危机管理机构。危机管理机构的主要职能是收集和分析危机情报和外界信息，建立会展旅游企业与其他负责安全保障部门的工作联系，及时预测和预防危机的发生，协同有关部门制定有效的危机处理措施。

3. 建立会展旅游危机预警机制

会展旅游预警机制是指会展旅游企业通过监测政治环境指数、商业环境风险指数和自然环境指数等危机预警指标，分析危机发生的概率以及危机发生后可能造成的负面影响，做出科学的预测和判断，当有信号显示危机来临时，予以及时发布并警示，从而有利于企业自身和会展旅游者预见危机问题，并主动采取积极的安全措施。建立危机预警机制的程序如下所述。

(1) 收集会展旅游预警指标。

(2) 接受并检查预警指标。

(3) 分析和处理预警指标。

(4) 危机管理机构发布并警示潜在的会展旅游危机。

(5) 必要时要对危机管理计划进行预演排练，并不断修正和完善。

4. 会展旅游危机应急与处理

1) 加强媒体合作，发布危机信息

以诚信、透明的态度和各类媒体沟通，可设立一个新闻中心适时地向社会公众发布客观、准确、诚实、透明的危机信息，既不能夸大事实，也不能为了达到某种目的而隐瞒或扭曲事实真相，防止谣言和小道消息的散布，最大限度地消除会展旅游者的恐惧心理。

2) 控制危机发展态势，制定安全保障措施

(1) 危机管理机构发挥快速信息沟通、快速判断、快速反应、快速行动和快速修正等一系列组织能力，及时采取措施防止危机扩大。

(2) 任命专人负责与政府和会展旅游主管部门进行安全保障方面的联络，制定安全保障措施。

(3) 建立危机监测系统，必要时应组建能用多种语言提供服务的旅游警察队伍和紧急电话中心，随时对危机的变化做出分析判断并采取应急措施。

3) 保持客户沟通，巩固企业形象

(1) 以电话、传真、互联网及各种新闻媒体等方式，与客户保持沟通，向其通报企业的情况，争取客户的理解和支持，增加客户对企业的信心，为危机解除后开展新的会展旅游业务做好准备。

(2) 根据自己的实际情况，配合政府和媒体，做一些有利于树立企业良好形象的广告宣传，吸引公众的注意，巩固和提升企业形象。

4) 采取应急措施，化解危机

(1) 建立企业突发重大事件储备金，同时与保险公司合作，投保重大突发事件险种，转移风险。

(2) 对于有重要人物参加的会展旅游活动，必须对展览现场和会展旅游路线进行安全检查，布置好安全保卫工作，配备专业医护人员和救护设备。

(3) 对于会展旅游者的信息安全和财产安全，也应采取措施予以保障。

(4) 对于政治危机事件，必须要加强与政府和会展旅游主管部门的联系和合作，通报危机事件的进展情况，配合政府的安全应急措施行事。

(5) 强化危机管理领导小组的职能，保障展览现场设施安全，提供医疗服务和解决参展商的突发性问题。

5) 变危机为生机，寻找新的发展机遇

会展旅游危机给会展旅游企业带来的不只是损害，也可能会带来一些新的发展机会。会展旅游企业应充分把握这些机会，变危机为生机，使企业获得新的发展。

(1) 利用危机期间的经营淡季，抓紧时间对员工进行全面培训，提高员工的专业化素质。这样在危机过后，企业的服务和管理能够上一个台阶，赢得更多的客户，从而弥补在危机中遭受的损失。

(2) 对硬件设施进行更新改造，增强企业的发展后劲。

(3) 资金雄厚的大企业可以较低的收购成本进行购并，走专业化、规模化、集约化的经营发展道路。

5. 会展旅游危机事后恢复

会展旅游危机事件消除或告一段落后，会展旅游危机管理才能随之结束，管理人员要对危机事件进行全面回顾，着手进行会展旅游事后恢复，并对危机进行总结。会展旅游危机的应急与处理主要是为了阻止危机蔓延，以及减少其造成的损失，而使已经造成的损失部分恢复到危机前的状态则需要通过危机事后恢复来实现。会展旅游企业可以在力所能及的范围内积极配合政府和主管部门，有效利用报纸、电视等新闻媒体，大力宣传会展旅游目的地形象，帮助会展旅游企业尽快恢复国内外会展旅游者对此目的地的信心。必要时，可请国家和地方政府相关领导人出面，亲自对会展旅游主办方和客户进行宣传促销。

此外，会展旅游企业自身也要进行内外两方面的复苏。危机事件的发生会使企业经营效益受到影响。事后，企业对外应主动出击，通过资料收集分析，针对不同的客源市场采取对应措施，调整会展旅游产品结构和价格，适当邀请客源市场旅游媒体、旅游专栏作家、旅游批发商和代理商进行实地考察，打通渠道，引导消费。在对内方面，重塑员工的工作积极性也是必不可少的。后期恢复阶段可以利用企业文化，重拾员工信心，增强企业内部凝聚力，制定新的发展战略，开发新线路、新项目、新产品，策划新活动，实现企业振兴。

6. 会展旅游危机事后总结

在危机总结环节，会展旅游企业不仅要对危机事件管理过程进行总结，还要对危机预控进行适当总结，具体包括：危机预警机制是否为危机管理提供了有用指导，存在哪些问题，与其成本比较是否合算；危机教育是否起到了作用，有哪些项目有待加强和完善；预警系统是否发出了及时的警报；人们是否对预警系统的警报予以足够的重视并采取了正确的反应等。

7. 建立更有效的危机预防机制

总结工作做完后，会展旅游企业要认真回顾危机处理过程中的每一个环节，针对前面的预防系统进行反馈，帮助危机管理机构重新修正预防系统的失误，对危机预防机制进行相应的改进或调整，以便建立一个新的更有效的预防机制，从而加强危机管理预案的指导性和可操作性，为应对下一次会展旅游危机做好准备。

2.6.4 会展旅游危机处理

1. 会展旅游危机处理的原则

(1) 经济性原则。会展旅游危机处理要尽可能以最低的成本获得最高的收益。危机管理人员应考虑成本问题，在解决问题的时候，应在保证有效处理危机的基础上，采取最合理、最经济的方式，把控制损失的费用降到最低。

(2) 确保安全原则。在会展旅游危机处理中，应始终把确保旅游者生命安全放在首位。没有切实的安全保证，就不可能有成功的会展旅游。管理人员应把会展旅游者的食、住和行等各项安全放在第一位，采取措施消除隐患，将发生危机的可能性降到最低。

(3) 友好周到原则。在会展旅游危机处理过程中，应为旅游者提供热情、周到的服务。会展旅游企业接待人员的态度和服务质量会直接影响到会展旅游产品的质量，因此在处理危机时，管理人员应设身处地为会展旅游者着想，以热情友好的态度和细致周到的作风做好各项服务工作，从而使危机更易化解，切忌与旅游者争吵。

(4) 切实可行原则。在会展旅游危机处理过程中，应根据实际情况采取切实可行的措施。当会展旅游者的要求得不到满足时，很容易引起危机纠纷，严重时还会出现投诉现象。在处理这类问题时，管理人员应考虑措施是否切实可行，不要盲目地答应会展旅游者提出的各种要求，对于不可能实现和不合理的要求要耐心解释，始终本着切实可行的原则，使大事化小、小事化无。

(5) 及时果断原则。在处理会展旅游危机过程中，要及时采取措施，尽可能减少损失。在处理危机时，管理人员要有良好的心理素质和过硬的应变能力，保持冷静、头脑清醒，善于透过纷乱繁杂的表面现象，迅速找到问题的实质，从而果断采取措施，全力以赴地将危机处理好，防止危机进一步恶化。

(6) 社会责任感原则。会展旅游危机处理必须考虑周围一切与其相关并受其影响的单位、个人的利益与要求，充分关注相关法律法规，例如《中华人民共和国旅游法》《中华人民共和国消费者权益保护法》等，从而使危机处理的每个步骤都具有合法性。

2. 会展旅游危机处理的方式

(1) 回避危机。回避危机是指当危机发生的可能性很大，不利后果很严重，又无其他策略可用时，主动放弃或改变会展旅游项目或行动方案，从而规避风险的一种策略。例如，当管理人员发现当地海域有鲨鱼的踪迹后，立即决定取消相关的海滨游玩活动。在采取回避策略之前，管理人员必须对危机有充分的认识，对威胁出现的可能性和后果的严重性有足够的了解。采取回避危机策略，最好在会展旅游活动项目尚未实施时进行，放弃或变更正在进行的项目一般要付出较高的代价。

(2) 预防危机。预防危机比回避危机更为主动，它并不是完全避开危机，而是管理人员采取一系列措施预防某一危机的发生。例如，在节事旅游期间安排旅游者观看球赛，管理人员可以事先要求旅游者不得携带瓶罐入场，以免发生丢砸事件。

(3) 减轻危机。减轻危机主要是为了降低危机的不利影响。例如，如果会展旅游期间有郊游安排，那么管理人员应考虑到天气的影响，可以携带一定数量的雨具。在采取减轻危机的措施时，管理人员要集中力量专门应对威胁较大的危机。有些时候，高风险是由风险的耦合作用引起的。一个危机减轻了，其他一系列危机也会随之减轻。

(4) 分担或转移危机。分担或转移危机的目的不是降低危机发生的概率和不利后果的影响，而是借用合同或协议，在危机事故一旦发生时，将损失的全部或一部分转移到第三方身上。采取这种策略所付出代价的大小取决于风险的大小。当资源有限，不能实行减轻和预防策略时，或者危机发生频率不高，但潜在的损失或损害可能很大时，可采用此策略。

（5）危机自留。有些时候，可以把危机事件的不利后果自愿接受下来。自愿接受可以是主动的，也可以是被动的。在危机管理中，由于管理人员对一些风险已经有了准备，当事件发生时，管理人员可以马上执行应急计划，这是主动接受危机。被动接受危机是指当危机事件造成的损失数额不大、不影响大局时，将损失列为费用的一种。危机自留是最省事的危机规避方法，在许多情况下也是最省钱的一种策略。当采取其他危机处理方式的费用超过风险事件造成的损失数额时，管理人员就可以采取危机自留策略。

课程思政案例

聚焦品牌·赋能产业——第七届中国品牌发展论坛暨国货品牌展览会

开局之年谋大势，品牌赋能启新程。由中国商业联合会、中国亚洲经济发展协会、中国民营科技实业家协会、华夏商邦俱乐部、首都经济贸易大学中国品牌研究中心共同发起主办的"2023中国品牌发展论坛暨国货品牌展览会"于2023年9月16日至18日在北京盛大举行。2023年是贯彻落实二十大精神的开局之年，也是深入实施"十四五"规划承前启后的关键一年，中国的经济正在稳步回升，为企业的发展带来新机遇。为了助力二十大开局之年开好局，起好步，贯彻落实习近平总书记"三个转变"重要指示精神，发挥品牌在后疫情时代开启之年对推动中国经济复苏的促进作用，展现品牌在构建新发展格局、建设现代化经济体系，推动高质量发展等方面的新作为和成就，推动中国品牌事业健康快速发展。

自2017年国家设立"5.10中国品牌日"以来，中国品牌发展论坛应运而生，每年一届，秉承"树立中国品牌形象，提升中国品牌价值"为宗旨，得到了国家相关领导人、部委领导、各界专家学者、企业家领袖们的高度关注和支持，中国品牌发展论坛是政界、商界、学界精英荟萃的盛会，通过思想探讨、经验分享、资源对接等多方面交流，为中国品牌事业建设发展作出了应有的贡献，被誉为中国品牌界年度的"品牌奥斯卡盛会"。

本届论坛以"聚焦增长·品牌创领"为主题，盛邀国家有关领导人、相关部委领导、各界专家学者、企业家领袖等一起深入探讨新阶段、新格局背景下中国品牌发展之道，分享品牌建设事迹、总结品牌建设经验、展现品牌建设成果、弘扬品牌建设突出贡献人物，凝练品牌建设理论。围绕2023年开局之年及未来5年的经济新形势、发展新趋势，共同探讨新时代中国品牌发展的新道路与新前景。以讲好中国品牌故事，展示中国品牌实力，弘扬中国品牌文化，展现中国品牌的高光时刻，推动中国企业品牌的成长与发展，同期举行了品牌之光——国货品牌展览会。

资料来源：向阳. 聚焦品牌·赋能产业！2023第七届中国品牌发展论坛在京隆重举行[EB/OL]. https://www.brandzg.net，2023-09-21.

本章思政总结

习近平总书记强调："推动中国制造向中国创造转变、中国速度向中国质量转变、中国产品向中国品牌转变。"品牌建设事关高质量发展，是一项长期性、战略性任务，也是一项系统工程。这些年来，中国品牌知名度、美誉度和影响力不断提高，中国商品和服务日益受到国内外消费者的欢迎和喜爱。立足新发展阶段、贯彻新发展理念、构建新发展格局，要保持战略定力，踔厉奋发、勇毅前行，推动中国品牌建设实现高质量发展。

品牌是一个会展或相关企业最为宝贵的财富，没有品牌就意味着没有足够数量和质量的参展商，品牌的管理和传播是会展旅游管理的重要构成环节。会展旅游品牌必须通过各种传播手段才能使参展商和观众产生认知。会展品牌营销可以从会展旅游市场分析与预测、会展旅游营销组合策略、新营销的运用等方面入手。

品牌在识别体验性和差异化产品方面特别有效。优质的品牌是优质服务的保障，能够给予消费者关于质量的明确信息，帮助其在纷繁复杂的信息中更好地识别优质服务并做出消费决策。在经济全球化和数字化浪潮下，服务业面临动态、复杂的竞争格局，服务的竞争优势愈发表现出暂时、非持续的特征，而服务品牌能够帮助企业同消费者建立稳定、牢固的业务联系，在价值创造和促进经济增长方面发挥的作用愈发凸显。会展旅游服务管理主要从会展旅游酒店服务、游览服务、购物服务、娱乐服务、旅行社服务以及交通服务六个方面展开。高质量的品牌服务，能够给参会者留下较好的旅游目的地形象，对提高会展举办地的形象和口碑有着重要的作用。会展旅游目的地形象研究对会展旅游的供给方和需求方都具有重要的意义，了解会展旅游目的地形象策划才能对会展旅游开发过程进行有效管理。

重要术语

会展旅游市场(MICE tourism market)

旅游目的地形象(image of tourist destination)

形象策划(image planning)

品牌(brand)

品牌管理(brand management)

会展旅游竞争力(MICE tourism competitiveness)

竞争力评价(competitiveness evaluation)

危机(crisis)

危机管理(crisis management)

思考与讨论

1. 简述会展旅游消费者的购买决策过程。
2. 会展旅游市场营销的主要方式有哪些？
3. 如何理解会展旅游目的地利益相关者诉求？
4. 会展旅游目的地竞争力体现在哪些方面？
5. 结合会展旅游品牌管理，分析海南博鳌论坛对海南旅游形象有何影响。
6. 会展旅游危机处理应遵循怎样的程序？

7. 会展旅游危机管理应采取哪些措施？

二十大精神进教材

材料一：发挥进博会、广交会、服贸会、消博会等重大展会作用

进博会连续六年写入政府工作报告，消博会连续三年写入政府工作报告，重大展会对社会经济的促进作用可见一斑。

进博会，全球共享国际公共产品。作为世界首个以进口为主题的国家级展会，进博会创办于2018年，已经成为中国构建新发展格局的窗口、推动高水平开放的平台。

消博会，知名品牌抢先首发首秀。消博会发挥重大展会作用，助力海南自由贸易港建设稳步推进。

广交会，促进内外贸高质量发展。广交会在我国对外开放中发挥着互利共赢作用，推动外向型企业加入全球产业分工体系。同时，对促进我国双循环发展产生重要作用。

服贸会，推动全球服务贸易发展新格局。它宣示了中国扩大高水平对外开放、共促全球服务贸易繁荣发展的信心和决心。

此外，更多的会展活动进一步加速我国产业化高质量发展，对推动我国新时期经贸发展产生重要影响。

材料二：谱写开放合作的时代篇章

2017年1月，经济全球化"存废之争"愈演愈烈之际，习近平总书记首次来到达沃斯，旗帜鲜明地提出："搞保护主义如同把自己关进黑屋子，看似躲过了风吹雨打，但也隔绝了阳光和空气。"2022年，全球疫情延宕反复、世界经济复苏不确定性加剧之时，习近平总书记通过"云讲坛"再次亮相达沃斯，强调："经济全球化是时代潮流。大江奔腾向海，总会遇到逆流，但任何逆流都阻挡不了大江东去。"

当单边主义、保护主义、逆全球化思潮上升，当开放还是封闭、拉手还是松手、拆墙还是筑墙成为影响人类未来的关键抉择，中国坚定以开放促合作、以合作谋发展，致力于推动构建开放型世界经济，推动经济全球化朝着更加开放、包容、普惠、平衡、共赢方向发展，为迷茫困顿的世界注入强大信心与动力。

从一南一北两座城市、两场展会，可以看见开放中国的魅力与活力。北京2022年中国国际服务贸易交易会线下参展企业2400余家，包括507家世界500强及行业龙头企业，线上参展企业7800余家，达成各类成果1339个，百余项新产品、新技术首发首秀……为期六天的服贸会为各参与方提供务实的合作平台和巨大的市场机遇。上海第五届中国国际进口博览会筹备工作稳步推进，截至2022年9月初，超过280家世界500强和行业龙头企业已经签约，"回头率"近90%……全球展商拥抱进博会热情不减，期待共赴东方之约。

中国搭台，全球共享。从广交会、进博会到服贸会、消博会，从统筹推进21个自贸试验区建设到高质量高标准建设海南自由贸易港，从颁布实施外商投资法到连年缩减外资准入负面清单，从积极推动《区域全面经济伙伴关系协定》正式生效到正式申请加入《全面与进步跨太平洋伙伴关系协定》，中国谱写了开放合作的时代篇章。

材料三：依托我国超大规模市场优势，夯实开放经济基础

未来一个时期，我国国内市场主导经济循环的特征会更加明显，经济增长的内需潜力会不断释放。要协同推进强大国内市场和贸易强国建设，促进内需和外需、进口和出口、货物贸易和服务贸易、贸易和双向投资、贸易和产业等协调发展，增强国内大循环内生动力和可靠性，赢得开放发展中的战略主动。坚持扩大内需这个战略基点，加快建设现代流通体系，全面促进消费，推动内外贸一体化，加快形成强大国内市场，更好发挥消费对经济发展的基础性作用，更好满足人民美好生活需要。继续办好进博会、广交会、服贸会、消博会、投洽会等重大展会，以国内大循环吸引全球资源要素，增强国内国际两个市场两种资源联动效应。

资料来源：新华社记者. 开辟大国外交新境界[J]. 求是，2022(19).

王文涛. 以党的二十大精神为指引，推进高水平对外开放[J]. 求是，2023(02).

思考：开辟大国外交新境界，推进高水平对外开放。从重大展会促进大国外交的事例中你有何感悟？可从"大国担当""双循环""高水平对外开放"等角度简要阐述。

参考文献

[1] 周玲. 旅游规划与管理中利益相关者研究进展[J]. 旅游学刊，2006(6)：53-59.

[2] 夏赞才. 利益相关者理论及旅行社利益相关者基本图谱[J]. 湖南师范大学社会科学学报，2003(3)：72-77.

[3] 李天元. 旅游学概论[M]. 天津：南开大学出版社，2000.

[4] 刘雪梅，保继刚，从利益相关者角度剖析国内外生态旅游实践的变形[J]. 生态学杂志，2005(3)：348-353.

[5] 王恩涌. 人文地理学[M]. 北京：高等教育出版社，2000.

[6] SCOTT B R, & LODGE G C. Competitiveness in the World Economy [M]. Harvard Business School Pres Boston, MA, 1985.

[7] BUHALIS D. Limits of Tourism Development in Peripheral Destination: Problems and Challenges [J]. Tourism Management, 1999, 20(2)：183-185.

[8] CROUCH G I, & RITCHIE J. R. B. Tourism Competitiveness and Social Prosperity [J]. Journal of Business Research, 1999(44)：137-152.

[9] ENRIGHT M J, & NEWTON J.Tourism Destination Competitiveness: A Quantitative Approach[J]. Tourism Management, 2004(6)：777-788.

[10] MIHALIC T. Environmental Management of a Tourist Destination：A Factor of Tourism Competitiveness [J]. Tourism Management, 2000, 21(1)：65-78.

[11] DWYER L, FORSYTH P, & RAO P. Tourism Price Competitiveness and Journey Purpose [J]. Turizam, 1999(4)：283-299.

[12] KOZAK M. Repeater's Behavior at Two Distinct Destinations[J]. Annals of Tourism Research, 2001(3)：784-807.

[13] BUHALIS D. Marketing the Competitive Destination of the Future [J]. Tourism

Management, 2000, 21(1)：97-98.

[14] D'HAUTESERRE A M. Lessons in Managed Destination Competitiveness：The Case of Foxwoods Casino Resort[J]. Tourism Management, 2000(21)：23-32.

[15] BUHALIS D. Marketing the Competitive Destination of the Future[J]. Tourism Management, 2000, 21(1)：97-98.

[16] COBB-WALGREN C J, RUBLE C A, & DONTHU N. Brand Equity, Brand Preference, and Purchase Intent[J]. Journal of Advertising, 1995, 16(3)：25-40.

[17] 朱明芳. 关于旅游目的地竞争力测评方法的研究[J]. 社会科学家，2007(2)：110-114.

[18] 万绪才，李刚，张安. 区域旅游业国际竞争力定量评价理论与实践研究——江苏省各地市实例分析[J]. 经济地理 2001(03)：355-358.

[19] 斯科特·戴维斯. 品牌资产管理[M]. 北京：中国财政经济出版社，2006.

[20] 里克·莱兹伯斯，等. 品牌管理[M]. 北京：机械工业出版社，2006.

[21] 凯文·莱恩·凯勒. 战略品牌管理[M]. 北京：中国人民大学出版社，2006.

[22] 宋秩铭，庄淑芬，白崇亮，等.奥美的观点[M]. 北京：中国经济出版社，1997.

[23] 刘红艳，王海忠. 商业淡化的量化研究述评[J]. 现代管理科学，2008(12)：54-56.

[24] 戴维·阿克. 管理品牌资产[M]. 北京：机械工业出版社，2006.

[25] 王海忠. 品牌管理[M]. 北京：清华大学出版社，2014：268.

[26] 周志民，品牌管理[M]. 天津：南开大学出版社，2008：363-364.

[27] 张超. 可持续发展旅游目的地竞争战略研究[J]. 南开管理评论，2002(04)：69-71.

[28] 杨勇. 旅游目的地竞争力框架中的"文化"因素分析：一个综述[J]. 旅游学刊，2006(12)：35-42.

[29] 朱明芳. 关于旅游目的地竞争力测评方法的研究[J]. 社会科学家，2007(02)：110-114.

[30] 谢琛，彭新沙. 会展旅游品牌塑造原则探析[J]. 合作经济与科技，2009(07)：12-14.

[31] 吴国清. 中国旅游地理[M]. 上海：上海人民出版社，2001：82.

[32] 叶文，王越平，马谊妮. 城市休闲旅游理论·案例[M]. 天津：南开大学出版社，2006：327.

75

第3章
会议旅游

本章要点

1. 掌握会议旅游的概念、类型及其特点。
2. 了解会议旅游的现状与其发展趋势。
3. 掌握会议旅游的运作与管理。
4. 熟悉会议旅游的策划过程。
5. 具备会议旅游策划的实操能力。

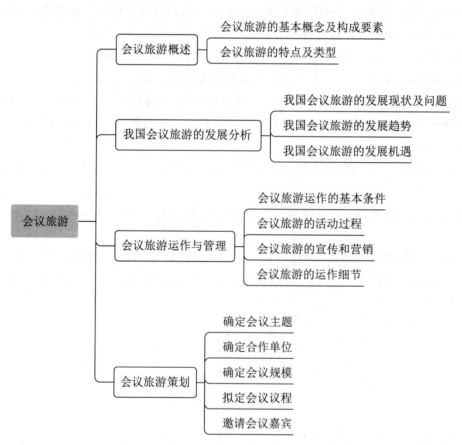

课程思政元素

大国外交；担当意识；彰显负责任大国形象；推动全球一体化；构建命运共同体；文化自信；G20杭州峰会，杭州亚运会；中华优秀传统文化符号；"金桂飘香""蟾宫折桂""梅兰竹菊"；数字技术；天时、地利、人和；中国哲学文化；人与自然和谐共生、人与社会和谐发展。

引例

会议旅游接待——"恒者行远 年终厦门行"暨年终会议

一、基本情况

会议名称："恒者行远 年终厦门行"暨年终会议

主办方：上海冬豪旅会展服务有限公司

承办方：厦门嘉和顺会展服务有限公司

客户公司：北京恒天明泽基金销售有限公司

举办时间：2016年12月24日—2016年12月28日

参加人数：160～180人

酒店：厦门帝元维多利亚大酒店

二、行程安排

日期	地点	行程	用餐	酒店
D1-12月24日	厦门	日程：接机，入住。09：00—20：00，厦门机场接机，会议报到。18：30—20：00，晚餐(酒店自助)	晚	维多利亚
D2-12月25日	厦门	日程：全天会议，晚上晚宴。09：00—12：00，会议(酒店)。12：00—14：00，酒店自助午餐。14：30—18：00，会议(酒店)。18：00—20：00，晚宴(酒店)	早、午、晚	维多利亚
D3-12月26日	厦门	日程：会议，徒步，晚宴。09：00—12：00，会议(酒店)。12：00—14：00，酒店自助午餐。14：00—17：00，环岛路徒步。18：00—20：00，晚餐(海湾公园荣誉酒楼)	早、午、晚	维多利亚
D4-12月27日	厦门	日程：会议(日航酒店)，送机(维多利亚)。09：00—12：00，会议(日航酒店)。12：00—14：00，酒店自助午餐。14：30—18：00，会议(日航酒店)。18：00—20：00，晚宴(百里鲜餐厅)	早、午、晚	日航
D5-12月28日	厦门	日程：会议(日航酒店)，送机(日航酒店)。09：00—12：00，会议(酒店)。12：30，送机	早	无

三、会议地址的选择

厦门帝元维多利亚大酒店依山傍海，地处风光旖旎的环岛路，紧邻厦门岛内素有"黄金海滩"之称的黄厝沙滩浴场，紧邻厦门国际会展中心，交通便捷；酒店楼层采用单廊设计，可观山景、园景；房间面积最小60m²，均带观海阳台；酒店会议室挑高8.3米，有1500m²无柱大宴会厅，可同时举办千人宴会；拥有7间不同大小的多功能宴会厅；该酒店装修采用欧式西班牙风格，经典、奢华、高贵，突显宾客身份；酒店会议厅毗邻约2000m²

的冷餐草坪，酒店背面有海景草坪，为会议户外拓展提供了场地。

四、徒步线路的选择

(1) 一般而言，会展旅游基本安排短线旅行，旅程通常不超过500公里，时间不超过48小时(大多数为24小时以内)。

(2) 选择环岛路沿线作为徒步路线，因其路况好、有人行道。

(3) 选择临海近海、集旅游观光和休闲娱乐于一体的滨海走廊，给长期处于雾霾影响下的客人一片清新空气。

(4) 环岛路是厦门国际马拉松比赛的主赛道，被誉为"世界最美的马拉松赛道"。

徒步线路	厦门帝元维多利亚大酒店	起点
	尚海滩	补给点1
	厦门音乐广场	补给点2
	厦门荣誉海鲜酒楼	晚餐酒店

五、徒步活动流程及任务

1. 徒步活动流程

(1) 主持人介绍活动内容。

(2) 每队进行分组，选出队长。

(3) 队长领取独特袖标。

(4) 各团队开始徒步活动。

2. 徒步活动任务

任务一：定向场景合影&神秘人合影(酒店内)

任务内容：每队有4张酒店内特殊场景图片，队员找到图片并且在相应场景拍照(4人合影)；酒店内有2个神秘人，队员找到神秘人并对上接头暗号(问："你是神秘人吗?"答："我们合影吧!")，然后合影；在规定时间内返回集合点，向裁判出示照片。

任务二："怀旧"套圈(尚海滩附近)

任务内容：选出8人，每人发1个套圈，在指定位置向前方扔套圈；套中物品越多，得分越高，同时可领走相对应的物品；每人1次机会，最终分值相加。

任务三："障碍"拼图(音乐广场附近沙滩)

任务内容：每队汇总队员手中游戏筹码，向裁判兑换相应物品；选出2名成员"上船"，领取运送物品"拼图小卡片"(每次只能运送1/4)；从A点运送至B点，往返4次，全部运送完成；首次抵达B点后，留下部分队员在现场拼图；完成整幅拼图后，示意裁判验收，团队合影；最终按照完成任务时间进行排名，用时最少的团队为本场徒步活动最佳团队。

根据国际大会及会议协会(ICCA)的数据统计，2022年，面对面举办的国际会议数量为9042场，与2020年的8409场相比增长7.3%，虽然增幅不大，但仍然显示出国际会议具备较为强劲的增长力。从国家角度分析，美国2019年举办的国际会议数量最多，达到934场，紧随其后第二至第五名依次是德国、法国、西班牙和英国，分别举办714、595、578、567场，中国以539场位列第七，是亚洲举办国际会议最多的国家。从亚洲市场的国际会议举办情况来看，中国(不含香港、澳门及台湾地区)仍然是举办国际会议最多的亚洲国家，2019年举办539场国际会议，比2018年增加37场，增长7.4%。从2010年至2019年，亚洲及大洋洲举办国际会议27 743场，而中国共计举办会议4635场，约占总数的16.7%，数据显示出中国仍然是亚太地区最主要的国际会议目的地之一。从中国国内的国际会议举办城市来看，2019年举办国际会议数量超过10场的目的地有13个，北京仍然以举办91场国际会议位列第一，上海以举办87场国际会议紧随其后，杭州以举办38场国际会议位列第三，成都以举办33场国际会议位列第四，西安以举办30场国际会议位列第五，南京、深圳、广州、厦门、武汉、大连、苏州、青岛分列第六至第十三位，分别举办28、25、17、17、13、12、12、10场国际会议，其中成都较2018年增加14场国际会议，增长率达到73.7%，是中国城市中举办国际会议数量增加最多的城市。ICCA亚太区负责人分析，中国经济是驱动型经济，在经济增长速度、劳动力资源、外汇储备、可再生资源方面都有绝对优势，中国未来的会议旅游产业将面临无限的机遇和可能。

　　会议旅游被认为是旅游产业中新兴的高端业态，近年来不断持续增长，成为地区经济的重要贡献力量和容纳劳动力就业的重要渠道。会议旅游对旅游业国家战略的实现及旅游产业结构调整有极其重要的意义。会议产业是指围绕着会议策划、会议组织、会议管理、会议接待、会议服务、会议教育与研究、会议技术与设备、会议附加活动等活动而开展的一系列市场行为的总和。会议产业的发达程度与一个国家和地区社会经济的发达程度密切相关。

3.1　会议旅游概述

3.1.1　会议旅游的基本概念及构成要素

1. 会议旅游的概念

　　会议是指一种组织性质的集会或聚会，通常由一组人或团体召开，旨在讨论特定议题、交流信息、做出决策、分享知识、推动合作、开展培训与教育等。会议旅游(convention tour)是指人们为更好地开展会议而离开常住地进行的一系列活动，该活动既包括与会议本身直接相关的会议体验(食、宿、交通等)，又包括由参加会议活动而延伸的其他旅游体验(观光、娱乐、购物等)。由于会议旅游涉及很多基础旅游服务，如交通、住宿和餐饮等，它属于会展旅游的一种，广义上也属于商务旅游范畴。会议旅游是随着经济的发展、交流的频繁而产生并壮大的，它的消费档次、费用远远高于普通观光旅游。

2. 会议旅游的构成要素

　　会议旅游是人们在政治、经济、文化和社会活动中一种常见的活动组织形式。一般来说，会议旅游包括以下几个构成要素。

(1) 主办方。主办方即会议旅游活动的发起者，其主要任务是依据会议的目标和计划，制定具体的会议实施细则，并为会议活动提供所需的场地、设施和服务，满足与会者的需求，以确保会议的顺利进行。主办方的身份和类型是多种多样的，主要取决于会议的性质和规模。通常情况下，国际会议，特别是跨地区和跨国家的会议，往往采取申办竞争程序来确定会议主办方；学术机构如大学、研究机构和学术协会常常主办学术性会议，涉及研究和学术交流，旨在促进知识传播和学术合作。通常情况下，会议主办方就是会议承办方，但有时两者也有所区分，如2001年APEC会议的主办方是中华人民共和国，但具体承办方是中国上海市，承办方对主办方负责。

(2) 与会者。会议旅游活动的与会者是指参加会议的个人或团体，他们是这些活动的重要组成部分，也是会议旅游活动主要的服务对象。与会者的身份和角色各异，代表团成员通常来自政府、国际组织或企业，代表组织参加国际性会议、峰会或外交活动。学术研究者参加学术性会议、研讨会和学术大会，目的是分享研究成果、学术发现和观点；商业代表参加商务会议、行业展览和贸易博览会，目的是推广产品和服务，建立业务联系，进行市场营销和交易；代表非营利性组织的与会者可能是慈善机构、社会活动家或环保组织的成员，参加会议的目的是揭露社会问题、募捐资金或取得支持。

(3) 议题。议题是指会议旅游活动所需讨论或解决问题的具体项目，它是会议的核心内容和焦点，可以涵盖不同领域和不同主题范围。议题的确定是会议策划中的关键，会议议题选择通常取决于会议的目标、受众以及举办地的特点和资源。不同议题的会议为各个领域的专业人士和兴趣群体提供了知识交流与合作的机会。在会议期间临时提出的议题称为动议。动议通常是针对某项已经列入议程的议案而提出的修正性或者反对性议题。

(4) 名称。名称即会议旅游活动的主要议题和类别。会议旅游活动的名称通常是根据活动的主题、内容和性质来确定的，目的是吸引与会者并传达活动的重要信息。名称旨在准确反映会议旅游活动的内容和目标，使潜在与会者能够清晰地了解活动的主题和重要性。在选择会议名称时，还需要考虑市场营销和品牌建设方面的因素，以吸引更多的与会者。

(5) 时间。时间即会议旅游活动召开的具体时间，它是活动计划中的一个关键要素。适时开会是一项基本原则，可确保活动的成功举办和与会者的最佳参与效果。一些会议是定期举行的，会议时间是用制度固定下来的；部分非常会议是临时决定召开的，如一些紧急布置的任务等。确定会议的长短首先应考虑会议议题的多寡，还应综合考虑季节气候、目标受众、行业领域等，因此会议主办者设计会议议程时，要对每个程序仔细分析，确定时间后再进行科学调配，以促使会议活动成功举办。

(6) 地点。地点即会场所在地。会议旅游活动的举办地点会直接影响到与会者的方便程度和活动的吸引力。大型会议还应有主会场、分会场之分。

3. 会议旅游的作用

世界各大城市都在竭尽全力争夺举办国际性会议的机会，因为大型国际会议能够为承办城市带来巨大的商业红利，同时也能推动整座城市基础设施的健全和相关产业的发展。那些经常举办国际会议的城市通常享有良好的国际声誉，有的甚至已成为世界知名城市。总体来说，会议旅游在以下三个方面发挥了重要作用。

(1) 带动相关产业发展。会议旅游，尤其是国际性会议旅游能够带动相关产业的发展，促进当地就业和消费。会议旅游活动通过吸引大量与会者和游客，直接促进了旅游业、餐饮业、酒店业、交通运输业等多个相关产业的繁荣，同时当地零售、文化、娱乐等行业也会因与会者的消费而受益。此外，会议场馆、展览公司和会展服务提供商等专业领域也能从会议旅游中获得商机，共同推动地区经济的发展和多元化。国外相关统计指出，会议游客的消费是一般观光客的2～3倍。例如，中国香港地区每年的会展人均消费额是度假人均消费额的3倍。又如，去新加坡的普通游客一般只逗留3.7天，消费710新元；而会议客人通常会逗留7.7天，消费达1700新元。

(2) 提高会议举办地的知名度。会议旅游产生的非经济效益往往高于经济效益，且难以用金钱衡量。成功的会议能够吸引来自不同国家的不同领域的人士，他们将积极传播有关会议举办地的正面信息，进一步促进了口碑传播。这种口碑效应和国际宣传有助于将会议举办地塑造成一个吸引游客和商务旅行者的知名地点，从而推动当地旅游业的发展。例如，法国首都巴黎平均每年承办400余场国际大型会议，因此享有"国际会议之都"的美誉。

(3) 促进信息交流传播。会议旅游活动通过吸引来自不同地区的不同领域的与会者，为与会者提供了一个重要的信息交流平台。技术专家、知名学者和业界领袖在这些活动中分享最新的研究成果、观点和经验，促进了跨界和跨文化的知识交流，不仅有助于学术和专业领域的发展，还能推动创新与合作，为解决全球性问题提供建议和机会，从而在全球范围内促进信息传播。

3.1.2　会议旅游的特点及类型

1. 会议旅游的特点

会议旅游作为会展旅游的重要组成部分，与常规旅游相比，不仅具有大多数旅游活动的共性，还表现出一些独有的特性。会议旅游由于本身具有的消费档次高、逗留时间长、组团规模大、影响范围广等特点，被冠以"旅游皇冠上的宝石"的美称。

按照会议规模形式、举办者等的不同，可将会议旅游划分为多种类型，因此仅从笼统意义上分析会议旅游的特点，还不能满足开拓会议旅游各细分市场的要求。为了有的放矢地做好会议旅游策划、销售和服务工作，这里进一步就协会会议旅游和公司会议旅游的特点进行分析。

1) 协会会议旅游的特点

(1) 时间周期。为了确保会议成功举办，协会会议旅游通常会选择在固定时间举行，一般会安排在工作日，因为人们往往不愿意在周末牺牲休息时间参加会议。为了让与会者有机会在会议结束后享受休闲、游览和娱乐活动，大多数协会会议都被安排在星期三之后，这样既方便协会组织活动的安排，也可以让与会者更轻松地安排自己的行程。国内协会会议旅游活动的平均时长为3～5天，小型活动可能需要2～3天，对于需要展示的大多数会议活动而言，其时长通常不少于3天。

(2) 前期准备时间。协会会议旅游需要提前计划。一般来说，会议规模越大，前期准备的时间就越长。举例而言，大型会议活动需要提前3～5个月准备，其他类型的协会会议需要提前8个月到1年准备。这是因为并不是每个酒店都适合承办会议活动，策划者需要花时间进行现场考察，并向曾在该酒店举办过会议活动的客户咨询情况，以便做出决策。

(3) 地理位置。通常情况下，选择协会会议旅游举办地不局限于某一特定城市，而是受协会会员对地理区域的兴趣的影响。国际协会通常会在不同大洲之间轮流选择会议地点，国内协会会在东西部或者南北部轮流选择举办地点。对于区域性协会会议旅游，无论会议地点选在哪里，通常都只会吸引协会的核心成员以及离会议地点较近的成员。一些省市协会曾经规定会议举办地必须限制在其所在省市范围内，这是因为协会的业务性质单一或协会的活动范围较窄。但是，目前这些规定已经有所放宽，协会负责人可与其他省市的协会签署互惠协议，这样既有助于促进本地经济，又能提高会议出席率，是一种理想的解决方案。

(4) 选择的酒店类型。协会会议旅游在选择酒店时并没有固定的模式。酒店主要可以分为两种类型。一种是商务型酒店。商务型酒店注重体现现代商务的高效和迅捷，可以容纳小型和大型会议，配备一个或多个多功能厅、24小时办公设施和强大的服务团队。此外，该类酒店还提供多个中西式餐厅、各种商店、健身房等设施。另一种是度假型酒店。度假型酒店通常位于休闲度假胜地，外观设计、园林规划和房间装饰都反映了当地的特色，融合了休闲和娱乐元素。此外，这类酒店也会提供相应的会议和服务设施，为会议组织者提供更多选择。

根据美国专业会议管理协会的最新会议趋势报告，各类会议活动主办方在选择酒店时会考虑不同的因素。这是因为协会本身存在多样性，即使是同一个协会，其举办的会议活动也各不相同。各种类型的酒店都可能为协会的不同种类的会议提供服务。具体而言，选择在何种类型的酒店举行会议活动，通常取决于协会会议的规模、性质以及持续时间。

2) 公司会议旅游的特点

(1) 时间周期。与协会会议旅游不同，公司会议旅游通常根据需求举行，没有固定的时间周期，以确保出席率。大多数公司会议旅游持续1～2天，而培训或奖励会议(旅游)持续3～5天。

(2) 前期准备时间。公司会议旅游的前期准备时间相对较短，很少超过1年。对于奖励旅游，通常需要提前8～12个月考虑目的地。相比之下，协会会议旅游的前期准备时间更长。销售年会通常需要提前8～12个月策划。在公司方面，举办会议的决策程序较为简单，通常由中层管理人员提出建议，进行酒店调查和筛选，然后将选定的酒店提交给高层管理人员或总经理，最终由他们做出决定。有些公司可能会委托一人负责从选址到最终决策全过程，以缩短前期准备时间。其他大型公司会议旅游的准备时间通常为3～6个月。

(3) 地理位置。与协会会议旅游不同，公司会议旅游在选择举办地时通常没有太多限制，主要考虑是否符合公司业务需求。时间、交通费用和便捷性是选择举办地的关键考量因素，这也为各地的会议旅游营销人员提供了机会。一般来说，公司会议旅游更倾向于选择以下两个举办地。一是市中心，需要考虑酒店与机场的距离和交通情况。如果与会者大多来自国内或本地区，选择位于市中心、设施齐全的酒店通常是明智之举。一些享有良好声誉的一流酒店通常成为公司会议旅游的首选场所；二是海滨地区，与会者可享受清新的海水、丰富的陆地植被和宁静的环境，还可以享受各种娱乐活动，如海水浴、水上运动、高尔夫球、沙滩排球以及音乐演出等。

(4) 选择的酒店类型。由于公司会议的多样性，选择的酒店类型也各不相同，主要受到公司会议目的与会议性质的影响，通常选择市区酒店、度假酒店和郊区酒店。

2. 会议旅游的类型

随着会议旅游的不断发展，加之会议旅游者的特点和需求的多样性，多种会议旅游类型也随之出现。例如，国际会议与会规模的划分标准不尽相同，ICCA通常关注50人以上的国际会议，而UIA关注300人以上的会议。为了有针对性地开展促销和接待工作，会议举办地和旅游企业需要了解不同类型的市场需求。根据不同的标准，有不同的市场细分方法，下面介绍一些常见的会议旅游类型。

1) 按照会议的规模和形式划分

(1) 大型会议旅游。在各种会议的英文表达中，最常用的是"convention"，即"大会"。这种类型的会议通常处理一些特殊事件，这些事件可以是政治、贸易或科技方面的。大型会议包括一般性大会和补充性小型会议。一般性大会通常需要一个大礼堂或多功能厅，以容纳所有与会者；而补充性小型会议则由小组在分隔的小厅或小会议室中举行。这类会议通常是定期举行的，常见的频率是每年一次。典型的会议目的包括发布市场报告、介绍新产品以及制定公司发展战略等。与这种类型的会议相关的旅游我们称之为大型会议旅游。

(2) 会议、讨论会、协商会会议旅游。会议、研讨会和协商会可用英语"conference"表达。这类会议与大型会议类似，通常处理特定问题或明确发展方向，涉及更多的讨论和参与性活动。在商业领域中，"convention"一词通常用来指代一般性质的经常性会议，而"conference"一词更常用于指代科学技术领域的会议。这类会议的规模可大可小，与会者人数也有很大的差异。与这种类型的会议相关的旅游我们称之为会议、研讨会、协商会会议旅游。

(3) 论坛会议旅游。"论坛"是指由专题演讲者或专门小组主持的会议，以深入讨论为特征。这种类型的会议通常有许多听众参与，专门小组成员和听众会就问题的各个方面发表意见和看法。会议可能会邀请两位或多位持有相反立场的讲者，并允许听众提问，会议主持人最后总结双方的观点。与论坛会议相关的旅游我们称之为论坛会议旅游。

(4) 讲座会议旅游。"讲座"较为正式，有组织，且规模大小不一，由专家进行个别讲演。讲座结束之后可能会有观众提问环节。与讲座相关的旅游称之为讲座会议旅游。

(5) 研讨会会议旅游。"研讨会"往往包含多项活动，由主持人引导，与会者有许多平等交换意见的机会，可以分享知识和经验。这种类型的会议通常在相对较小的范围内进行。与研讨会相关的旅游我们称之为研讨会会议旅游。

(6) 实习班、实验班会议旅游。实习班、实验班仅指处理专门任务或分配的特殊任务的一般性小组会议。"workshop"这个词经常被用于技术培训。与会者可在这类会议上互相学习，分享新知识、技能和对问题的看法。这种类型的会议通常以面对面讨论和高度的参与性为特征，与此相关的旅游我们称之为实习班、实验班会议旅游。

2) 按照会议的举办机构划分

会议举办机构不同，其目的、内容、与会者也不同，主要可分为以下几种。

(1) 协会会议旅游。协会是由具有相同兴趣和利益的专业人员或机构组成的组织，用于交流、协商、研讨或解决其领域内与最新发展、市场策略等相关的问题。全球大约有25 000个国际协会，例如国际大会及会议协会、国际展览管理协会和国际饭店协会等。中国也有众多协会，例如中国外商投资企业协会、上海市个体劳动者协会、上海市职工技术协会等。这些协会每年都会举行大量会议，相关的旅游被称为协会会议旅游。

(2) 公司会议旅游。为了实现自身发展，应对激烈的竞争，全球各种类型的公司每年都会举行数千次会议，与此相关的旅游被称为公司会议旅游。公司会议的范围广泛，具体包括以下几种。

① 全球范围内举办的国际、全国和地区性销售会议，旨在促进销售、发布新产品和介绍新政策。全国性销售会议平均吸引150名与会者，会议持续时间为3～4天；区域销售会议规模相对较小，平均吸引50名与会者，会议持续时间为2～3天。这些销售会议的主要目的包括激发员工士气、介绍新产品和新政策、听取意见和征求建议等。

② 公司的销售总监和销售人员定期召开全国性和区域性新产品介绍会和零售会议，促进与零售商和批发商的互动。在这些会议中，强调新产品销售介绍和广告促销活动的重要性。为了将信息传播到市场的各个角落，这类会议通常在全国各地多次召开。

③ 随着知识经济时代的到来，科技人员对知识更新的需求不断增加。专业技术会议成为防止知识老化和人才淘汰的有效方式。这些会议通常以专题研讨会的形式召开，邀请顾问、专家、学者甚至零售商参与。

④ 管理会议是指各级管理人员参加的定期或不定期会议，旨在研究和处理公司的行政管理事务。虽然这类管理会议通常规模较小，但对住宿和服务的要求较高，会议持续时间约为2天，没有固定的会议地点。

⑤ 员工培训。尽管许多培训活动在公司内部举行，但约有一半的培训会议会选择定期在外部场所举行。这些培训会议通常参与人数不多，大约30人，会议历时约3天，小型饭店通常可以满足此类会议需求。

⑥ 公司常常需要为非公司员工召开各类会议，其中股东年会是一项常见的大型活动。股东年会通常吸引众多与会者，会议活动中会安排午餐和下午茶点以及休息时间。

⑦ 奖励会议。每年都有许多员工超额完成公司设定的业务目标，其中很多人会因表现出色而获得公司奖励的机会，通常包括一次旅行。这些奖励旅行包括表彰和激励员工或

经销商的会议，被称为奖励会议。

(3) 国际组织和政府会议旅游。由国际组织和政府组织的会议衍生出的旅游被称为国际组织和政府会议旅游。联合国、世界贸易组织(World Trade Organization，WTO)、世界卫生组织(World Health Organization，WHO)和世界旅游组织(World Tourism Organization，UNWTO)等国际组织每年都会组织各种规模和类型的国际会议和研讨会，各国政府也会经常召开各种规模和类型的会议，这些会议可能在新闻媒体上引起关注。政府会议市场盈利微薄，但在政府机构与企业、商务团体之间的交流方面起着重要作用。

在上述三种按会议举办机构分类的会议旅游中，协会会议旅游和公司会议旅游是会议旅游市场的主力军，也是各会议旅游目的地重点吸引和争夺的目标。该市场最有利可图，随着世界经济的发展，该市场将继续扩展。

3.2 我国会议旅游的发展分析

3.2.1 我国会议旅游的发展现状及问题

我国会议旅游研究始于20世纪80年代末期，林洪岱(1988)最早开始探讨和分析我国会议旅游的组成和内涵。他认为，我国国内旅游中有相当大一部分属于"会议旅游"，会议和旅游之间存在紧密联系，难以割裂。如今，我国会议旅游早已繁荣兴盛，与国际会议旅游具有相似的优势，即逗留时间较长，消费水平较高，具有强大的调节功能，并能带来广泛的社会效益。

1. 我国会议旅游市场的发展现状

(1) 会议市场规模巨大。2008年北京奥运会和2010年上海世博会的成功举办为我国会议产业发展起到了重要的作用。根据国际大会及会议协会(ICCA)的数据，我国会议活动市场总量惊人，约7100亿元人民币。其中占比排在前四位的分别是机票，占比26%；场地及住宿，占比20%；餐饮，占比15%；会议服务，占比32%。整个会议市场各品类中，"会议服务"总量占据比重最大，且会议服务公司处于产业链火车头和资源整合枢纽地位，但多年来会议服务行业一直呈现小、散、碎的发展面貌。近年来，我国会议业蓬勃发展，自2010年以来，连续多年成为亚洲举办国际会议最多的国家，全球排名不断攀升，2019年全球排名第七，可谓基础雄厚、优势明显、潜力巨大。

(2) 商务会议旅游崛起。会议旅游作为都市旅游的重要组成部分，属于商务旅游的范畴。会议旅游不仅需要良好的硬件设施，同时需要较好的城市环境。以北京、上海、广州为代表的大城市，国际、国内交通便捷，接待国际、国内旅游者人数居于我国前列，在发展会议旅游方面具有独特优势。国际大会及会议协会(ICCA)的有关专家曾经指出，中国有可能成为21世纪国际会议旅游的首选目的地。随着全球经济一体化的发展和中国经济的崛起，中国与世界的经济交流也日益频繁，国际商务、会议、奖励和专项旅游活动越来越多，商务会奖旅游进入了快速发展的轨道。有数据表明，在我国入境旅游市场中，商务及会议旅游游客已占全部游客的39.9％。我国正逐步成为世界会展旅游业的新贵，并成为许多国际组织关注的会议目的地国。

进入21世纪，作为会展旅游目的地的中国，在旅游业、旅游饭店、会议服务和会议展览中心设施的不断完善以及会议市场逐渐成熟的催生下，会议和奖励旅游作为一种重要的旅游业态开始得到培育，政府也加强了对该领域的支持和推广力度。近年来，中国在国际会议旅游市场中的地位逐步提升，国际会议数量不断增加，迅速崛起成为新的"亚洲会议之都"。

2. 我国会议旅游发展存在的问题

(1) 行业管理缺失。我国旅游业和会展业管理分工明确，而会议产业却分工不清。从中央到地方，会议产业的归口一直未能明确，无论是文旅部门、商务部门还是贸促会，都未明确关于会议的工作职能，因此也缺乏有效的组织机构和专业团队运作。会议产业管理上的游离状态极大地制约了我国会议产业发展的步伐。发达国家成功的经验表明，将"会议产业"纳入旅游业中进行统一管理和协调，更符合这两个产业的运行特征，也只有这样才能产生最佳的运作效果。

(2) 会议活动公司实力不强。据了解，目前国内缺乏龙头综合型会议活动公司。以三亚为例，三亚专门从事会议服务的公司仅有20多家，具有一定规模和会议承办经验的公司更是少之又少。整个行业的人才专业化程度、设备和技术能力以及运营管理水平都有待提升。公司整体实力不强，影响了三亚会议市场的进一步发展。

(3) 产业链不完善。会议产业的产业链中涉及多方利益主体，包括当地政府、会议企业、供应商和参会者等。会议活动所涉及的产业链企业也比较多，例如酒店、餐饮、娱乐、购物、交通、物流等相关企业。这些行业配套和生态系统也需要建设和完善。

3.2.2 我国会议旅游的发展趋势

随着全球经济一体化的不断加速，会议旅游作为一种交叉新兴旅游产业形态，正朝着多元化、生态化、人文化、国际化以及地域特色化的趋势不断发展，这将进一步加强与酒店、会议中心、旅行社等各类企业之间的合作。虽然大多数会议旅游产业集中在大都市，形成了竞争激烈的买方市场，但未来将有更多中小规模的会议旅游逐渐转向那些拥有优美环境和独特旅游资源的中小城市，寻求新的经济增长点。

随着会议产业的发展，会议活动被赋予更多的休闲、娱乐、度假、旅游等新功能。在会议与旅游融合的发展趋势中，有两个值得关注的方面。

1. 品牌会议的带动作用明显

随着中国举办的国际会议越来越多，国内也开始借鉴国外成功的会议运作模式，建立自己的品牌会议，带动包括旅游业在内的其他相关产业的发展。典型会议有中国"一带一路"高峰论坛、G20杭州峰会、厦门金砖会议和博鳌亚洲论坛等国际会议。这些会议的参会者来自全国乃至世界各地，对举办地的旅游业发展起着巨大的推动作用。

2. 产业链之间互相融合发展

会议活动通常在酒店和会议中心举行，服务提供商包括旅行社、奖励部门、会奖公司和公关公司等。这些企业中的大多数都是旅游业的核心企业。可以预见，旅游业将以会议业态为引领，逐步在高端化和多样化方面取得更多成就。

3.2.3　我国会议旅游的发展机遇

中国会议旅游正面临巨大的发展机遇。随着全球经济一体化的深入推进，中国在国际事务和商务领域的地位不断提升，吸引了越来越多的国际会议和商务活动选择在中国举行。此外，中国拥有丰富的历史文化和自然资源，各类会议可以在这些资源的基础上设计更加吸引人的旅游活动，从而促进会议旅游的蓬勃发展。同时，政府对于旅游业和会议业的支持政策也为这一产业的发展提供了有利条件，将助力中国会议旅游行业迎来更广阔的前景。

3.3　会议旅游运作与管理

随着经济全球化的日益深化，会议，尤其是国际性会议作为一种重要的国际交流方式将越来越多，其涵盖范围和影响力也不断扩大。会议旅游作为一种能够使与会者在参加会议的同时游览会议主办地的风景名胜并了解其风土人情的有效方式，在国际交往中的重要性也逐渐凸显。因此，深入研究会议旅游的市场运作机制，提升会议旅游管理水平，将对整个地区甚至国家的经济发展产生积极的推动作用。

3.3.1　会议旅游运作的基本条件

会议旅游的成功运作需要有基本的条件作为保障，这里从举办地的内外部环境和主观能动性方面对会议旅游的运作条件进行分析。

1. 举办地的外部环境

成功的会议旅游举办地需要具备以下外部环境。

(1) 国际形势稳定，避免战争、恐怖活动或其他突发事件。

(2) 会议主办国与周边国家友好相处，避免政治抵制。

(3) 国际旅游业持续稳定增长。

(4) 主办国与主要客源国之间距离适中，交通便利，费用合理。

(5) 客源国经济稳健增长，汇率稳定。

2. 举办地的内部环境

成功的会议旅游举办地需要具备以下内部环境。

(1) 国内政局稳定，社会稳定发展，经济和国民可支配收入持续增长。

(2) 居民支持举办会议，对会议相关旅游者友好。

(3) 举办地拥有丰富的旅游资源和完备的旅游服务设施，包括硬件和软件两方面。

(4) 基础设施完备，可进入性好。

3. 举办地的主观能动性

会议举办地的主观能动性包括：鲜明的会议主题和特色定位；卓越的组织能力；会议相关设施的建设不干扰社会和经济生活，避免或减少会议的"挤出效应"；积极实施会议旅游服务行动，覆盖会前、会中和会后；持续打造举办地形象，有效开展市场促销和公关活动；积极开展与会议相关旅游产品的开发和推广活动。

上述三方面只是会议旅游成功运作的必要条件，尽管外部环境往往难以改变，内部环境也会受到一些不可控因素的影响，但通过采取切实可行的行动来满足主观能动性条件，完全有可能实现会议旅游的利益目标。

3.3.2 会议旅游的活动过程

成功举办一次会议活动需要经过申办会议、策划会议、营销会议、运作会议和结束会议五个环节，这些环节可以按照时间顺序分为四个阶段，即会前、会中、会后和总结。

1. 会前的会议旅游活动

在会议旅游举办之前，最重要的事情就是策划和准备，主要包括以下几项活动。

(1) 考察会址。考察会议的地址是确保成功举办会议的关键步骤之一。在这个过程中，需要仔细评估备选的会议场地，以确保其符合会议的要求。首先，考察场地的地理位置、设施和服务水平，以确保其能够满足与会者的需求。其次，考虑交通便捷性、周边环境、安全性等因素。最后，与会者的舒适度和体验也是考察的重点，因此需要对会议场地的氛围和环境进行评估。选定合适的会议地址将为会议的顺利举办打下坚实的基础，有助于确保会议的成功。

(2) 开展会议宣传营销活动。成功的会议宣传营销活动是确保会议能够吸引大量参与者和提高知名度的关键。首先，制定清晰的宣传策略，明确目标受众、核心信息和传播渠道。其次，建立一个吸引人的官方网站或设计活动页面，提供详细的会议信息和在线注册选项。再次，积极利用社交媒体平台，发布吸引人的内容，与潜在参与者互动，引导他们分享活动信息。同时，与相关媒体、行业协会和合作伙伴建立合作关系，发布新闻稿、博客文章和新闻报道，提高会议的曝光度。定期发送电子邮件提醒和信息更新给已注册的参与者，保持他们的兴趣和参与度。最后，利用在线广告、传统媒体广告和口碑营销等多种渠道，确保会议的信息广泛传播，吸引多样化的参与者，以便于开展会议宣传营销活动。

(3) 预订会址。根据与相关方面的谈判结果，确定会议举办地。会议举办地既可以是专门的会议中心，也可以是会议型酒店。

(4) 预订酒店及交通事宜。预订酒店和安排交通事宜是成功举办会议的关键步骤之一。首先，根据会议规模和与会者的需求，选择合适的酒店，并与酒店进行谈判，以获取有竞争力的价格和条件。其次，确保酒店地点便捷，符合与会者的预算和品质要求。同时，预订足够数量的房间，并考虑特殊要求，如无烟房或残疾人友好设施。再次，为确保与会者顺利抵达和离开会议地点，需要提供多样化的交通选择，包括航班、火车、汽车或班车服务，并协调好接送安排。在这一环节，可与交通服务提供商进行合作，确保与会者的出行安排与会议日程相协调。最后，及时向与会者提供详细的酒店和交通信息，以确保与会者在会议期间的住宿和出行顺利进行。

(5) 与接待企业洽谈服务事宜。会议结束后的游览活动是会议旅游不可分割的一部分，各类会议一般都会在会后为与会者提供这类服务。首先，会议主办方需要与合作的接待企业或旅行社进行密切协商，以确保会后的旅游安排顺利进行，涉及游览观光、文化活动、餐饮安排等服务。双方需要明确服务的内容、时间表、费用、参与者人数和特殊要求。其次，在协商过程中，需强调对与会者体验的关注，确保服务符合他们的期望和需求。最后，签订清晰的合同和协议，明确责任和权益，以确保合作顺利进行，并提前妥善解决潜在问题。与接待企业协作是为与会者提供愉快体验的关键，它将为整个会议旅游活动的成功打下坚实的基础。

(6) 迎接。迎接来自异地的与会者是会议主办方的责任，以确保与会者顺利抵达会议地点和下榻的酒店。首先，主办方需要在机场和车站设立专门的接待团队和服务人员，负责接站、提供信息和协助运送行李等事宜，提供热情周到的服务。其次，提供专门的交通服务，配备从机场或车站到酒店的摆渡车辆，以确保与会者乘坐舒适和安全抵达。此外，在会议地点和酒店安排专门的接待人员，协助与会者办理入住手续，提供信息和解答问题，为与会者提供个性化的服务。通过这些措施，可确保与会者在会议期间感受到关怀和便利，对整个会议留下美好的印象，从而促使会议成功举办。

2. 会议期间的会议旅游活动

会议是商务活动，而会议期间的旅游活动可以为以后的商务合作和业务打下基础，因此为与会者提供周到的服务是十分必要的。

(1) 酒店签到。在酒店签到过程中，与会者通常需要提供个人身份信息，例如姓名、身份证件或护照号码，并确认预订信息。酒店工作人员办理手续后，应及时为与会者分配房间，提供房间钥匙、会议材料、饭卡、胸牌、礼品等必要物品，并解答与会者提出的问题。

(2) 会前准备。主办方应为与会者提供会议期间所需要的会议材料、会议用品、会议演讲稿等会议相关物品。

(3) 会议场所。主办方应派专人到会议室检查会议室条幅、灯光、音响等设施设备。

(4) 会议住宿。酒店工作人员应确认与会者的房间楼层及房间号，并询问与会者是否有特殊要求。

(5) 会议餐饮。酒店工作人员应确认与会者的用餐时间、用餐标准及特殊要求。

(6) 会议娱乐。酒店工作人员应确认与会者的娱乐消费形式、消费标准、娱乐地点。

(7) 会议服务。主办方应为与会者提供文秘服务、会议现场摄影服务。

3. 会后的会议旅游活动

会议结束后，通常会开展会议旅游活动，主办方应提供相关服务，主要包括游览观光服务、返程车票预订服务、会议纪念品定制和分发服务、送客服务等。

(1) 游览观光。探访会议举办地是会议旅游不可或缺的一部分，它不仅可以让与会者身心放松，还可以为与会者提供更多社交的机会。游览可以在当地或周边地区进行，形式多种多样。与会者既可欣赏人文景观，也可沉浸在自然景色中；既可追求休闲放松，也可寻求新奇冒险。

(2) 返程车票预订服务。为了让与会者顺利返回，会议主办方应提供高质量的返程车票预订服务。一方面要保证预订到足够数量的返程车票，另一方面要满足与会者对不同交通工具的需求。

(3) 会议纪念品定制和分发服务。主办方应根据会议的性质和当地特色，定制具有代表性的纪念品。这些纪念品不仅可以加深与会者对会议和组织者的印象，还能够有效地宣传会议及主办方。

(4) 送客服务。送客服务作为会议服务的末尾环节，通常能给与会者留下深刻的印象，有时甚至可以弥补会议中出现的小失误所带来的不利影响。送客服务的形式可以根据具体情况来安排，可选择专人陪同、专车服务或巴士接送等多种方式。

会议旅游活动贯穿于整个会议组织和运作的过程之中，并涉及多方面的协调与合作。为了使会议圆满成功，主办方就要对其进行有效的运作和管理。

4. 总结

会议旅游活动的结束并不意味着会议旅游活动的终结。会议旅游相关方通过统计整理资料、研究分析已做过的工作、总结经验和教训，不仅有助于对现有业务顺利收尾，而且有利于提高经营水平。在总结阶段，会议旅游相关方的工作主要有以下几项。

(1) 账务结算，提供详细的会议旅游费用明细，派遣专人与会议主办方核对账单，并提供会议主办方所需的发票。

(2) 对会议旅游活动进行综合评估，撰写总结报告，以评判工作的效率和成效，为未来工作提供改进的基础和宝贵经验。

(3) 完成跟进回访任务，以加深主办方的印象，探索更深层次的客户关系发展可能性。通常来说，记忆延续着印象，良好的会议旅游服务可以给客户留下深刻的印象，而记忆可以通过回访跟踪工作来加强。越早进行回访跟踪工作，效果就会越加显著。

(4) 召开总结表彰会，感谢相关单位和人员。这里的"相关单位和人员"主要包括会议旅游支持单位、合作单位、给予大力支持的媒体以及会议旅游服务人员等。

(5) 对于大型国际会议旅游活动，还可以邀请媒体在活动结束后进行回顾性报道，从而进一步扩大会议旅游的影响。

3.3.3　会议旅游的宣传和营销

随着会议旅游的不断发展，扩大会议旅游的长期影响力、建立声誉成为主办方面临的关键挑战。因此，会议旅游的宣传和营销至关重要。针对不同的会议，主办方在宣传和营销策略方面各有差异，在投入方面也各不相同。

1. 会议旅游的宣传

1) 会议旅游宣传的作用

随着会展业的快速发展，会议主办方越来越重视会议旅游宣传工作，会议旅游宣传具有如下作用。

(1) 提升会议知名度。通过宣传，可以提升会议品牌知名度，让更多潜在与会者了解和注意到该会议。

(2) 扩大会议的品质认知度。会议品质认知度是指人们对会议的整体品质或优越性的感知程度，具体是指人们对会议品质做出是"好"还是"坏"的判断，对会议档次做出是"高"还是"低"的评价。通过宣传，人们能够更准确地评价会议的质量和价值，进而增加对会议的兴趣。

(3) 塑造积极的品牌联想。通过宣传，可以在人们的记忆中创造与会议相关的积极品牌联想，包括对会议的类别、品质、服务和价值等方面的正面印象，从而促使人们积极参与会议。

2) 会议旅游宣传的内容

(1) 会议旅游活动的相关资讯。相关资讯主要涵盖向与会者详细介绍和传达的关键信息，包括会议的举办日期、举办地点、交通方式、住宿安排、会务接待、出席者名单、会议效果、参会条件等。

(2) 会议旅游活动宣传。会议期间通常会策划各种活动，这不仅丰富了会议的内容，还能有效吸引与会者。这些活动是会议不可或缺的一部分，有些甚至具有至关重要的地位。例如，开幕式、闭幕式、专题研讨会、精心策划的旅游项目等。

(3) 会议旅游吸引物。会议旅游吸引物构成了会议旅游产品的基础，它是指所有能够吸引与会者离开常住地前往会议主办地的相关要素。这些要素包括会议的创新性、文化活动、商务活动、展览、会议设施以及主办地其他吸引人的相关元素。

2. 会议旅游的营销

随着国际经济的深度融合，各类会议数量不断增加，逐渐形成了会展经济，不仅吸引了大量人流涌入会议举办地，同时也吸引了大量旅游者。会议旅游的发展，使得会议旅游营销受到广泛关注，常见的会议旅游营销策略有以下几种。

(1) 会议旅游产品组合。会议旅游涵盖各种相关产品，包括有形的产品和无形的服务。由于旅游者的需求各异，会议旅游企业应根据不同旅游者的需求来优化产品组合，以最大限度满足他们的需求。

(2) 发展会议中介机构。推动各种会议旅游中介机构的发展，完善商业化吸引机制，构建符合国际标准的会议旅游运营模式，有助于培育会议旅游市场，促进独立营销系统的建立。

(3) 会议主办方和旅游企业开展联合促销。会议主办方和旅游企业具有共同的目标，在开展营销工作时，尤其是在促销方面，双方应该密切合作，以发挥规模效应，将会议旅游融入会议每一个阶段，充分利用各种媒体和手段，强化与会者对旅游的意识，最终实现产品销售目标。

(4) 忠诚营销。在竞争激烈的市场环境中，为了吸引更多的与会者参加会议旅游活动，会议主办方和旅游企业通常会采取一系列措施，提高旅游者对主办方和企业的忠诚度。这些措施包括提高满意度、建立信任感以及提供可靠的服务。

3.3.4 会议旅游的运作细节

1. 会议旅游运作模式

会议主办者或旅游企业根据自身实力、主观意愿、会议主办经验等因素，通常采用以下两种运作模式。

(1) 自我操作模式。一些大型跨国企业，如华为、腾讯等，其内部通常拥有专业的会务部门，负责举办公司内部会议。这些部门和员工通常拥有丰富的会议举办经验，有时甚至比专业的会议企业更具实力，提供的服务也更加周到。

(2) 委托操作模式。这是一种常见的模式，会议主办者将会议的策划、组织和执行工作交由专业的会议旅游公司或策划机构负责。这种模式依赖于专业知识和经验，能确保高水平的会议服务，同时节省主办者的时间和精力，使他们能够更专注于会议的核心内容和目标。此模式还能够整合各种资源，提供综合性服务，以确保会议的成功举办。

无论是采取自我操作模式还是委托操作模式，在具体运作过程中，主办者都会将某些分项目层层分包给其他专业公司来具体操作，如交通公司、广告公司、旅游公司、翻译公司等。

2. 特殊与会者的接待

特殊与会者的接待是会议旅游中的一项重要工作。特殊与会者包括与会者的亲属、VIP、新闻记者、国际与会者以及残障人士。为特殊与会者提供周到的接待服务不仅能提升会议旅游活动的经济效益，还有助于提升会议品牌和主办者的声誉。接待内容包括个性化服务、安全保障、签证办理、针对不同群体的定制接待以及专门人员的安排，以确保他们在会议旅游中获得良好的体验和服务。

(1) 与会者亲属的接待。接待与会者的亲属在会议旅游中非常重要，因为他们的满意度和参与度直接影响与会者的整体体验。为了提供良好的服务，需要给予他们和与会者相同的重视和礼遇，同时也要根据年龄和需求差异提供个性化服务。对于儿童，应提供适宜的活动和设施，确保他们的安全和舒适；对于成年亲属，应提供有吸引力的娱乐和旅游活动，以增强他们的参与意愿和消费意愿，提升整体活动的家庭友好性。

(2) VIP的接待。VIP(very important person)是贵宾的意思。接待VIP在会议旅游中是一项至关重要的任务。VIP通常包括政要、名流、企业高层管理者、重要客户以及会议的组织者或策划者等。对于VIP，应提供个性化定制服务，满足他们的特殊需求和偏好，这样不仅可以提升他们的整体体验，还有助于增强会议品牌声誉，为今后的业务合作打下坚实的基础。

(3) 新闻记者的接待。接待新闻记者极为关键，因为记者的报道对于会议的宣传和声誉至关重要。接待新闻记者需要提供合适的场所，以便他们举行记者会和采访。主办方应积极合作并配合记者的需求，提供必要的信息、设备和支持，以确保他们能够充分报道会议。同时，主办方也可以准备相关材料，以确保记者获得准确和全面的资讯。当采访涉及敏感问题时，应灵活处理，以维护会议的声誉，同时尊重新闻记者的职业道德和独立性。通过与新闻记者良好的合作，可以使新闻记者对会议旅游活动持积极态度，有助于提高会议的曝光度，扩大会议的影响力。

(4) 国际与会者的接待。接待国际与会者是会议旅游的关键任务之一。在这个过程中，首要问题是向国际与会者发放正式邀请函，协助其办理签证手续，以确保其顺利入境。此外，主办方还需要提供接送服务、出入关事宜的协助，并开展相应的旅游活动策划。为了满足国际与会者的多样性需求，应考虑到文化背景、兴趣爱好和风俗习惯等因素，提供个性化的服务。通过周到的接待，可以确保国际与会者在会议旅游中获得愉快的体验，同时提升会议的国际影响力和声誉。

(5) 残障人士的接待。与会者中，有一些可能是残障人士。接待残障人士时，需要特别关注他们的需求和舒适度。首先，主办方应提供便于残障人士活动的设施和服务，包括无障碍通道、轮椅租赁、残障停车位等，以确保他们能够顺畅参与活动。其次，培训员工，使其能够理解和满足残障人士的特殊需求，包括视力、听力、行动等方面的需求。最后，配备专门的服务协调机构和人员，以便随时提供帮助和支持。通过这些举措，可以确保残障人士在会议旅游中获得尊重和平等的对待，参与到活动中，获得和其他与会者相同的体验。这不仅有助于提高会议旅游活动的包容性，还有助于增强会议主办方的声誉。

3. 娱乐和观光活动的运作

(1) 娱乐活动。会议旅游中的娱乐活动应该巧妙策划，为与会者提供多样化和个性化的体验，促进与会者之间的互动和社交。娱乐活动应该考虑到与会者的多元需求，选择合适的时间和地点，聘请专业表演者，以确保节目质量。通过互动游戏、社交活动和引人入胜的表演，娱乐活动不仅能为会议增添活力，还能提升与会者的满意度和参与度，为其创造愉快的回忆，从而促使会议旅游活动取得成功并提升影响力。

(2) 观光活动。观光活动应该精心安排，以充分展示目的地的吸引力和文化魅力。这些活动需要考虑与会者的多样性需求，涉及文化、兴趣和体力水平等方面。主办方可与地方旅游企业合作，设计吸引人的观光行程，包括景点参观、文化体验、美食品尝等。应提供多种选择，以满足不同与会者的兴趣，同时确保旅游活动的安全性和可访问性。通过丰富的旅游观光活动，可以为与会者创造独特的旅行体验，增强会议旅游活动的吸引力和难忘性。

3.4 会议旅游策划

3.4.1 确定会议主题

会议主题是会议的核心，它决定了会议的方向和焦点。选择一个优秀的会议主题至关重要，因为它能吸引与会者的兴趣，促使其积极参与。会议主题应能反映行业热点，吸引人们的兴趣，具有前瞻性。确定会议主题的方法包括如下几种。

1. 邀请专家，指导讲座

在策划会议之初，通常已经明确了大致的主题范围，但如何抓住行业热点和前沿议题，同时满足各方的需求，确保会议内容具有实质性的价值呢？建议策划团队在早期阶段积极邀请行业内的专家进行一次或多次专题讲座，解读学术和业界的热门话题。此外，与业界人士交流，聆听他们的意见也至关重要。专家和业界人士的见解可由专门的人员记录和整理，为策划团队未来的决策提供多角度、有价值的参考。

挑选专家时，可从同一领域的不同研究方向中广泛寻找，以确保观点的多样性和全面性。选择业界人士时，可以考虑各个产业环节的代表，以确保所选择的会议主题具有实际可行性和广泛的视角。

2. 头脑风暴，群策群力

头脑风暴是指整个会议策划团队根据专家和业界人士提供的线索，共同展开讨论，逐渐缩小主题范围，最终确定会议主题。这种方式的显著特点在于没有受到任何限制，每个人都能够自由发挥和独立思考，通常在思维的碰撞中会涌现出更多具有创意的想法。这些想法都会被记录下来，经过团队讨论，评估其可行性。

3. 选择会议主题

举办大型会议时，主题的选择至关重要。为了成功组织一场具有一定影响力的会议，会务人员需要在平时关注时事动态、行业发展趋势，积累广泛的人脉和资源。在选择会议的核心主题时，需要考虑以下因素。

(1) 主题反映热点和关切。会议主题应能够反映学术界和行业中的热门话题，或者反映政府关心的问题，以确保主题具有广泛的社会关注度。

(2) 获得与会者认同。主题所传达的会议内涵应该和与会者的期望与需求相契合，使与会者对主题产生认同感。

(3) 具备延伸性和吸引力。主题应该具有足够的延伸性，能够引发深入的探讨和研究，同时具备吸引力，能够吸引不同背景和兴趣的与会者。

(4) 具备前瞻性。在选择主题时，需要考虑主题是否具有前瞻性，是否能够对相关产业的未来发展产生积极影响，是否能够促进与会者之间的合作，是否具备吸引媒体报道的潜力。

一旦确定了主题，还需要进一步确定多个相关议题，以便在会议中全面探讨不同方面的问题。这些议题都应围绕主题展开，构成主题的各个方面，从而使会议内容更为丰富多样，同时也有利于组织与会者进行深入的讨论和交流。

4. 把握会议整体风格

对于举办过多次的会议，需要根据长期积累的风格和营造的氛围来确定会议的特色。对于首次举办的会议，在规划会议的风格时可以从专业角度出发，选择合适的主题和基调。不同领域的会议通常表现出截然不同的风格，例如传媒领域与计算机领域的会议往往有明显差异。此外，还可以根据会议的主办方来确定会议的风格。如果是由政府部门主办的官方会议，通常会注重严肃和正式的氛围；而如果是一场交流性质的会议，可以采用轻松活泼的风格。具体操作时，还需要考虑以下因素。

(1) 环境。会议场地的选择和布置对于会议风格至关重要。

(2) 气氛。整场会议的氛围应该与会议的主题和目标相一致，可以通过音乐、装饰等方式来营造氛围。

(3) 情感。确保嘉宾和与会者在会议中体验到与会议风格相符的情感，这有助于增强会议的吸引力，提高与会者的参与度。

3.4.2　确定合作单位

一般来说，举办大型会议需要主办方与合作单位来共同完成。合作的方式不同，对应的职责和效果也各不相同。

1. 合作单位的类型

合作单位有以下5种类型，如表3-1所示。

表3-1　合作单位类型表

合作单位	合作单位的描述
主办单位	会议的发起单位
承办单位	会议的具体实施单位
协办单位	会议实施过程中提供协助的单位
支持单位	提供帮助或服务的单位
赞助单位	提供资金和有形物品支持的单位

我国大型会议的主办单位主要有各级政府部门、不同行业协会、商会以及规模较大的企业和事业单位。

承办单位通常是企业法人、主办单位的下属机构或内部部门。承办单位负责具体的会议运营和相关事务，如展场布置、展品运输、安全保卫、广告宣传、现场活动、食宿交通安排、手续办理以及费用收取等。

协办单位通常是指在项目运作过程中提供协助的单位，其级别与执行单位相似，差别在于参与度和贡献不同。

支持单位是指那些为会议提供特殊帮助或服务的单位，如新浪网、搜狐网、人民网等媒体支持单位，以及提供场地的酒店和剧场等。虽然支持单位提供的服务通常是有市场价值的，但支持单位可能会免费或收取极低的成本，支持单位希望通过这些大型国际会议提升自身的知名度和声誉。

赞助单位是指为会议提供资金或有形物品支持的单位，如提供筹备资金或家具的单位。

2. 合作单位的选择

根据不同情况，选择合作单位的方式比较多样，总体来说，可以依据以下两项原则选择合作单位。

(1) 盈益共享原则。根据会议主题，寻找最能从会议主题中受益的机构或单位。

(2) 互惠合作原则。确保合作各方都能通过举办大型会议或活动获得益处，实现各取所需的目标。

3.4.3 确定会议规模

确定会议规模是会议策划过程中不可或缺的一个环节。通过确定会议规模，可以具体化会议要素，有助于策划人员在早期阶段把握全局，推动相关活动的顺利进行。

在预估会议规模时，需要综合考虑以下因素。

(1) 会议持续时间。会议持续时间的长短直接关系到会议规模的大小，持续时间越长，会议规模通常越大。

(2) 会议分会场的数量。分会场的数量与会议规模密切相关，分会场越多，会议规模越大。

(3) 与会人员的分配。与会人员的角色包括致辞嘉宾、发言嘉宾、点评嘉宾、主持人、媒体记者、听众、工作人员等。工作人员的数量通常和其他与会者的数量相关联。

(4) 国内外嘉宾的配比。相对而言，涉及国际嘉宾的会议通常涉及更复杂的组织程序和细节，因此规模相对较大。

(5) 学者、官员、业界代表的配比。与会者的角色和身份决定了会议的性质，官员和业界代表的参与会增强会议的正式性，增加程序要求，而学者和商业机构代表的参与可能较为灵活。

综合考虑以上因素后，策划人员可以明确会议规模和人员配比情况。需注意，主办方应根据会议的具体目的和性质来合理分配与会者的角色和比例，以确保会议达到预期的效果。

3.4.4 拟定会议议程

会议通常会涉及一个或多个相关议题，还会涉及一些礼仪性环节，如会议开始的宣布、奏乐、致开幕词、签署倡议书、致闭幕词和会议结束的宣布。主办方应将这些程序和议题按照顺序排列，制成议程文本，提前分发给与会人员，以确保所有相关人员都了解会议的流程。

1. 议程的定义

议程是指会议从注册到结束期间日常事务的安排。在制定会议议程时，应先确定框架，然后根据与会者的时间安排和会议的持续时间进行详细规划。例如，如果会议持续一天，那么从注册、会议开幕、文化体验活动到嘉宾离会，需要安排四天的时间。在确定会议日期时，需要考虑与会者的时间可用性。例如，对于欧美与会者来说，避开圣诞节可能更合适；需要中国政府官员参与的会议，不应安排在"两会"或春节期间。除了重要的节庆日外，还应避免会议日期与举办地的旅游高峰期重叠，以免影响与会者的行程。

2. 议程的内容

会议策划团队根据会议的主题、议题和与会者的需求(包括时间和内容需求)制定议程的内容。在策划议题时,需要为每位与会者分配特定的任务,并具体说明责任人、时间分配等细节。提前传达拟定的议程有助于与会者了解会议的时间安排和内容安排,以便他们做好准备。议程应该包括以下内容。

(1) 注册日期。一般来说,会议的注册日期为会议开始的前一天。

(2) 会议当天日程。会议当天的日程通常包括领导会见、开幕式、主旨演讲、午餐、分论坛讨论和晚宴等环节。上午通常安排领导会见、开幕式、主旨演讲,下午和第二天根据需要召开分论坛。每个时间段之间通常会设置茶歇,每天的中午和晚上分别安排午餐和晚宴。

(3) 文化体验活动。文化体验活动通常安排在会议的前一天或最后一天。活动类型包括相关产业链考察和地区风情游览两种形式。相关产业链考察是主办方根据会议主题,在产业链上下游之间协商确定路线,而地区风情游览是主办方在会议举办地组织的游览活动。

(4) 离会。离会环节通常被忽视,但对于与会者和工作人员来说都非常重要。它涉及与会者机票的确认和工作人员的离会安排,应得到充分重视。

3. 安排议程时需要考虑的因素

(1) 对于组织机构的确认。在拟订会议议程的同时,需要仔细核实会议的主办单位、承办单位(有时还包括指导单位、媒体合作单位等)的组织机构信息,确保相关单位的名称准确无误地反映在议程中,这通常需要与各单位进行多次沟通。

(2) 对于议题的设置。在一个主题下会设置多个分议题,以便围绕主题进行讨论。在设置分议题时,不仅要考虑是否涵盖主题的各个方面,还要确保这些分议题能够引起学界、业界和政府相关部门的共同关注。这意味着分议题应该是各个领域的专业人士都能参与讨论的话题,并且能够为各方提供思路和价值。此外,在设置分议题时还需要考虑主办方或赞助方的需求,既不能完全忽视他们的需求,也不能使分议题过于商业化或具有特定目标。通过巧妙设置分议题,可以将各方的需求和诉求融入其中。

(3) 对于嘉宾构成的设想。针对一个分议题,需要邀请领域内的专家学者和业界代表共同参与讨论,过于倚重任何一方都可能导致会议变得过于学术化或商业化,这是高质量大型会议应避免的问题。因此,在确定演讲嘉宾时,需要平衡学界和业界人员的比例,同时也要平衡国内外嘉宾的比例。理想情况下,学界和业界人员的比例以及国内外嘉宾的比例都是1∶1,但实际情况会受到预算、嘉宾档期等因素的限制,可能无法完全实现1∶1的比例。因此,策划团队需要根据实际情况不断进行调整,以确保在会议上既能听到学界的声音,也能听到业界的声音,同时确保至少有1~2位国际嘉宾参与。

(4) 对于板块的设计。大型会议除了正式会议外,主办方还会安排观光游览、欢迎晚宴、告别晚宴等活动板块。主办方可根据自身需求及赞助方的预算情况,合理安排这些活动板块。例如,在会议当天同时举办艺术展览、学术沙龙、业界沙龙等活动,或在会议晚上举办鸡尾酒会等。主办方安排这些活动,既可以为与会者提供休息和交流的机会,也可以丰富会议的内容,积累更丰富的资源。

97

3.4.5　邀请会议嘉宾

会议嘉宾是会议的核心组成部分，邀请合适的嘉宾对于会议的整体质量至关重要。在此阶段，确定参会嘉宾是一项重要任务。选择嘉宾通常基于会议的需求、议程、嘉宾在学术研究领域或政界、业界的影响力等因素。根据嘉宾的功能和角色，可以将其分为以下几种类型。

1. 致词嘉宾

致词嘉宾通常由相关部门或机构的领导组成，包括国家级领导、地区领导以及主办方的领导。邀请的致词嘉宾需要与主办单位和承办单位的级别相匹配，例如，如果主办单位属于中央级别，那么应该邀请中央有关职能部门的领导致词；如果主办单位属于市级，通常可邀请市级主管领导致词。确定致词嘉宾需要各方协商，邀请时需充分动用各种资源，通过不同渠道，以确保邀请成功。

2. 主旨演讲嘉宾

主旨演讲嘉宾通常是在会议主题相关领域具有高知名度和一定影响力的重要人物。如果邀请两位主旨演讲嘉宾，需要考虑他们之间的匹配度，包括社会影响力、演讲内容的相关性以及国际背景的匹配。一般来说，会议更倾向于选择来自学术界或中立机构的专家作为主旨演讲嘉宾。

3. 演讲嘉宾

演讲嘉宾的数量应根据议题的复杂性和讨论的深度而定，同时需要考虑每个分会场中嘉宾的身份、国籍、性别、研究领域的协调性以及与主持人的搭配。

4. 主持人

会议开幕式通常需要一位主持人，每个分会场也需要一位主持人。主持人可以是知名电视节目主持人，也可以是专业领域的专家学者。

5. 参会嘉宾

在预算允许的情况下，主办方应尽量邀请更多的参会嘉宾，包括持续关注会议或与会议主办方有长期合作关系的各领域专业人士，以及对会议主题感兴趣的学界、政界和业界人士。此外，会议组委会还应积极争取新的嘉宾资源。

▋ 课程思政案例

科技加持　江南风韵——杭州亚运会开幕式亮点多

潮起钱塘江，浪涌亚细亚。点点星光在大莲花之中闪烁，那是全亚洲甚至全世界今夜最亮的星光。2023年9月23日晚，杭州亚运会开幕式在杭州奥体中心(大莲花)体育场举行。从嗅觉到视觉，观众收获极致享受，数字与现实相结合的创意贯穿始终。江南风韵，科技加持，点滴特色都让这场开幕式以体育为媒诉说出美好中国故事。

一、金桂飘香国韵迎宾

空气中，暗香浮动。甜丝丝的气息，直沁人心脾。开幕式刚刚开始，现场所有的观众都闻到了一种熟悉而迷人的香气，仿佛置身于桂花的海洋中。原来，这正是本次开幕式的特色之一———在现场散播桂花香氛，将开幕式变成视觉与嗅觉的多重盛宴。为了让现场观众更好地感受这种氛围，制作团队并不是简单地将桂花摆放在现场，而是采用高科技的嗅觉技术，将气味通过空气扩散系统传输到现场各个角落，让观众在不同的位置都能闻到桂花香。对于观众来说，这不仅是一种感官体验，更是一种文化的熏陶和情感的共鸣。观众会更加深入地理解杭州的文化和历史，更加热爱这座城市。

"何须浅碧深红色，自是花中第一流。"(宋·李清照·《鹧鸪天·桂花》)"桂花"，是东道主杭州市的市花与秋日"百花之首"。"蟾宫折桂"为中国典故，在古代比喻学业有成，现指在体育比赛中运动员获得冠军。桂花联动体育，不但有着美好的寓意，更凸显桂香满陇的杭州气质。

桂花不仅给观众带来嗅觉享受，在开幕式中，它又变成最亮的一抹颜色。金桂之色体现在现场每个细节中，当运动员入场时，现场更是亮起一面面金色的"桂花鼓"，鼓声激昂奏响，寄托着美好的祝福，为各代表团运动员助威加油。

在开幕式中，中式古典意味无处不在。当运动员入场时，地屏之上勾勒出团扇造型，各式各样的江南元素与景象浮现其中；网幕上，"梅兰竹菊"的主题之窗尽展典雅、吉祥之意；窗中，西泠印社的书法字体隽永飘逸，以中华笔触抒写亚洲风采，以独特的江南韵味迎接运动员入场。

二、点火仪式数字新奇

观众进入开幕式现场会收到一张特别的纸条，纸条上面显示一个二维码，观众扫描二维码就能参与开幕式现场的数字点火，在最后圣火点燃的时刻，共同体会这份特殊的激动。而事实上，通过网络，和现场观众同时参与数字点火的人还有千千万万。这就是本次亚运会开幕式最大的亮点———数字点火仪式。

"我们希望让几万名观众，能参与到开幕式中，成为现场演出的一部分。"总导演沙晓岚表示，"这也是智能亚运的一个体现，以科技创新之力，打造亚运经典记忆。"

位于体育场一侧的火炬台不停变换着形态，展现现代艺术风格。主火炬塔由19根形态各异的立柱排列组合，形成"浪潮"造型，每一根立柱代表一届亚运会。在内部动力机构的驱动下，主火炬塔展现出两种形态：一种形态犹如中国传统祥云，另一种形态犹如钱江潮涌，并成为最终的点火形态。

主火炬塔展示的是阳刚与力量，"浪潮"的弧线则表现了柔美与灵动，一刚一柔，相辅相成，传达的是简朴而博大的中国哲学文化。"浪潮"是天时，"杭州湾"是地利，"勇立潮头"是人和，这暗含了自古以来人与自然和谐共生、人与社会和谐发展的愿景，也传达出杭州亚运会"绿色、智能、节俭、文明"的办赛理念。

值得一提的是，网络上的数字点火与现实中的圣火台点火同时进行，这也标志着杭州亚运会从此刻正式拉开大幕。

资料来源：厉苒苒. 科技加持 江南风韵——杭州亚运会开幕式亮点多[N]. 新民晚报，2023-09-23.

本章思政总结

正如习近平总书记所作的党的二十大报告开宗明义地宣示："我们党立志于中华民族千秋伟业，致力于人类和平与发展崇高事业，责任无比重大，使命无上光荣。"报告强调"中国共产党是为中国人民谋幸福、为中华民族谋复兴的党，也是为人类谋进步、为世界谋大同的党"。这些重要论述旗帜鲜明地阐释了中国共产党的本质属性和使命宗旨，毫不含糊地明确了中国特色大国外交的政治立场和历史自觉。

会议，尤其是国际会议，是彰显中国形象和民族精神的重要外交场所。会议旅游是会议接待者(组织者)利用召开会议的机会，组织各国与会者参加的或由与会者自行开展的旅游活动，其所涉及的旅游往往带有与工作相关的目的，属于会展旅游的一种，广义上也属于商务旅游范畴，具有影响广泛、效益显著、发展持续、时间均衡以及存在地域差异的特点。会议旅游发展到今天，已经衍生出多种类型，可根据会议规模、形式以及会议举办机构的不同进行分类。会议旅游活动由会议旅游资源、会议旅游者、会议旅游业三个基本要素构成。会议旅游目的地即会议举办地，会议举办地必须具备一些基本条件，包括旅游资源、人员、设施、政治、区位、生态环境、形象、安全等方面。对城市而言，举办大型国际会议活动能够迅速提升城市经济实力，增强经贸合作与交流，促进城市经济、科技、文化的发展，改善城市形象，提高城市知名度，拉动城市建设，改善投资环境，推动城市经济发展与国际接轨，进而带动城市经济的协调发展，提高中心城市的国际地位，从而提高会议举办中心城市的综合竞争力。

重要术语

会展旅游(meetings incentives conventions exhibitions)

会议旅游(convention tour)

思考与讨论

1. 什么是会议旅游？会议旅游的吸引要素有哪些？

2. 简述会议旅游的特点。

3. 会议旅游可分为哪些类型？

4. 简述会议旅游的活动构成。

5. 会议旅游策划分为哪几个步骤？

二十大精神进教材

坚持大国外交，彰显民族精神

党的二十大报告指出："推动构建和平共处、总体稳定、均衡发展的大国关系格局。"习近平总书记参加在印尼巴厘岛举行的G20峰会，获得了世界各国的关注。从参会的国内外背景看，习近平总书记参加此次G20峰会，是党的二十大胜利闭幕后，中国最高领导人首次出席国际多边峰会，有着不同寻常的国际背景和特殊的现实意义。国际人士普遍认为，俄乌冲突使地缘安全恶化、全球经济困境走向长期化趋势等人类生存发展面临的诸多棘手难题，让本届峰会成为"最艰难的G20峰会"。从国际客观反应看，中国在此次G20峰会上不仅带来了中国针对这些国际问题始终如一地践行真正多边主义、推动人类命运共同体构建的诚意，更是充分体现出当代中国的大国担当。在当前人类社会面临诸多重大挑战的背景下，习近平总书记为全球发展给出中国答案，得到国际社会广泛关注和赞赏。在会议期间，联合国秘书长古特雷斯高度评价中国贡献。他说："中方提出的全球发展倡议同联合国2030年可持续发展议程相契合，在帮助发展中国家共同发展方面，中国所作努力无可比拟。"此次G20峰会搭建了多边会议的交流平台，为各国领导人双边会晤提供了宝贵时机，也充分地展现出中国特色大国外交更加壮丽的图景。

G20缘起于1999年，但真正受到全球关注是在2008年国际金融危机之后。从一定程度上说，正是由于有了大国间的协调，才避免了让2008年国际金融危机演变为20世纪30年代的大萧条，特别是中美当时在应对这场金融危机方面展现了惊人的合作力度，令全世界看到一个崛起的大国和一个守成的大国之间的合作空间。而中国外交在经历2008年国际金融危机的洗礼后，在全球治理中大踏步迈进，中国特色大国外交逐步形成。

G20是一个专注于经济和发展政策协调的国际论坛，汇聚了最有影响力的一批国家，2022年，其成员国的经济总量占世界经济总量的80%，人口总数占世界人口总数的60%，贸易量占全球贸易的75%。显然，如果这些国家能够达成共识，那就能为解决全球性问题做出决定性的安排和行动。

彰显大国关系新格局的三要素。从经济指标看，习近平总书记会见的这些国家，多数都是全球经济极为重要的行为体。欧美等发达国家历来是金融市场密切关注的对象，通过2022年的数据，我们可以看到货币政策的巨大影响力。而G20中经济总量最小的南非，其经济总量也超过4000亿美元，成为非洲的第二大经济体。无论是从军事和政治上看，还是从其在各种国际机构中的职位占比来看，都是G20国家占据主导地位。因而，这些国家之间的关系好坏，将决定性影响全世界的和平与发展。按照党的二十大报告的研判，当今世界正进入新的动荡变革期，因而维护和平与稳定是巨大的挑战，也是大国应该肩负的责任。

党的二十大规划了面向2050年的新两步走战略，以中国式现代化全面推进中华民族伟大复兴。那么，我们必须向世界展示，中国的新发展将为世界各国带来更多机遇。这次G20峰会期间的元首外交，为实现这一战略目标开创了外交新局面。

外交展智慧，合作赢未来。中国是负责任的大国，"中国智慧"在世界外交的舞台上得到了充分彰显。全世界从G20峰会上充分感受中国领导人的外交风采，通过G20读懂"大国外交智慧"，坚定不移走和平发展道路，坚定不移深化改革、扩大开放，坚定不移以中国式现代化全面推进中华民族伟大复兴。

资料来源：钮维敢. 中国在G20峰会展现大国外交风采[EB/OL]. https://www.cssn.cn，2022-11-23.

思考：彰显大国关系新格局的三要素是什么？G20峰会这样重要的国际会议为什么曾经在杭州举办？

参考文献

[1] 石建勋. G20杭州峰会的三大意义[N]. 人民日报海外版，2016-09-08(001).

[2] 刘开萌，肖靖. 会展旅游[M]. 北京：旅游教育出版社，2014：21-58.

[3] 朱运海，张莉，李璇. 会展旅游[M]. 武汉：华中科技大学出版社，2016：79-98.

[4] 王保伦. 会展旅游[M]. 北京：中国商务出版社，2004：10-50.

[5] 邓不，袁世斌. 论酒店在会议旅游中的角色扮演[J]. 旅游纵览，2020(16)：17-21.

[6] 蒋倩. 三亚会议旅游现状及对策研究[J]. 商场现代化，2017(4)：138-139.

第4章
奖励旅游

本章要点

1. 掌握奖励旅游的概念、特征、类型及其作用。
2. 了解国内外奖励旅游的发展历程与发展现状。
3. 掌握奖励旅游的运作模式与运作过程。
4. 了解国内奖励旅游存在的主要问题及其解决方案。

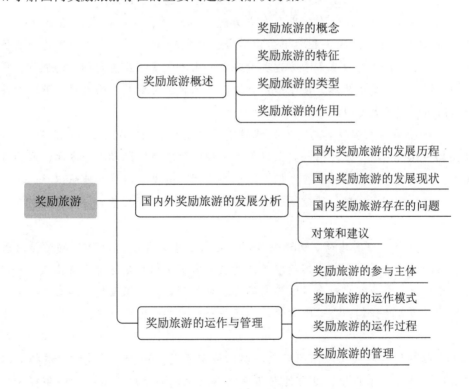

课程思政元素

社会主义荣辱观；社会主义核心价值观：爱国、敬业；物质激励；精神激励；自我实现；共同富裕；企业凝聚力、员工归属感、员工工作价值观、企业文化；爱岗敬业；企事业单位民主管理；维护职工合法权益；健全劳动法律法规；劳动关系协商协调；劳动者权益保障制度。

引例

六成企业从未有奖励旅游

据了解，全球每年大约有350万人参与会奖旅游。作为会奖旅游的重要组成部分，奖励旅游产业已初具规模。与公民旅游不同，奖励旅游具有组团规模大、消费档次高、季节差异小、经济效益好等特点。对公司来说，奖励旅游可以调动员工的积极性，增强企业的凝聚力；对城市而言，奖励旅游资源或将成为带动城市经济发展的新引擎。企业是奖励旅游的主要业务来源之一，为了更加客观地了解企业客户对奖励旅游的需求，《北京商报》面向全国发放了企业奖励旅游调查问卷，并对问卷结果进行了解读。

根据问卷调查，60.26%的企业没有举办过奖励旅游，举办过奖励旅游的企业仅占39.74%。在举办奖励旅游的企业之中，以学校、研究所居多，房地产和建筑行业位居第二。业内人士表示，许多行业都举办过奖励旅游。由于教育行业有规律性的假期，举办奖励旅游的时间上可以更加确定，便于提前计划。但从企业奖励员工的角度，其他行业的奖励旅游市场同样有巨大潜力。

54.84%的受访者在曾经参与的奖励旅游中平均花费不到5000元，35.48%的受访者人均花费5000～10 000元。某大型会奖公司负责人告诉北京商报记者，一方面，因为部分行业不景气，企业内部会奖预算相应走低，不少企业团队会奖旅游目的地从以往的境外改为境内；另一方面，"新会风"等政策在减少政府部门出国考察数量的同时，也对其单次花费有所限制。

针对以往的奖励旅游体验，9.68%的受访者表示非常满意，41.94%的受访者表示满意，48.38%的受访者感觉一般，不存在不满意与非常不满意的受访者。有业内人士透露，与公民旅游相比，企业客户对会奖服务商的要求更加苛刻，所以虽然利润有限，但是基于持续得到企业项目的预期，会奖服务供应商还是会针对企业团队情况，在服务细节上尽力做好。

64.11%的受访者更倾向于休闲度假的奖励旅游方式，67.95%的受访者选择海滨作为奖励旅游目的地。专家推测，这可能与填写问卷者主要为年轻人有关——年轻人工作压力大，因此更倾向休闲度假的方式。随着收入的增加及个人出境旅游的普及，"N天N国"的跟团游或将不再受到追捧，附加人文、风俗等元素的深度游或将成为越来越多员工的需求。

25.64%的受访者选择北京作为奖励旅游目的地。其中，65%的受访者表示北京的古都皇城文化是吸引他们的主要因素。北京作为首都，拥有完善的硬件设施、丰富的奖励旅游资源，其古都皇城文化元素得天独厚，作为奖励旅游目的地，具有较大的潜力。如何充分开发这些资源、拓展国际市场是北京奖励旅游面临的主要课题。

不少受访者认为，影响北京作为会奖旅游目的地的因素包括交通、空气质量等。业内人士表示，旅游易受自然环境、城市环境等诸多因素影响，北京作为国家政治、文化中心，在国内会奖市场拥有得天独厚的优势，但是如果北京希望吸引更多国际会奖团队，还需要更多、更具文化内涵的会奖旅游产品。

资料来源：季鹏洋，韩金萍. 六成企业从未有奖励旅游[N]. 北京商报，2013-08-22.

如今，因市场整体朝多元化方向发展，旅游市场也进行了更加深入的细分，导致市场竞争较为激烈。奖励旅游是旅游市场的一个细分方向，在20世纪初，欧美发达国家就开始举办奖励旅游。如今，在全球奖励旅游客源排名之中，美国占比超过50%。奖励旅游已经成为企业现代化管理的重要方式之一，为经过一定审核的员工提供免费或部分免费的旅游，能够激励员工，促使其完成更佳的工作绩效并且增强企业的凝聚力。在法国、德国等西方国家，有半数以上的企业采纳了奖励旅游来作为激励制度。伴随着外资进入中国市场，中国奖励旅游也逐渐兴起，除了外资企业，国有、民营企业也慢慢加入其中，将奖励旅游作为企业激励员工向上发展的管理方式。

4.1　奖励旅游概述

奖励旅游(incentives travel)起源于美国，是会展旅游的重要组成部分。1906年，美国公司德顿(Dayton)首次引入了奖励旅游这一概念，奖励本公司七十名优秀的销售人员前往公司总部进行参观并享受免费旅游的机会。现如今，世界上最大的奖励旅游市场就是美国，美国每年参加奖励旅游的人数超过了50万人，客源数量占比超过全球数量的50%；在法国，公司通过奖励旅游的形式向员工支付报酬，其金额占奖金支出的半数及以上。英国的奖励旅游金额占奖金支出的比例也达到了2/5。奖励旅游在欧美国家不断发展成熟，逐渐向世界其他地区扩展，特别是亚洲地区。中国从1993年开始重视奖励旅游的发展，虽然起步较晚，但是已经表现出因地制宜发展的巨大潜力。

4.1.1　奖励旅游的概念

奖励旅游是现代旅游产业发展的重要组成部分，是现代企业为了达到特定目标、寻求发展，为企业内部员工和外部客户提供的免费的旅游活动。奖励旅游是现代企业管理方法的创新，它能够增强雇主与员工之间情感的联系，从而提高员工对企业的忠诚度。奖励旅游是会展旅游的一个分支，其功能、档次和内容都有自身的特点，不同文化背景和产业发展程度下的奖励旅游也会形成较大的差异。目前业界对奖励旅游的定义有以下几种。

国际奖励旅游管理者协会(Society of Incentive and Travel Executive，SITE)认为，奖励旅游是一种现代化管理工具，其主要目的在于协助企业实现特定目标。奖励旅游的形式通常表现为给达到绩效目标的员工提供非同寻常的旅游假期作为奖励，以激发员工的积极性。此外，一些大公司常常通过组织旅游活动来吸引客户，以达到开发市场的最终目标。

旅游服务基础术语认为，奖励旅游是相对于观光旅游、度假旅游、专项旅游、会议旅游、特种旅游等旅游服务产品而提出的，它具体是指由企业或社会团体提供费用、以奖励为目的的一种旅游活动。

《中国旅游百科全书》将奖励旅游概括为一些组织单位为调动员工的积极性和增强凝聚力而举办的免费旅游。

《香港大辞典》将奖励旅游界定为，工商企业及其他行业为刺激工作人员的积极性、增强归属感以及经营与有关部门、团体和个人的公共关系而组织的免费旅游。

旅游词典认为，奖励旅游是员工、经销商或代理商(往往也携带配偶)的一项旅行活动，这一活动的费用由企业支付，作为对已实现其销售或其他目标或卓越业绩的一种奖赏，或者是作为对未来实现目标的一种刺激。

李立、张仲啸(2000)指出，奖励旅游是企业及厂商为提高产品数量与质量，增加销售，振奋士气，鼓励从业人员、经销商及消费者所举办的活动。

从上述定义中，可以得出以下结论。

(1) 奖励旅游的本质是现代企业的一种管理手段和盈利措施。

(2) 奖励旅游的形式是企业为了调动个人、员工和相关部门的积极性以及增强企业凝聚力而提供的免费旅游。

(3) 奖励旅游的主体是被奖励旅游者、主办方和奖励旅游服务商。

4.1.2 奖励旅游的特征

1. 高端性

(1) 高档次需求。奖励旅游与一般旅游活动的主要差别在于旅游者不同，奖励旅游的旅游者通常是在企业中达到绩效考核标准或者工作表现较突出的员工或者经销商，他们都是对企业具有较大贡献的员工，企业为了更好地激励他们，通常要求旅游企业在吃、住、行、游、购、娱等各个方面提供高级别、高档次的优质服务。这也决定了奖励旅游每一环节的高标准、高品质、多样化。

(2) 高经济效益。旅游企业在满足客户高档次需求的同时，还需要争取高经济效益。奖励旅游的消费水平通常由两个因素决定：一是奖励旅游参与者的身份，从高档次需求就可以看出奖励旅游参与群体的消费水平较高；二是旅游费用的支付，旅游费用是由提供奖励旅游的企业支付的，因此旅游者就会有更多的闲钱投入到购物消费中。由于奖励旅游的规模大、人数多以及消费水平高，将会为旅游地带来较高的经济收入，推动当地旅游业的发展。

2. 创造性

奖励旅游与一般团队旅游不同(见表4-1)，除了要提升旅游质量，还要在旅游过程中融入企业发展理念和管理目标，增强企业员工凝聚力，因此奖励旅游通常需要企业定制，在旅游活动中不断增加各种创意，让员工在旅游结束后还能不断回味，难以忘怀。

表4-1 奖励旅游与一般团队旅游的差异

对比项目	奖励旅游	一般团队旅游
本质	管理工具	—
目的	多样性	相对比较单一
费用	免费	多为自费
参与人员	经过一定程序审核	多为自愿报名
活动安排	定制化	线路固定化、模式化
服务规格	VIP礼遇	一般礼貌服务
效果	实现企业激励等多种目标	最佳情况是旅游者获得精神满足

3. 文化性

奖励旅游带有一定的文化属性，在旅游过程中，将企业文化、企业形象、经营理念与旅游活动相结合，能够体现企业独特的内涵和人文情怀，也从另一个方面体现企业的综合实力。例如，在旅行活动中可以在酒店及餐厅用具等物品上标注企业标志，起到宣传作用；也可让员工与高层管理人员共同探讨企业的发展现状与前景，增强企业凝聚力。

4. 独特性

奖励旅游以其创造性、定制化的策划，必然会让旅游活动内容具有独特性。例如，企业定制旅游线路、举办主题宴会等。

4.1.3 奖励旅游的类型

按照不同的分类角度和标准，奖励旅游可以分为不同的类型。这里选取按照奖励旅游内容和奖励旅游目的分类进行详细阐述。

1. 按照奖励旅游内容分类

(1) 传统型奖励旅游。传统型奖励旅游具有程序化和组织性的特点，在活动中安排主题会议、颁奖典礼、知名人士座谈会等。传统型奖励旅游注重体现受奖者的身份，往往会通过利用豪华、高档的物质条件使活动参与者留下终生难忘的美好记忆。例如，美国拥有世界上最大的奖励旅游市场，美国企业管理人员热衷于运用传统奖励旅游的方式对员工进行激励。

(2) 体验型奖励旅游。随着体验旅游的兴起，体验型奖励旅游开始普及。随着时代的发展，传统型奖励旅游已无法满足活动参与者的需求，他们希望体验更加丰富多彩的活动内容，要求旅游活动更加富有体验感和参与性，体验型奖励旅游在此需求的基础上发展起来。体验型奖励旅游通常会安排冒险项目，例如划船、攀岩、爬山等。通过安排一些刺激且较具创意的活动内容增强旅游者的参与感，营造与以往旅游不同的经历。这种奖励旅游

107

方式可使旅游者的身心都融入到活动中，从经历中提炼亲身体验，不断丰富旅游行程。随着体验旅游市场的升温，越来越多的旅游企业开始挖掘体验项目，使得体验旅游项目越来越丰富，且富有自己的特色，为旅游项目拓宽提供了一定的选择空间。体验型奖励旅游受到旅游者的广泛认可，全球旅游企业都在积极尝试开发多种体验型奖励旅游活动。

2. 按照奖励旅游目的分类

(1) 慰劳型。慰劳型奖励旅游的目的在于对达成企业业绩目标和对企业有功劳的人员进行感谢和慰劳，通过安排高档次、高规格、多样化的休闲项目缓解其工作压力，舒缓紧张的工作氛围。

(2) 团建型。团建型奖励旅游的目的主要是以旅游为媒介，创造一个除了工作之外的人际交往机会，以促进员工、客户、经销商之间的交流。通过在旅游活动中安排一些团建活动，激发合作、参与感与团队感，从而让参与者对企业产生强烈的归属感和认同感，为后续工作的紧密开展创造协作和合作氛围。

(3) 商务型。商务型奖励旅游将旅游活动与企业特定的业务或管理目标紧密联系起来，从而实现推介新产品、增加产品销售量、支持经销商促销、改善服务质量、增强士气、提高员工工作效率等目标。这类奖励旅游活动几乎与企业业务融为一体，企业会议、展销会、业务考察等项目在旅游过程中占据主导地位。

4.1.4　奖励旅游的作用

1. 延续相关合作伙伴或员工的工作激情

随着人们生活水平的提高，对于激励的需求也有不同程度的提升，物质激励方式的效果有所弱化。奖励旅游很好地平衡了人们对物质与精神的需求，它在提高员工工作激情方面有着比金钱或物品奖励更强大的刺激作用。奖励旅游是对高绩效员工的认可，对于没有受到奖励的员工，也会有相对的刺激作用。例如，受奖励者享受带薪休假，去到一个旅游目的地，通过照片或者归来的交流，分享其所见所闻所感，可使在岗位上没有享受到此福利的同事产生向往，从而获得努力工作的动力。奖励旅游的激励作用是全面的、长久的。

2. 增强与合作伙伴的默契和增进同事间的交流

奖励旅游往往与团队活动和团队建设项目结合，团队成员通过共同参与旅游活动，可以更好地理解和认识彼此，增进彼此之间的信任和合作，建立更紧密的团队关系。此外，在旅游过程中，团队成员需要相互合作、协调行动，共同处理各种问题和应对各种挑战。这种合作和协作可促使团队成员主动沟通、协商和解决问题，从而增强团队的默契和协作能力。

3. 宣传企业

从某种意义上来讲，奖励旅游可以作为一种企业宣传活动，相较于传统的宣传方式，奖励旅游具有低成本、高回报的优势。因为在旅游活动中，必然会融入一些企业文化和理念，此后通过文字等方式宣传企业时，可以重点表现企业的精神和品牌，有助于树立企业的正面形象，传播企业的内涵。

4.2　国内外奖励旅游的发展分析

4.2.1　国外奖励旅游的发展历程

1. 美国奖励旅游的发展历程

美国是奖励旅游的起源地，拥有世界上最大的奖励旅游市场。20世纪，北美是世界上经济最发达的地区之一，较高的经济发展水平和物质水平，孕育了奖励旅游。在20世纪二三十年代，美国奖励旅游最大的受众是销售行业。为了刺激销售额的增长，美国公司管理层提出员工超额完成定额指标就可以享受免费的旅游活动。这种销售竞赛活动与免费旅游活动相结合的方式，被当时的活动组织者认为是一种可以"生利还本"的促销手段，公司能够在销售竞赛活动中获得足够的利润来支付免费旅游活动的花销，结果证明这种方式是正确的。在后续较长一段时间内，奖励旅游的应用范围仍局限于销售行业，并且奖励旅游都在公司内部组织进行，团队规模较小且不专业，大多局限于短途旅游。

20世纪20年代末，航空业逐渐兴盛，慢慢加入了奖励旅游活动的队伍。1939年，欧美国家城市之间有了客运航班，这大大丰富了交通出行方式，也拉近了区域之间的距离，有利于不同国家和地区之间互通往来，为奖励旅游的发展奠定了坚实的基础。美国企业奖励旅游的目的地逐渐拓展到欧洲市场，同时也将此观念进行传播。因而，英、法、德、意等国家是接受奖励旅游观念最快的国家。人们开始认识到奖励旅游不仅是一种有效的企业宣传方式，同时能够激励员工，增强员工凝聚力，提高员工的工作绩效。由于奖励旅游在企业管理方面的作用，非销售行业也开始开展奖励旅游活动。

不同国家和地区对奖励旅游有着不一样的理解。在美国，为了刺激产品销售，通过以旅游作为奖励激励，在员工之间营造相互竞争业绩的氛围，公司根据目标和员工制度对员工进行评估考核，员工达成公司目标后，公司通过高档次的奖励旅游彰显个人荣誉，这符合美国人的价值观念。

奖励旅游发展成熟后，在所有公司采用的激励方式之中，奖励旅游占据较大比重(见表4-2)。根据美国奖励旅游管理人员协会(SITE)基金会的调查，在北美，有61%的公司使用奖励旅游计划改善服务质量，有50%的公司使用奖励旅游计划激励公司员工，有72%的公司的奖励旅游对象包含办公室职员。

表4-2　公司采用的奖励方式

奖励方式	所占比例/%
奖金	30%
业绩/效益挂钩奖金	26%
奖励旅游	26%
商品、礼金	15%
礼券	11%
公司股票	9%

【资料链接】奖励旅游者的实证调查

奖励旅游通常与竞争相伴而生，它通常被企业作为完成非凡业绩的奖励提供给参与者，它是一种企业用来实现非凡商业目标的现代化管理工具。在以团队生产为主体的组织中，这种基于统一业绩评价标准的显性激励，可使获奖者产生积极的心理体验并得到行为强化，同时对未获奖者产生示范效应。这种显性激励与"同伴刺激"所带来的隐性激励有机结合、相互促进，共同构成了企业中的最优激励安排。奖励旅游者可分为工作交流、旅游观光及体验尊贵三种类型。不同的奖励旅游者对行程的期望是不同的(见表4-3)，对行程中影响其满意度的因素感知也存在差异(见表4-4)，只有与其动机相符的因素才是其关注的重点。工作交流类奖励旅游者关注行程中与工作交流相关的安排；旅游观光类奖励旅游者关注行程中的观光活动；体验尊贵类奖励旅游者则更关注"能显示自己荣耀"的活动。奖励旅游者单纯的旅游观光对其积极工作的行为影响不具有显著相关性。

表4-3　奖励旅游者的期望因子

序号	期望因子	序号	期望因子
1	对个人工作有帮助	8	增长见识，开拓视野
2	与同行在一起进行业务交流	9	感受当地的文化风俗
3	建立新的人际网络或商业关系	10	与经常参加此活动的人在一起获得乐趣
4	增进同行之间的了解	11	享受个性化的尊贵服务
5	充分感受企业文化，增加自豪感	12	享受购物乐趣
6	感受企业对自己工作的认同	13	显示自己在工作中取得的成绩，增加荣誉感
7	到以前没去过的地方，增加人生体验		

表4-4　奖励旅游者行程感知影响因素

序号	影响因素	序号	影响因素
1	导游协调能力	12	行程安排的景点丰富度
2	导游服务意识	13	主题晚宴的餐饮特色
3	导游处理突发事件的能力	14	主题晚宴的地点
4	导游提供信息的准确性	15	主题晚宴活动内容的新奇性
5	酒店服务的响应速度	16	航班座位的舒适性
6	酒店地理位置	17	航班时间的合理性
7	酒店人员的服务态度	18	地面交通的安全性与舒适度
8	酒店硬件设施	19	行程中安排参观同行企业
9	酒店提供的信息准确性	20	行程中安排丰富的休闲活动
10	景点的文化特色	21	目的地政府的欢迎程度
11	行程安排的时间合理性	22	目的地居民友好度

资料来源：李晓莉，保继刚. 期望、感知与效果：来自奖励旅游者的实证调查 [J]. 旅游学刊，2015，30 (10)：60-69.

2. 德国奖励旅游的发展历程

德国奖励旅游市场经营特点鲜明，即使是在经济低迷时期，德国每年举办的商务型会议也能超过一百万场，这与奖励旅游市场整体的低迷形成鲜明对比。一位业内人士评价德国的奖励旅游："德国给人的印象是更加重视商务会议，而轻视奖励旅游。"德国会议促进局想要采取措施改变人们的思维，在2003年出版了宣传册《奖励旅游：德国制造》，他们意图通过宣传本国的历史文化和田园风光，图文并茂地对德国各个地区进行介绍，聚焦于地区特色，吸引机构与国际旅游买家进行合作，并且提供私人定制服务。这里以慕尼黑和德累斯顿为例，简要阐述德国地区的奖励旅游市场。

德国慕尼黑被誉为"德国的啤酒城"，尽管在第二次世界大战中被严重摧毁，但是随着经济的快速发展，慕尼黑迅速成为德国经济重镇。慕尼黑凭借其在经济领域的影响力，每年约有160万商务人士造访。此外，慕尼黑还会举办一些传统的节日活动，如冰雪旅行、啤酒节等，也会吸引不少旅游者前往。慕尼黑还开发了一些活动场地，如Hubertussaal教堂，能够容纳420人；啤酒城，能够容纳2000人。从场地安排、活动的多样性以及人流量大等方面能够看出，慕尼黑的奖励旅游有较好的发展前景。

德累斯顿位于德国东部，在德国统一后，基础设施已经实现现代化发展。德累斯顿的一家旅游公司老板说："人们往往以会议举办数量来衡量一座城市的发展。事实上，德累斯顿的奖励旅游市场非常棒。"德累斯顿的商务旅游市场非常广阔，并且有奖励旅游发展的基础设施建设。Terrasse会议中心的总投资达到7500万英镑，可以接待人次达到4200人次，玻璃幕墙结构凸显会议中心的规模宏大，参会者可以在开展企业组织活动的同时领略当地美景。当地的人文风光也非常独特，参会者不仅可以参与传统的啤酒节聚会，也可以去茨威格画廊品味拉斐尔、伦勃朗等大师的原作，还可以参观普鲁士王子的私宅。因此可以说，德累斯顿的奖励旅游市场并不逊色于德国的西部城市。

现如今，奖励旅游日趋跨国合作化。2017年，德国会议促进局与中国北京办事处共同在北京举办业内推广会。六家展商包括德国两大会展城市代表，三家会议酒店及酒店集团，以及一家德国目的地营销机构。其中，两大会展城市为德累斯顿和莱比锡；三家会议酒店及酒店集团为法兰克福机场喜来登酒店及会议中心、玛丽蒂姆酒店集团和德意志酒店集团；一家德国目的地营销机构为优尚旅旅游管理机构。德国参展商在北京的业内活动中，与中国会奖、会展公司及企业客户洽谈，推荐其产品和服务，并深入了解中国会议和奖励旅游活动策划者的需求。德国会议促进局局长马蒂亚斯·舒尔茨说："德国拥有优越的基础设施和超高的性价比。此外，德国很多城市和地区在经济与科学领域具有世界领先的专业品质，将这些经济和科学方面的优势有机地与各种主题活动结合，就能让您在德国举办的会议和奖励旅游活动与众不同。"

3. 新加坡奖励旅游的发展历程

新加坡位于亚洲中心地带，具有先天的地理优势以及发展会展的经济优势。首先，交通发达。新加坡的樟宜机场连贯东南亚、印度和东北亚地区。其次，餐饮和住宿业发达。新加坡是多种人口的聚集地，餐饮条件具有多样化特征，能够满足不同人口的需要。再次，新加坡是国际顶级的会议展览之都，注重对酒店以及会议中心的建设。除了硬件设施达标，新加坡软件设施也非常完善。新加坡是7000多家企业的运营中心，超过4000家企业将其总部设在新加坡。新加坡的会展业从20世纪70年代开始发展，政府不直接参与，而是通过建设酒店、展览场馆、会议中心等方式给予支持。新加坡贸易与工业部所属旅游局专门设立商务会展奖励旅游司，主管各项会展(MICE)事务。无论是国内还是国外主办的展览，展览公司无须到当地政府登记，并且对于举办展览活动，新加坡还有较为完善的奖励政策，无论是去海外举办的展览还是外来的展览，都可享受一定的补贴与赞助，极大地优化了会奖活动的政策环境。

由于新加坡硬件和软件设施完善，近些年来，大多数企业将新加坡作为奖励旅游的最佳目的地。国际会议协会将新加坡推选为"世界第三佳会议都市"，这是对新加坡会奖旅游发展的肯定。新加坡会奖旅游重视旅游产品的"量身打造"，满足顾客的需求。

新加坡旅游局对奖励旅游的经济发展尤为重视，为此出台了一系列奖励扶持计划。由于中国是赴新加坡旅游的主要客源国之一，新加坡专为中国制定了"奖励计划"，以提供财务和非财务支持。新加坡旅游局曾多次举办交流会、座谈会、主题会议，与不同的媒体、旅游业者、合作企业进行沟通交流，既能分享经验，也能从中改善不足，加深彼此之间的合作。新加坡把奖励旅游分为企业年度会议(商务会议旅游)、海外教育训练、奖励对公司营运及业绩增长有功的人员三个方面，并对这三个方面进行有针对性的促销，经常组团参加奖励旅游交易会。以中国的奖励旅游游客为例，根据新加坡旅游局商务旅游及会议、展览与奖励旅游署的资料，新加坡利用自身以华人文化为主的社会基础，加上教育、金融等优势，开辟了多重市场营销策略，大量发掘中国的商务客源。中国已经成为新加坡商务与奖励旅游的第三大客源地，占据了新加坡全年商务与奖励游客10%的市场份额。自1994年起，平均每年约有3100个奖励旅游团体、超过12万名奖励旅游旅客前往新加坡。

4. 泰国奖励旅游的发展历程

作为亚洲企业安排奖励旅游的最佳目的地之一，泰国的奖励旅游获得快速发展。不论是泰北、泰中还是泰南，都拥有完善的旅游或会议设施，深受各个企业的欢迎。在新奇有趣的现代大都会——曼谷，可以满足喜欢购物的人；泰国中南部绵延2000公里的海岸线，几乎到处都可看到洁净的沙滩、珊瑚环绕的美丽岛屿及清澈湛蓝的海水；泰北高山布满热带森林植物，拥有各种不同的野生动物；巨大的河川贯穿中部平原及辽阔的稻米田。这些优越的自然景观，加上许多量身定制的行程，使得泰国成为举办奖励旅游的绝好地点。

泰国除了自然条件优越外，泰国政府对奖励旅游也尤为关注，曾正式推出会议奖励旅游手册，内容包括泰国奖励旅游年推广优惠方案、奖励旅游建议行程、泰国大型会议展览中心介绍、奖励旅游推广饭店、泰国接待公司介绍、活动协办厂商以及饭店名录等。对于企业规划奖励旅游以及旅游业承办奖励旅游，该手册无疑是最佳的参考工具。

泰国国家会议展览局在2023年3月21—23日举办的第十六届中国(上海)国际会奖旅游博览会(IT&CM China)暨第八届中国国际商旅大会(CTW China)上发布消息称，他们锁定中国为最重要会展及奖励旅游目标客源市场，并推出了一系列针对企业客户及会展(MICE)旅行社的支持政策，其中包括快速通关、现金补贴等。

4.2.2 国内奖励旅游的发展现状

1. 中国奖励旅游萌芽

中国20世纪五六十年代，政府和国有大中型企业兴办疗养院，这些疗养院大多数位于风景独特、环境自然清新的旅游风景区内；来进行疗养的人大部分是政府机关以及国有大中型企业的高职人员，并且休闲疗养费用全部由政府和企业承担。这不仅是单位福利的一种形式，更是具备了奖励旅游的局部特征，也与奖励旅游非常相似。

2. 中国奖励旅游的发展

在20世纪90年代初期，亚洲经济迅速发展，大量企业来亚洲寻求发展的同时，也带来了奖励旅游的理念。由于亚洲旅游资源丰富，旅游产业发展日趋成熟，大量的欧美企业将奖励旅游目的地转至亚洲。1993年，奖励旅游引起了中国旅游局的重视，中国旅游局组织队伍参加芝加哥的会议及奖励旅游博览会，通过大量媒体对奖励旅游的报道，部分企业开始关注奖励旅游活动。外资企业和大多数三资企业秉承国际传统，将奖励旅游作为企业现代化的管理手段之一，以促进企业经济的增长，同时，国内一些机制较为灵活的民营企业和股份制企业也将奖励旅游融入到企业中，作为一种促销手段。而国有企业认为奖励旅游仅是一种公费旅游，因此很少将奖励旅游融入到企业的管理活动中。中国的奖励旅游发展较为缓慢，实施公司大多数为外资企业、大型民营企业，并且这些企业主要集中在经济较为发达的地区，如长三角地区、珠三角地区以及京津冀地区等。这些企业将奖励旅游作为企业管理手段的同时，带动了一个城市和地区的联合发展。国内外奖励旅游发展对比如表4-5所示。

表4-5 国内外奖励旅游发展对比

比较项目	国内奖励旅游	国外奖励旅游
起因	改革开放，市场经济	经济原因
中间机构	旅行社	奖励旅游部
旅游产品	团体组织观光为主	个人休闲度假为主
市场营销	政府或旅游企业	行业协会
发展速度	较快	较慢
活动目的	提升企业形象，激励作用	激励为主
旅游范围	主要是国内及周边地区	全世界

国家奖励旅游组织机构不断设立，规范和引导国家会奖旅游因地制宜发展。

2000年，北京市旅游局成立了国际会展奖励旅游开发处。同年，中国旅行社总社国际会议奖励旅游部成立，它是中国发展奖励旅游的第一家专门机构。中国旅行社总社国际会议奖励旅游部举办的"奖励旅游在现代企业中的作用"大型推介说明会，首次将奖励旅游列为旅游业发展的重要市场。

2002年，中青旅会展公司成立，不仅为企业提供组织奖励旅游、市场活动、广告等服务，还致力于为政府提供国际会议等服务。如今，中青旅已经在中国奖励旅游市场中有了完善的布局。

2003年，经香港旅游协会协助组织，北京市旅游局邀请来自美国、加拿大、英国、新西兰等国家的二十六家颇具实力的经营奖励旅游的旅行社总裁、副总裁近百人，于3月25日至27日到北京进行了为期三天的奖励旅游资源考察，并签下多张订单。

2005年，中国境内最大的会议及奖励旅游国际专业展览会——北京国际商务及会奖旅游展览会成立，促进了国内会奖旅游的发展。它的作用在于能够为国际会展服务供应商和买家打造商谈平台，"量身打造"会议活动和奖励旅行。

2012年，国际奖励旅游管理者协会首次在中国召开全球年会，此次会议的召开使得中国奖励旅游品牌知名度不断提升，获得了良好的市场回馈。

2015年，北京国际商务及会奖旅游展览会第十届会议召开，进一步推动了北京旅游产业和国际会奖旅游的发展，同时还有旅游部门和旅游企业共同推广奖励旅游市场项目。

2021年，会奖旅游复工复业情况与整个旅游行业重启复苏基本同步。以广之旅为例，该社有针对性地对全程服务安排推出了"五心级"(专心、细心、诚心、关心、爱心)服务保障，保证旅游者安全。

这些都表明中国发展奖励旅游有着先天优势，不论是从基础设施还是软件条件以及国际知名度来看，都为奖励旅游市场的快速发展奠定坚实基础。

(1) 上海奖励旅游发展。上海是中国最著名的工商业城市和国际大都市，是全国最大的综合性工业城市，亦为中国的经济、交通、科技、工业、金融、贸易、会展和航运中心。上海是中国唯一一个拥有两大国际机场的城市，浦东机场位于浦东新区东南端，距市中心30公里；虹桥机场位于市区西南角，距市中心13公里。上海的会展硬件设施已符合国际水准。上海新国际博览中心由上海与德国汉诺威展览公司、杜塞尔多夫展览公司、慕尼黑展览公司联合投资兴建和经营。这是德国三大展览公司首次联手投资中国会展市场，全部工程完成后，将形成由17个展厅组成、展览面积达25万平方米、亚洲最大的综合性现代化展览城。上海的会议和展览业已在国内会展旅游市场上表现出强有力的优势，在国际市场上亦有影响，曾成功接待1999年财富论坛和2001年APEC会议。上海还拥有外滩、东方明珠塔、上海博物馆、老城隍庙、上海新天地等一批知名的旅游娱乐景点。上海作为中国主要的展览目的地城市的地位已基本确立。正如ICCA主席对上海的概括，"摩登，有活力，充满了现代气息"，因此国际上跨国公司的会议很可能在此选址。

上海的会展业取得的成就举世瞩目，但是相比之下，奖励旅游市场的发展却不像会展业那么显著，宣传和推介的力度也远不如北京和广州。上海曾承接的主要奖励旅游团包括：2000年，日本大型奖励旅游团；2001年，西班牙波利CRV322奖励旅游团，共计124人；2002年，锦江旅游有限公司接待了一个大型豪华的奖励旅游团；2002年1月29—30日，上海市旅游局举办了"上海会展旅游高级研修班"；2002年3月22—23日，上海首届国际会议专业培训课程在金茂君悦大酒店进行，上海市旅游局、上海部分四五星级酒店、国际旅行社、国际会展中心及北京、澳门等地近60名高级管理人员和业内人士参加了此次培训活动，上海市旅游局专门委任香港前旅游协会总干事陈郑绮艳女士为上海市旅游局高级顾问，充分显示了"上海市旅游局及业界重点开发国际会议、展览及奖励旅游业务，建立上海市在此行业的品牌及领先地位，使上海市更快成为亚太区内最重要及成功的国际会展城市之一"的决心；2020年，上海跨国采购会展中心成功举办"2020中国(上海)国际奖励旅游及大会博览会"。

(2) 广州奖励旅游。作为历史最悠久的对外通商口岸、海上丝绸之路的起点之一，有"千年商都"之称的广州，是我国华南地区最大的城市。它是世界著名的港口城市，国家的经济、金融、贸易、航运和会展中心，中国南方的政治、军事、文化、科教中心，国家综合交通枢纽，社会经济文化辐射力直指东南亚。广州的城市经济发展十分迅速，商业非常发达。经过多年的培育，广州已是中国内地仅次于北京、上海的最受欢迎的奖励旅游目的地，具备了发展奖励旅游的条件，拥有成为奖励旅游胜地的资本。2002年，广东专门组织省内各市参加由国家旅游局(现为文化和旅游部)牵头组织的中日旅游交流活动、德国柏林展、瑞典哥德堡旅游展、瑞士日内瓦欧洲会奖旅游展、美国芝加哥会议奖励旅游展等一系列国际会展(奖励旅游)促销活动，旨在加强广州的国际旅游市场营销。

广州开展奖励旅游比较成功的旅行社有广州广之旅、新之旅等旅行社。作为广州地区最具规模的综合性大型旅游企业，全国百强国际旅行社之一，广之旅为抓住奖励旅游这个发展契机，专门成立了奖励会展旅游拓展部。该拓展部专门帮助企业设计、包装奖励旅游产品，有目的地将企业文化有机融入旅游当中，尽量使员工感受到旅游不是旅行社的行为，而是企业的一种荣誉至上的集体活动，使一次奖励旅游活动成为参与者永远值得记忆的事情，而不仅是游山玩水。从1996年广之旅涉足会展奖励旅游市场开始，几年来，广之旅承办了大量的会议奖励旅游项目，取得了令人瞩目的成绩。

新之旅虽然没有像广之旅那样设立专门的奖励旅游部门，但是它也成立了会展项目部，专门负责筹划遍及世界各地的展览、招商、培训等大型项目，提供资讯、策划、操作等一系列服务。2001年，新之旅多次邀请国内外专家对其员工进行培训，提升他们对会展(MICE)市场客户需求的细分能力。同时，为进一步推广会展奖励旅游概念，新之旅组织了"新世纪—新之旅MICE主题晚会"。晚会共有国内外旅游界要员和美国友邦保险、惠普等知名企业的400余名嘉宾参加，大会围绕有关会展(MICE)在国外的发展现状及国内旅游界如何开拓该市场等几大议题展开热烈的讨论，推广了奖励旅游的概念。在广州会展奖励旅游市场起步较早的新之旅将在今后更好地扮演领航者的角色，与同行一起推动广州会展(MICE)市场的发展。

在专业人士眼中，广州发展奖励旅游的前景是非常乐观的。2004年，来自上海的太平洋安泰人寿保险公司奖励旅游团共1000多人抵达广州新机场，该团在广州举行年度业务颁奖大会，并进行了为期4天的奖励旅游活动。这只是一个缩影，在泛珠三角合作的大环境下，通过成功申亚、启用新机场、建成大学城等一连串的大事，证明了广州作为国际大都市的综合实力不断加强，也吸引了越来越多的中外大型企业把广州作为开展会展、奖励旅游活动的目的地。只要继续宣传推介既有历史文化内涵，又有现代化都市气息的广州形象，来广州开展奖励旅游活动的企业将越来越多。

4.2.3　国内奖励旅游存在的问题

我国奖励旅游发展起步较晚，实施奖励旅游的公司大多是外资企业。相较于欧美国家成熟的奖励旅游发展体系，我国奖励旅游市场发展仍存在很多不足之处。

1. 企事业单位对奖励旅游认识不足

我国大部分企业对奖励旅游认知模糊，认为奖励旅游等同于现金旅游、物质奖励等职工福利和公费旅游，对奖励旅游的本质内涵存在认知误区。一方面，奖励旅游并不等同于一般旅游，即使奖励旅游的形式大多是团体游，但是奖励旅游本质上是企业管理工具，并且是企业免费或者部分免费提供给经一定审核的参与人员，同时奖励旅游活动一般是以高档次、高标准制定的独一无二的旅游活动；而一般团队旅游的本质是为了满足个人的旅游意愿，旅游形式相对单一，旅游活动内容相对模式化。另一方面，奖励旅游并不等同于公费旅游。中国国企很少将奖励旅游作为企业的管理方法的原因在于国企人员认为奖励旅游仅仅是一种公费旅游，是一种带薪福利旅游。奖励旅游虽然在形式上类似带薪福利旅游，但其本质是为了突出"奖励"，通过奖励员工免费旅游，从而树立企业形象，强化企业凝聚力，增强员工工作效率。它是企业为了长远发展，将企业文化推广与激励员工完成工作绩效相结合的旅游活动。

2. 奖励旅游发展所需专业人才不足

事实上，相对于发展一般性旅游，奖励旅游的发展更为复杂。在奖励旅游项目中，旅行社在满足一般性旅游活动需求的同时，还要根据目标企业的要求定制独特的旅游活动，将企业文化和价值观融入到奖励旅游中。因此，奖励旅游的从业者不仅要有较高的专业素养，还要有临场应变能力、沟通能力以及危机处理能力等，这样才能满足客户多样化的需求。然而我国旅游行业的从业人员大多不具备较高的专业能力，对国内外旅游市场情况知之甚少，抑制了奖励旅游产业的发展。

我国旅游界，尤其是奖励旅游界人士在奖励旅游方面的理论和实践水平已成为制约我国奖励旅游健康、快速发展的一大障碍。到目前为止，国内对奖励旅游理论的研究仅限于期刊上为数不多的文章，缺乏系统的理论性著作；报纸、网站上有关奖励旅游的介绍也多是新闻性或广告性的。理论基础的薄弱直接导致我国奖励旅游业务发展的低水平。同时，学术界对奖励旅游重视程度不够，国内奖励旅游理论知识出现了"虚化"现象。这从思想上和理论体系上都会对奖励旅游发展产生很大的不利影响。

3. 奖励旅游市场管理规范性不足

奖励旅游的高档次、高消费、高利润等特征吸引了国内旅行社的关注，大家为了获得高收益一哄而上，却忽视了奖励旅游的高标准和高需求特征。同时旅游业的进入门槛低和产品的易模仿性，造成国内旅行社规模小但数量庞大。由于缺乏严格的市场管理，以及小旅行社并不具备发展奖励旅游的条件，奖励旅游逐渐趋于大众化而失去了原有的特征。

4. 奖励旅游市场均衡性不足

国外奖励旅游策划规模庞大，除了旅游公司会融入到奖励旅游活动中，策划公司、公关公司等也会涉及奖励旅游的设计和宣传。而中国旅游公司各机构之间联系不紧密，缺乏资源合作。我国的奖励旅游发展集中在经济发达地区，即长三角、珠三角和京津冀地区，造成奖励旅游市场发展不平衡。虽然我国旅游资源众多，基础设施逐步完善，已经具备了奖励旅游的接待条件，但是由于没有很好地运用促销手段，导致奖励旅游产品没有得到有力宣传，影响了国内奖励旅游的发展。

5. 奖励旅游产品多样性不足

奖励旅游的突出特点就是旅游产品具有独特性，而中国奖励旅游市场提供的旅游产品内容单一，缺乏创新性，难以给参与者留下深刻印象。因此，需要不断创新旅游产品的内容，推出特色的旅游活动。同时，国内奖励旅游目的地相对狭窄，企业大多选择其所在地的周边城市为目的地，造成奖励旅游难以满足旅游者消费需求，很难带动消费水平提升。

4.2.4　对策和建议

1. 规范奖励旅游市场，实现良性发展

(1) 提高奖励旅游市场进入标准。我国奖励旅游市场经营不规范的问题较为严重，为了改善奖励旅游的发展环境，必须制定相关法律准则，提高旅行社的进入门槛。同时，需要对旅行社进行定期检查和监督，对非法从事奖励旅游业务的旅行社予以警告和惩罚，促使奖励旅游服务质量的提高和我国奖励旅游的飞跃发展。奖励旅游运作具有复杂性，一些大型的奖励旅游活动需要较高的专业性，随着奖励旅游业务范围的扩大，一些小企业并不能满足奖励旅游的需求，因此，我国需要设置专业的奖励旅游机构承接专业性较高的业务。实际上，我国的旅行社设立的奖励旅游部门具备了专业奖励机构的条件，但是还需要进一步对其专业性进行完善。

(2) 政府推进政策支持。政府需要大力支持国内奖励旅游的发展，通过采取一系列优惠措施，如优惠税收政策、给奖励旅游企业或本地奖励旅游供应商营销补贴等方式来拉动奖励旅游市场的发展，制定有利于奖励旅游产业发展的各种相关政策。

(3) 规范奖励旅游市场发展。政府相关部门应该加大支持奖励旅游产业对经济贡献度的实践调研和相关数据收集整理，制定具有约束力的规章制度，鼓励良性竞争，建立优胜劣汰的市场机制，发布公告帮助购买者和消费者理解奖励旅游的内涵与作用，有效培育和扩大奖励旅游市场需求。

(4) 提高企业对奖励旅游的认识。政府应积极组织一些实力雄厚的旅游企业赴国外参加部分大型知名旅游会议和展览活动，或出面邀请国际奖励旅游企业来国内考察，聘请国外专家开展奖励旅游培训讲座。让企事业单位认识到奖励旅游不等于公费旅游和一般性旅游，而是一种现代化企业管理方式。

2. 开发多样化、独特性的奖励旅游产品

1) 奖励旅游产品的开发与创新

我国的奖励旅游产品缺乏创新。以北京为例，北京传统的旅游纪念品购物区都集中在

117

各大景区和西单、王府井、前门、友谊商店等地，这些地方售卖的商品对于已经来过中国的游客没有太大的吸引力，而一些新兴超市又都是国外的品牌和风格，因此北京急需建设新的、适应奖励旅游客人需求的购物场所。北京的娱乐场所也有待改进，外国游客看的始终是京戏、杂技等传统项目，没有创新，缺乏长久的旅游吸引力。因此，在奖励旅游产品开发方面，要不断创新，努力设计和开发高标准、多样性的奖励旅游产品。奖励旅游产品的创新应从以下几个方面入手。

(1) 量身定做新颖、独特的奖励旅游产品。为了有效发挥奖励旅游的作用，奖励旅游从策划到运作需要结合企业独特的文化理念，量身打造。目的地也应多考虑个人难以前往的古堡、沙漠、原始森林、历史遗迹等，要设法激发奖励旅游企业重复购买的欲望。

(2) 将奖励旅游和会议等其他形式相结合。美国奖励旅游执行协会主席保罗·弗拉基认为，随着奖励旅游的发展，纯奖励旅游活动已不能满足人们的需求，将奖励旅游和会议旅游合二为一的"奖励性会议旅游"可能成为新的发展趋势。由此，奖励旅游应该朝着与会议、拓展培训等相结合的方向发展，而且这个"会议"的概念应该涵盖企业会议、培训、颁奖典礼、主题晚会和晚宴、舞会等多种形式与多项内容，特别是拓展培训，要以培养合作意识与进取精神为宗旨，依托山川湖海等自然环境，设计出创意独特的户外训练项目和别出心裁的活动，有目的地把企业文化有机地融入到旅游环节中，综合提高员工的心理素质、人格品质和团队意识。

(3) 设计奖励旅游项目要突出参与性、互动性和体验性。在开展奖励旅游活动时，在让旅游者保持娱乐性的同时，还要安排一些既能调动参与者游兴又能使其留下深刻印象的体验性旅游项目，让参与者既能领略自然美景和异地风情，开阔视野，丰富阅历，又可满足被认同和受尊重的心理需求，最终达到"意外惊喜"或"非比寻常"的效果。

在奖励旅游发达的国家和地区，奖励旅游产品的开发会从高回头客比率的角度出发。"需求引导供给"虽然是旅游市场发展的主要规律，但是在我国奖励旅游市场的发展中，首先应考虑"供给"，其次才考虑"需求"。在调查中我们发现，我国奖励旅游产品回头客的比率明显偏低。可见，一方面，人们对奖励旅游这种新产品的需求还比较盲目；另一方面，有效供给严重不足，即旅行社提供的奖励旅游产品与普通旅游产品如出一辙，毫无特色。

2) 具体措施

我国市场供给的奖励旅游产品大多存在质量一般、档次不高、内涵不深刻的问题。因此，解决我国奖励旅游发展问题的关键是提高供给水平，确保有效需求得以实现。

(1) 旅游部门对奖励旅游市场要深入调研，找准目标市场，并通过足够的投入，将满意的奖励旅游产品提供给市场。

(2) 加大对奖励旅游的营销与推广力度，注重对奖励旅游本质特征的宣传，向企业以及相关政府部门证明其高回报率，吸引潜在买家。

(3) 旅游行业在开发奖励旅游产品时应充分把握购买者和消费者的心理偏好及其发展趋势，突出需求。

(4) 采用旅游局主要支持、奖励旅游供应商赞助筹资等多种形式，建立针对奖励旅游的研究基金，加强多方合作，聘用专业的调研公司及其专家进行专项研究，提升奖励旅游的专业操作水准。

(5) 重点突出奖励旅游的特殊性，设计高标准、多样性的旅游产品。在产品设计方面，要有目的地把企业文化融入到旅游活动中来。这要求旅游公司与奖励旅游主体企业密切配合，充分了解企业与参与者双方面的需求；在组织活动方面，旅行社要根据参与者的性别、年龄、职业、爱好等特征，设计出内容丰富、富有特色的多样性旅游产品，使参与者不仅可以获得娱乐上的享受，还能留下非比寻常的体验与经历。

3. 注重专业人才培养，加大市场宣传促销

奖励旅游市场存在丰富的旅游资源，它是高端会展旅游市场的重要组成部分。奖励旅游人才必须具备较强的专业能力，包括策划设计、公关组织、统筹指挥、合作协调、临时应变、危机处理和创新意识等，才能保证运作企业正常运转。奖励旅游人才要做到真正为客户着想，精通业务操作流程。但是，我国暂时还没有形成一套独立的奖励旅游教育与培养体系，也没有引起高校和教育行政部门的高度重视，设置相关专业和课程的高校很少，人才培养无法满足奖励旅游市场发展的需要，奖励旅游教育明显滞后。奖励旅游专业人才可以通过进修、定向委培和职业培训等方式来培养，具体包括以下途径。

(1) 鼓励我国部分高校旅游专业、会展专业开设奖励旅游相关课程，或者旅游企业和高校合作，进行奖励旅游专业人才的定向委培。这样，不仅可以发挥高等院校旅游专业和会展专业的优势，做好奖励旅游发展的理论推广、指导和人才输送工作，而且高等院校可以充分利用奖励旅游业蓬勃发展的势头，加强与旅游公司的深度合作，将在校学生送到一线锻炼，培养一批实用型、复合型的奖励旅游高素质人才。

(2) 条件较好的旅游企业可以独立培养自己的专业人才，也可尝试与国际奖励旅游相关的行业组织和机构合作，把有发展潜力的人才输送到国外或者国内发达地区学习，或邀请海外专家和国内资深从业者对中国从业人员开展有针对性的培训工作，提升中国奖励旅游团队操作的专业化水平，同时将企业文化和经营理念融入到奖励旅游所有教育过程。

(3) 可以引进国外，如美国、加拿大、英国等国家奖励旅游方面的专业人才及北京、上海、广州等国内旅游市场发展比较成熟地区的奖励旅游经验，以达到企业专业人才与奖励旅游市场发展相适应的目标。

我国是世界旅游接待大国，拥有多元文化、丰富的自然和人文资源、日趋完善的设施和服务，完全可以成为推广奖励旅游的大国。在奖励旅游市场需求不断扩大的背景下，促销渠道及其策略的选择极为重要。一般旅游产品的促销主要是通过报纸、电视媒体、互联网、发放宣传单等传统途径。从对奖励旅游产品内在的专业性特点和成本因素等多方面考虑，除采取常见的促销手段以外，旅游企业还应与开展奖励旅游的企业密切配合，采用实地考察、人员销售、电话促销、登门洽谈、口碑传递效应等多种方式，寻求一个恰如其分的主题包装与宣传途径。这是因为有关奖励旅游产品的决策可能涉及较大金额的支出，购买者不会仅仅通过看宣传手册、录像资料或传统广告就做出购买决策。

国内外实践证明，邀请购买奖励旅游产品的企业决策者前往旅游目的地，亲身体验旅游主体资源，能有效推动购买者做出最终决策。同时，在考察过程中，旅游企业可与主办方一起就奖励旅游主题的表现形式、产品的整体策划、餐饮、住宿、交通、娱乐设施等各方面要求进行磋商、研究与设计。旅游企业还应该以买者和卖者的直接接触为特点，以"一对一"营销观念为指导，以定制化促销为原则，通过企业营销人员直接帮助或劝说消费者与买方购买，加强推销的针对性和目的性以及奖励旅游产品与企业的内在契合性。旅游企业也可以主动上门推销精心筹划的奖励旅游产品，让更多的企业对奖励旅游有一个全面、深刻的认识，或主动通过电视宣传片、参加专业的旅游展等，结合旅游热点和公司实力，向广大企业推广。另外，在旅游过程中，定制一系列印有本企业醒目标志的旅行包、衣物、帽子和小礼品等，对奖励旅游产品乃至旅游企业都可起到推广与促销作用。

4.3　奖励旅游的运作与管理

4.3.1　奖励旅游的参与主体

奖励旅游涉及四个不可缺失的要素，即奖励旅游参加者、奖励旅游组织者、奖励旅游提供者以及奖励旅游服务供应方。

奖励旅游参加者(受众)是奖励旅游的最终对象。企业开展奖励旅游的目的决定了奖励旅游参加者是旅游行程成功与否的最终评判者。这就要求奖励旅游组织者提供的服务既要让受众对奖励旅游的行程满意，又要让受众对奖励旅游的售后服务满意，两者缺一不可。

根据具体实施者的不同，奖励旅游组织者可分为三种主要形式，这三种形式构成了奖励旅游的三种基本运作模式，后文将对此进行详细阐述。

企业或组织是奖励旅游提供者，其提供奖励旅游的根本原因在于面对激烈的市场竞争，其必须以新的激励方式——奖励旅游作为提高竞争力的有效手段，这也是奖励旅游得以进行的前提。一般来说，高利润且重视个人业绩的行业，如直销行业、保险行业、人力资本密集的制造业、高科技企业等，往往是专业奖励旅游公司(旅行社)最大的客户。

奖励旅游服务供应方通常由目的地供应商、场所供应商、餐饮及住宿供应商、交通供应商、辅助性服务供应商等构成。这些供应商作为一个有机整体，缺一不可。

4.3.2 奖励旅游的运作模式

奖励旅游的成功实施要有优秀的运作模式来支撑。奖励旅游发展至今，已经逐渐形成三种主要的运营模式，分别是由专业的奖励旅游顾问公司来运作、委托给旅行社来运作以及由企业内部的专门部门来运作。由于委托给旅行社来运作与由专业的奖励旅游顾问公司来运作较为相似，在此不做详细阐述；同时，由企业内部的专门部门来运作表明企业内部设有专门的奖励旅游组织部门进行旅游策划，此处也不进行详细分析。

奖励旅游由专业的顾问公司实施运作时，所有活动应尽可能多地融入企业理念和管理目标，这样既能提高效率，又能取得较好的激励效果。专业的奖励旅游顾问公司有以下三种，其运作模式各有不同。

1. 全面服务型奖励旅游公司

这类专业公司在奖励旅游活动的各个阶段向客户提供全方位的服务和帮助，包括项目策划、具体实施、绩效标准制定、内部沟通、销售动员会、奖励旅游活动的组织和指导。这类公司的收益来自专业服务费以及交通、旅馆等旅游服务销售佣金。

2. 完成型奖励旅游公司

这类公司通常规模较小，主要任务是完成客户公司自己设计好的奖励旅游项目，业务重点是安排奖励旅游活动的旅游部分，而不提供需要付费的策划服务。这类公司的收益来自旅游佣金。

3. 设有奖励旅游部的旅行社和航空公司

许多旅行社设有专门经营奖励旅游的业务部门，主要负责旅游计划的实施，但有些也能为客户提供奖励旅游活动策划部分的专业性服务。另外，由于越来越多的企业将旅游作为一种激励工具，许多航空公司亦把奖励旅游作为一项重要业务来抓，并设立专门的奖励旅游部门。

4.3.3 奖励旅游的运作过程

奖励旅游的运作过程和会议旅游、展览旅游类似，主要分为前期策划、中期实施和后期跟踪总结三个阶段，具体包括以下步骤。

1. 了解奖励旅游市场需求，开展市场营销

在高度发展的信息时代，各种各样的信息充斥着人们的生活。奖励旅游是会展旅游业的一个细分市场，了解这一市场的构成和需求，对于奖励旅游公司有针对性地推出受市场欢迎的产品至关重要。一般而言，奖励旅游公司有以下几种渠道可以获取有效信息。

(1) 中介机构。大型公司计划举办奖励旅游活动时，一般不直接和奖励旅游公司联系，而是委托相应的中介机构，由中介机构根据公司需求寻找合适的专业奖励旅游公司承接项目。

(2) 直接客户。一些公司会直接找到专业奖励旅游公司商谈奖励旅游事宜，不经过中

121

介机构,这样做可以节约成本。

(3) 互联网。互联网信息具有丰富、及时、广泛的特点。奖励旅游市场开发人员可以通过网络查找世界各地资料,获取有用的信息,从而有针对性地去争取或开发该市场。

(4) 其他。除了以上几种渠道,奖励旅游公司还可以通过政府指定、客户介绍、行业协会委托等渠道获取有用信息。

奖励旅游市场的构成和需求情况因地而异,因此奖励旅游公司需要对不同地区的客源市场进行调查研究和分析,以便有效地开展市场营销工作。

2. 确定奖励旅游参加对象的工作目标

奖励旅游已经成为很多公司重要的管理手段之一,因而受到越来越多的重视,奖励旅游市场也随之得到了前所未有的扩展。在奖励旅游运作过程中,奖励旅游活动策划是非常重要的环节,完整而详细的策划是奖励旅游项目取得成功的基础和保障。

奖励旅游策划的第一步是帮助开展奖励旅游的企业制定奖励旅游的工作目标,奖励旅游公司要根据客户提出的要求和实际经营情况拟订一个合适的目标,这一目标将是今后企业选择奖励旅游参加对象的基础。目标的制定应该既富有挑战性,又具有可行性;目标要量化,还要明确时间限制,这一期限不宜过长。

3. 制定绩效标准

绩效标准是用来确定奖励旅游对象是否具备参加奖励旅游活动资格的指标,是根据企业目标的完成情况和奖励旅游对象为实现这一目标应作的贡献来拟订的,在企业中较为常见的绩效标准是生产和销售定额。在制定绩效标准时,应注意标准不宜过高,并保证公平性,尽量使奖励旅游的激励面和受益面更宽、更广。

4. 进行内部沟通与宣传

专业性的内部沟通与宣传对于奖励旅游活动的成功实施十分必要,因此,应该选择恰当的时机以隆重的形式(如召开动员大会)宣布奖励旅游计划,并鼓励企业全体成员积极投入到争取奖励旅游资格的活动中。奖励旅游策划者还要与奖励旅游对象保持经常性的沟通,随时把奖励旅游计划的最新进展告诉他们,并与其进行充分、热烈的商讨,从而赢得他们的热情支持与配合。

5. 精心选择旅游时间

奖励旅游活动的旅游时间安排不应影响客户企业的正常经营活动,还应充分利用淡季价格,顾及奖励旅游参加者的愿望。当然,多方的要求有时会有冲突,所以奖励旅游公司应具备足够的灵活性并善于做出妥协。

6. 严格选择旅游目的地

奖励旅游活动目的地应有广泛的吸引力和某种自我促销性。在不同情况下,针对不同的客户企业,选择奖励旅游目的地时考虑的主要因素有所差别。但总体来说,目的地的选择要迎合奖励旅游参加者的兴趣,奖励旅游策划者不能凭自身好恶决定旅游目的地,而应首先尊重奖励旅游者的意见。此外,为了保持奖励旅游参加者的兴趣,奖励旅游目的地还应不时更换。某奖励旅游策划者选择目的地时考虑的因素如表4-6所示。

表4-6　某奖励旅游策划者选择目的地时考虑的因素

考虑因素	该因素权重/%
娱乐设施，如高尔夫、游泳池、网球场等	72
气候	67
观光游览文化和其他娱乐消遣景点	62
该目的地的魅力和大众形象	60
适合举行会议的饭店或其他设施	49
交通费用	47
往返目的地交通难易程度	44
奖励旅游参加者到目的地的距离	22

备注：因考虑多种因素，权重总数大于100%。

7. 提出奖励旅游活动方案及具体日程安排

活动方案和日程安排应该考虑以下因素。

(1) 客户企业开展奖励旅游活动的目的。

(2) 客户企业的特征和背景，特别是企业文化特征。

(3) 客户企业和奖励旅游参加者对活动行程及内容的特殊要求。

(4) 依据绩效标准确定的奖励旅游活动的团队人数。

(5) 客户企业的奖励旅游预算。

在设计奖励旅游方案和活动安排时，需要制定一个明确的准备工作进度表，确保方案和日程安排的周密性。此外，还应让奖励旅游参加者充分参与进来，提升其参与感和体验感。

8. 奖励旅游方案和日程的审核与批准

奖励旅游公司与客户企业经过反复讨论和协商，完成奖励旅游方案的预算审核和可行性论证，最终达成共识，使奖励旅游活动方案和日程安排获得客户企业的批准。奖励旅游公司和客户企业双方还应根据实际情况的变化，及时对原方案进行调整。

9. 奖励旅游活动方案的实施

奖励旅游执行阶段的成功取决于周密、细致的旅游接待服务工作以及各方面的协调与配合。奖励旅游公司在整个旅游活动期间，应派专业代理人员随团工作，负责指导当地接待企业提供优质服务，并充当接待企业与奖励旅游团的联络人。

10. 提供完善的奖励旅游活动后续服务

奖励旅游公司在奖励旅游活动结束后，要进一步做好后续服务工作。后续服务主要分为外部后续服务和内部后续服务两部分。

(1) 外部后续服务。奖励旅游公司应做好企业物品回收、礼品运送、场地整理、器材归位等工作，按客户企业要求提交评估报告等，并请客户企业填写客户反馈表，如表4-7所示，及时收集客户和奖励旅游参加者的反馈信息，改进产品和服务质量，争取下一次合作机会。

123

表4-7　客户反馈表

尊敬的宾客：

您参加我社的旅游团已多日，在这几天的旅程中，您已领略到旖旎的风光和独特的风土人情。为了确保您的合法权益，同时也为了确保本公司旅游团的质量和声誉，麻烦您填写此反馈表。对于您的要求和建议，我们会迅速给予答复；对于您的投诉，我们会以最快的速度调查并给予让您满意的处理。

(请您在认可处打"✓")　　　　　　　　　　编号：

游览活动	1. 游览活动的安排 很好( )好( )一般( )差( ) 2. 此行最喜欢的景点	司机服务	1. 司机的驾驶水平 很好( )好( )一般( )差( ) 2. 服务态度 很好( )好( )一般( )差( ) 3. 车辆状况 很好( )好( )一般( )差( )
导游服务	1. 讲解水平 很好( )好( )一般( )差( ) 2. 服务态度 很好( )好( )一般( )差( ) 3. 处理问题的能力 很好( )好( )一般( )差( ) 4. 普通话标准程度 很好( )好( )一般( )差( )	宾馆餐厅	1. 下榻宾馆与计划标准 相符( )不相符( ) 2. 餐馆菜品哪家最好？哪家最差？ 3. 餐饮的总体质量 很好( )好( )一般( )差( )
要求建议			
客人签名			欢迎您再次光临！

(2) 内部后续服务。内部后续服务包括：奖励旅游公司职员在三天内制作此次奖励旅游活动成本表，以供奖励旅游公司进行利润评估；进行内部总结，对在此次活动中表现出色的部门和个人进行表扬；分析此次活动的不足之处，不断提高策划及操作水平；及时整理客户企业和奖励旅游参加者的反馈信息，改进产品和服务质量，争取下一次合作机会。

4.3.4　奖励旅游的管理

奖励旅游活动的成功离不开高效的管理。旅游管理有很多内容，鉴于奖励旅游的特点和我国奖励旅游发展的现状，这里主要从奖励旅游的人力资源管理、奖励旅游的服务质量管理、奖励旅游的客户管理和奖励旅游活动中的保健管理四个方面来阐述奖励旅游管理。

1. 奖励旅游的人力资源管理

在奖励旅游活动中，有效的人力资源管理始于明确的目标制定，从而确保活动开展与组织战略目标的一致性。此外，还应做好以下几方面工作。

(1) 了解员工的兴趣和需求，为其量身定制旅游活动。

(2) 提前向员工明确奖励标准和条件，促使员工建立期望感。

(3) 制定公平公正的评选机制，确保每位员工有平等的参与机会。

(4) 采取严格的全程监管措施，包括预算控制、行程安排和后续评估等，以确保活动的顺利执行，并能够达到预期的激励效果。

综合而言，在奖励旅游活动中，人力资源管理不仅是组织对员工的回馈，更是激发团队合作和提高员工满意度的战略性举措。

2. 奖励旅游的服务质量管理

旅游业属于服务业，旅游企业的服务质量直接关系其生存和发展。在旅游服务人员对旅游者面对面的服务过程中，旅游者不仅会关心他们获得的服务，而且会关心他们怎样获得这些服务，尤其是同档次的旅游企业提供的服务无差异化的时候，怎样提供服务将成为旅游者选择旅游企业的重要标准。

对于奖励旅游而言，服务质量管理特别重要。具体来说，奖励旅游公司可从以下几个方面开展工作。

(1) 旅游者对服务质量的感知。旅游者高度参与服务过程极大地影响着他们对服务质量的感知。旅游者在旅游服务的生产、消费及评价中起到了十分重要的作用。一些著名的营销学家通过大量的研究得出结论："消费者认为质量是什么就是什么。"例如，旅游者在酒店用餐时很可能会因为个人原因而全盘否定这家酒店的菜品和服务。从某种程度上说，旅游服务质量的优劣与否，与旅游者的个性特点、知识水平、对旅行社的期望，以及当时的心理状态、身体状况、行为方式等高度相关。

(2) 其他旅游者参与服务过程。旅游服务过程中，旅游者之间的相互影响也是影响服务质量的一个不容忽视的重要因素。旅游过程中的旅游者可分为"中心旅游者"与"背景旅游者"(例如，多个旅游团到同一景点旅游，对某一个旅游团的导游来说，本旅游团的旅游者是"中心旅游者"，其他旅游团的旅游者为"背景旅游者")。在服务过程的某一时刻，相对于其他任何旅游者而言，某一旅游者既可以是中心旅游者也可以是背景旅游者。背景旅游者的行为方式以及他们对服务质量的评价等会对中心旅游者感觉中的服务质量产生很大的影响，反之亦然。

(3) 旅游服务人员。旅游服务人员是服务的生产者，对服务过程的质量乃至旅游者感觉中的整体服务质量影响极大。在旅游过程中，服务人员与旅游者的接触度高，这使得来自服务人员方面的影响服务质量的因素变得十分复杂。服务过程的质量不仅与服务人员的行业意识、行业知识、行业技术等有关，而且与服务人员当时的仪表仪态、心理状态、身体状况甚至交际能力等都高度相关。

(4) 旅游企业。旅游者高度参与服务过程扩大了他们与旅游企业的接触面，涉及的服务环节越多，旅游者与旅游企业的接触面越广，服务的失败点就越多。因此，在旅游企业中，服务环境、设施设备、服务信息的可靠性、服务体系设计的合理性等因素，都将不可避免地对服务过程的质量乃至旅游者感觉中的整体服务质量产生极大的影响。

3. 奖励旅游的客户管理

在多变的市场环境中，企业要长期保持竞争优势，不断提高经济效益，必须强调整体观点、协作精神、不断改进、客户导向等原则。客户导向已被许多服务企业提到最重要的位置，通常人们认为客户导向即企业尽力提供满足客户需要的产品和服务。对于奖励旅游而言，客户是一个长期的、持续的、稳定的奖励旅游需求者，旅游企业更应该把握好与客户之间长期相互依存的关系。这就要求旅游企业与客户直接接触，向客户收集信息，深入了解客户的需要，并基于客户提供的信息，设计、提供客户需要的产品和服务。此外，旅游企业还应采取一系列措施，充分发挥客户的作用，与客户一起创造竞争优势。

4. 奖励旅游活动中的保健管理

在旅游活动中，旅游者的健康安全不可忽视。企业举办奖励旅游是为了嘉奖这些参与者，如果参与者在旅游过程中出现健康安全问题，就会使奖励变成对参与者的"惩罚"，从而失去了奖励旅游的意义。

旅游保健管理是根据过程管理和预防管理的思想，在旅游产品的设计、销售及提供接待服务的全过程中，围绕着旅游活动的三个阶段，把保健因素贯穿于其中，对旅游活动实施的全过程综合保障。

▰ 课程思政案例

【案例主题】

创意奖励旅游——中国传统文化之旅：China瓷

【案例内容】

目的地简介：一千多年前，一座小镇因瓷器材质优良而得名宋真宗年号"景德"。这里制瓷历史悠久，唐代烧造出洁白如玉的白瓷，有"假玉器"之称；在宋代享御赐殊荣，景瓷驰名天下。景德镇四大名瓷分别是青花、青花玲珑、粉彩、颜色釉，其中以青花瓷最为著名。

活动项目：景德镇有很多自制陶瓷的场所可供团队选择，团员可以体验拉坯、捏雕、彩绘、软陶、青花、贴花、印坯、刻划花、注浆以及陶瓷首饰DIY等丰富多彩的陶艺制作活动。团员亲手制作的陶瓷作品既可用于私人收藏，也可馈赠亲朋。

其他活动：古镇寻瓷。瑶里古镇位于景德镇市浮梁县，是景德镇陶瓷的发祥地之一。虽然陶瓷产业大部分都已外迁，但古镇里的每个角落都还能看到"瓷之源"的痕迹。成员去寻找遗落的古老瓷片，再用这些瓷片进行DIY创作，激发成员的艺术想象力。

团队特色晚宴：景德镇瓷宴选取江西当地风味独特的菜肴，如昌江河虾、瑶里笋干、豆腐等，配以特制的精美陶瓷器皿，将陶瓷文化与饮食文化融为一体，两者相得益彰、交相辉映。在古窑民俗博览区内的餐厅、财政宾馆、开门子大酒店等地可以预约景德镇特色瓷宴。

【案例意义】

1. 以奖励旅游为管理手段，重点培养企业凝聚力，努力塑造员工共同的目标和价值观，促进各部门相互支持和合作，提升员工企业归属感，创造积极的工作氛围。

2. 以景德镇为奖励旅游目的地，以瓷器相关活动为团建活动，让员工感受瓷器之美，感受中华文化之深，在努力塑造员工共同目标和价值观的基础上，提升员工文化自信，激发其保护中华优秀传统文化的动机，促进中华优秀传统文化的传承与弘扬。

3. 以特色食物为奖励旅游餐饮，让员工感受博大精深的中华饮食文化，提升员工文化自信，激发和提升其文化保护与文化传承意识。

资料来源：王金萍. 雅士企业会议网[EB/OL]. http://www.micechina.com/a/19922.

▌ 本章思政总结

习近平总书记在党的十九大报告中指出："意识形态决定文化前进方向和发展道路。必须推进马克思主义中国化时代化大众化，建设具有强大凝聚力和引领力的社会主义意识形态，使全体人民在理想信念、价值理念、道德观念上紧紧团结在一起。"奖励旅游的目的在于强化员工共同的目标和价值观、促进相互支持和合作、提升企业归属感、促进员工沟通、提升员工办事透明度、建立公正的奖励制度以及创造积极的工作氛围，有效强化现代化企业管理。奖励旅游活动的目的地选择、奖励旅游的内容安排乃至奖励旅游的餐饮内容安排都能够成为触达奖励旅游本质的重要抓手，从而为现代企业发展、中华优秀传统文化传承与弘扬、提升员工文化自信等多方面思政教育元素提供教育土壤。

▌ 重要术语

奖励旅游(incentive travel)　　　　德国会议促进局(GCB)

会　　议(meetings)　　　　　　北京国际商务及会奖旅游展览会(CIBIM)

大型会议(conventions)　　　　　美国大都会保险公司(METLIFE)

展　　览(exhibitions)　　　　　美国奖励旅游管理人员协会(SITE)

观光旅游(sightseeing tour)　　　会奖旅游(MICE)

▌ 思考与讨论

1. 如何理解奖励旅游不同定义之间的区别与联系？
2. 奖励旅游的高端性体现在哪些方面？
3. 奖励旅游与一般性旅游有哪些不同之处？
4. 奖励旅游为什么有广阔的发展空间？
5. 专业奖励旅游公司是如何运作奖励旅游活动的？

▌ 二十大精神进教材

党的二十大报告指出，"全心全意依靠工人阶级，健全以职工代表大会为基本形式的企事业单位民主管理制度，维护职工合法权益"；"健全劳动法律法规，完善劳动关系协商协调机制，完善劳动者权益保障制度，加强灵活就业和新就业形态劳动者权益保障"。

"世界因你而美·致敬劳动者"山东环卫工人畅游齐鲁公益活动在惠民县中国孙子兵法城举办。惠民县为1000名环卫工人免费提供外出旅游参观机会，组织环卫工人游览了孙子兵法城、武定府衙、渤海革命老区机关旧址，让一线环卫工人感受到社会的温暖。启动仪式上，惠民县文化和旅游局局长马志忠对1000名环卫工人的到来表示欢迎。惠民县历史悠久，旅游资源丰富，是全省旅游资源较为集中、旅游文化品位较高的地区之一。马志忠表示，希望通过本次活动，能让环卫工人感受到社会的关爱，同时也真诚地邀请更多的环卫工人到惠民做客，走进惠民、了解惠民、感受惠民。

思考：以党的二十大精神为指引，立足企业和旅游改革发展实际，谈谈如何通过奖励旅游保障劳动者权益以及如何促进企业管理建设。

参考文献

[1] 孙晓玲，陆林，孔伟. 国外会展旅游研究进展及启示[J]. 资源开发与市场，2009，25(4)：353-359.

[2] P R RICCI，S M HOLLAND. Incentive travel：recreation as a motivational medium[J]. Tourism Management, 1992, 13(3)：288-296.

[3] 邵莉莉. 国内外奖励旅行研究综述[J]. 旅游研究，2010，(5).

[4] 杨星. 我国奖励旅游存在的问题及解决对策[J]. 科技信息，2009，(8)：670.

[5] 中国旅游百科全书编委会. 中国旅游百科全书[M]. 北京：中国大百科全书出版社，1999.

[6] 曹淳亮，等. 香港大辞典[M]. 广州：广州出版社，1994.

[7] 熊继红. 关于我国发展奖励旅游的几点思考[J]. 江汉大学学报(社会科学版)，2008，(2)：51-53.

[8] 刘士军. 西欧奖励旅游市场研究[J]. 旅游科学，1997，(2).

[9] 杰夫. 奖励旅游：德国制造[J]. 中国会展，2004，(2)：54-56.

[10] 张慧中. 德国探索会展经济转型[N]. 人民日报，2022-7-5(17).

[11] 李晓莉. 中国奖励旅游经营的特征、问题与思考——基于旅行社的访谈分析[J]. 旅游学刊，2011，26(11)：46-51.

[12] 杨欣. 试论奖励旅游在我国的实践[J]. 山东工会论坛，2016，22(1)：78-80.

[13] 赵艳丰. 打破我国奖励旅游发展的瓶颈(上)[J]. 中国会展(中国会议)，2020，(6)：44-47.

[14] 刘勇. 我国奖励旅游发展滞后的原因及对策[J]. 商业时代，2009，(31)：114-115.

[15] 毛洋洋. 我国奖励旅游现状及对策[J]. 合作经济与科技，2019，(16)：26-27.

第5章
展览旅游

本章要点

1. 掌握展览的概念和主要类型。
2. 理解展览旅游的概念、类型及其特点。
3. 了解展览旅游的相关产业。
4. 熟悉展览旅游的发展条件和参与主体。
5. 熟悉展览旅游的运作模式和运作程序。
6. 掌握展览旅游的管理要点。

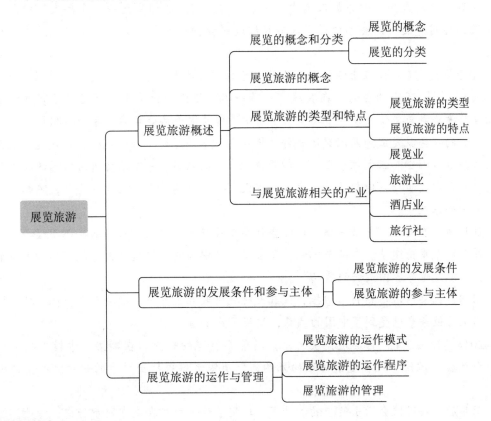

课程思政元素

　　"一带一路"倡议；中国2010年上海世界博览会；中国进出口商品交易会(广交会)；

中国国际服务贸易交易会(服贸会);展览大国;中华优秀传统文化;文化传播、弘扬与传承;道路自信、理论自信、制度自信、文化自信;大国担当;中国智造;中国建设;中国力量;非物质文化遗产;高质量发展;环境保护与可持续发展;中国式现代化;科技强国;健康中国;中华餐饮礼仪与餐饮文化。

引例

在进博会真正看见中国自信

斯里兰卡—中国贸易促进协会主席普拉萨达是个"中国通",他有个好听的中文名:李德龙。

1998年,因为酷爱李小龙,普拉萨达追着"功夫梦"来到中国。往后25年,他亲眼见证了中国的日新月异,也亲身感受到共建"一带一路"倡议和进博会带给自己家乡的种种变化。

"今年是我第六年参加进博会,每参加一次,我对'中国梦'的认同就更深一层。我心里有千言万语,汇成一句话就是:感谢共建'一带一路'倡议,感谢进博会,感谢这个伟大的国家!"

一、等来一个爆点

斯里兰卡是最早欢迎并加入共建"一带一路"倡议的国家之一。十年来,中斯携手结硕果,共同建设科伦坡港口城、汉班托塔港等旗帜项目,有力助推了当地民生和经济发展。

2012年底,李德龙在上海发行了由他自己作词作曲并演唱的中文专辑《中国梦 China Dream》,引起不小的轰动。在共建"一带一路"倡议的背景下,斯里兰卡官方授予他"斯里兰卡旅游与文化大使""斯里兰卡—中国贸易促进协会主席"等荣誉职务。

"我的任务就是成为两国交流合作的桥梁。"李德龙说。经过调研,他发现斯里兰卡锡兰红茶虽位列世界三大红茶之一,却因缺少一个高品质、中国消费者可信赖的品牌,迟迟无法打开中国市场。他想了许多办法,也促成了不少两国人士之间的合作,可始终没有"等来一个爆点"。

2017年,在首届"一带一路"国际合作高峰论坛上,中国宣布将从2018年起举办进博会,并向世界发出邀请。李德龙感到机会来了,"中国的市场这么大,能够参加进博会的展品,一定是世界各国最好的展品"。

组织、选品、准备材料、申报,仅三天就完成展品通关……激动之余,他也从进博局无微不至的服务中感受到了中国的诚意,收获了更多信心。

2018年11月5日,首届进博会开幕。尽管李德龙的企业只在斯里兰卡馆内拥有很小的一个展台,但他还是不遗余力地向采购商、消费者推荐斯里兰卡的锡兰红茶,并汲取经验。

两年后,在进博会溢出效应的加持下,斯里兰卡进口馆在南京路步行街、绿地缤纷城等地开设。李德龙的企业成功入驻,实现了"展品变商品,商品变爆品"的三级跳。

据统计,2020年,李德龙的企业营业额是往年的3倍多;此后,每年销售额增长幅度都稳定在60%左右。

"进博会的能量超乎我的想象。在进博会的帮助下，我们的产品在中国一炮而红，许多斯里兰卡农户也因此改善了自己的生活。通过进博会，我们真正看见了中国的自信与责任。"李德龙说。

二、变化越来越多

2023年是斯里兰卡连续第六年参加进博会，斯里兰卡馆的变化越来越多。

首届进博会前，李德龙的不少同胞因不会说汉语而感到紧张；现在，他们越来越自信，有人还学会了几句简单的汉语。

首届进博会上，斯里兰卡馆内的展品种类较为单一，以传统的锡兰红茶、蓝宝石为主。现在，斯里兰卡馆的布局图上，展品百花齐放，大象摆件、木雕等极具斯里兰卡文化代表性的手工艺品纷纷与大家见面。

首届进博会后，李德龙觉得自己的许多展品还较为"粗放"，于是他把从进博会中学到的"精细化""本土化"理念加以运用，不仅升级了生产线，做到"比国际标准更严格"，还融合斯里兰卡和中国文化代表性元素改进包装设计。随着共建"一带一路"倡议的深入推进，斯里兰卡产品"卖全球"的愿望正在一步步实现。

前不久，在环球港屋顶，两个进博常年展馆——斯里兰卡馆和伊朗馆在环球港世界港口小镇率先开业。每天夜里，李德龙喜欢来到这里，看看车水马龙的城市，为消费者讲述家乡的故事。他说，这里是"除了家以外最想来的地方"。

一个新梦想逐渐在他的心里生根发芽。他想在斯里兰卡科伦坡港口城建设一座中国馆，让更多斯里兰卡人民了解中国的理念、技术与文化，推动两国交流合作更上一层楼。

资料来源：俞宏浩. 在进博会真正看见中国自信[N]. 解放日报，2023-10-11.

展览旅游是会展旅游的重要组成部分，它不仅能带来可观的经济效益，还能成为展示城市形象甚至是国家形象的重要渠道。例如，世界博览会、中国—东盟博览会、中国国际进出口博览会等国际性展览会能展现出中国的大国形象，中国智慧城市博览会、中国文化旅游博览会等能展现出中国每个城市的发展特色，中国青岛国际中医中药健康产业博览会、北京新能源物流车及新能源商用车展览会等能展现出各行各业的发展与创新。因此，展览旅游的作用是不能忽视的。

5.1　展览旅游概述

5.1.1　展览的概念和分类

1.展览的概念

会展活动是人类文化交流到一定阶段的产物，它随着世界经济的发展而不断展现出与时俱进的魅力。然而,与如火如荼的会展活动相比,会展理论的研究在世界范围内尚无统一的、科学的学科体系。展览业是会展业的重要组成部分,各国对于展览的定义莫衷一是,尚未形成统一的标准。不同的国家对展览的定义也不同。

(1) 德国。被誉为"世界展览王国"的德国,其展览带有展示的特征。德国学者认为,展览是指为各种经济部门、机构及各种生产者提供的解释性、广告性的服务。该定义偏重于展览操作的实务性。

(2) 美国。《美国大百科全书》将展览定义为:广告的一种类型。

(3) 英国。《大不列颠百科全书》将展览定义为:为了鼓舞公众兴趣,促进生产,发展贸易,或是为了说明一种或多种生产活动的进展和成就,对艺术品、科学成果和工业品所做的有组织的展示。

(4) 日本。《日本百科大全》将展览定义为:用产品、模型、机械图等展示农业、工业、商业、水产等所有产业,以及技艺、学术等各个文化领域的活动和成果的现状,让社会有所了解。

(5) 俄罗斯。俄罗斯学者认为,展览是人在物质和精神领域中所取得的各种成就的公开展示。

(6) 中国。20世纪70年代,钱学森设立展览学院,他认为"展览是用实务形象地向人民观众进行信息传递的学问"。1992年,潘杰的《展览艺术——展览学导论》、丁允朋的《现代展览与陈列》相继出版,将展览概念理解为"广义的艺术形式"。2002年,《中国会展经济报告》提出"展览的基本内容是:主办方为了一定的目的,提出一定的主题,按照主题要求选择相应的展品,在展厅里或其他场所,运用恰当的艺术手法,在一定的材料和设备上展示出来,以进行宣传、教育或交流、交易,具有认识、审美、娱乐作用,又有传递信息、沟通产销、指导消费、促进生产等多方面功能"。

综合概括,展览是指固定或不固定场馆的展示陈列和一些定期、不定期的临时性展出。

【资料链接】

世界博览会

世界博览会(World Expo),又称国际博览会及万国博览会,简称世博会、世博、万博,它是一个国际性的大型展览活动,旨在展示各国在科技、经济、文化等领域的成就,促进国际交流与合作。世博会通常定期举办,吸引全球各国政府、企业、学术界和民众的参与和关注。

世博会起源于中世纪欧洲商人定期举办的市集,市集起初只涉及经济贸易。到了19世纪,商界在欧洲地位提升,市集的规模渐渐扩大,商品交易的种类和参与的人员越来越多,影响范围越来越大,从经济到生活艺术到生活理想哲学等无所不包。世博会主要经历了以下几个发展阶段。

第一届世界博览会(1851年,伦敦)

第一届世界博览会也称为"水晶宫展览会",在英国伦敦举办。这是世界博览会的起源,展示了当时英国工业革命的成果以及其他国家的展品。

第二届世界博览会(1862年，伦敦)

第二届世界博览会同样在伦敦举办，旨在继续展示各国的科技和文化成就，吸引了大量参观者。

进一步发展(1867—1914年)

自1873年起，世界博览会开始每隔数年举办一次，举办地点逐渐扩展到其他国家，如法国、奥地利、美国和比利时等。

战争和停顿(1914—1937年)

由于第一次世界大战和随后的经济衰退，世界博览会在这个时期停止举办。

重启与发展(1939—1980年)

第二次世界大战之后，世界博览会逐渐恢复，1949年在瑞士洛桑举办的国际工业设计展览会可以看作世博会重启的标志。此后，世界各地陆续举办了多届世界博览会，如布鲁塞尔(1958年)、纽约(1964年)、大阪(1970年)等。

近现代世界博览会(1982年至今)

从1982年的西班牙塞维利亚世博会开始，世界博览会进入了一个新阶段。各国纷纷申办和举办世博会，涉及广泛的主题和领域，如科技、文化、环境、城市化等。典型的案例包括上海世博会(2010年)和米兰世博会(2015年)。

早期的世博会多以大众化的综合博览为主题，如庆祝某个国家成立百周年、法国大革命百年纪念等。到了现代，随着科技的进步，世博会的主题亦趋向某部分专业，去探讨新科技和生活的关系。世界博览会的主题多数以当时的科技成果，来配合当时社会环境的需求。例如，在两次世界大战和冷战期间的世博会，大多是以"和平""建设明天"为主题核心；而从20世纪末开始，环境保护的议题成为关注的焦点。

鉴于世博会可为主办国带来庞大的产业与经济效益，31个经常参与或举办世博会的国家在1928年签署国际博览会条约，成立负责规范管理世博会的国际展览局。

按照国际展览局的规定，世界博览会按性质、规模、展期分为两种：一种是注册类(也称综合性)世博会，展期通常为六个月，从2000年开始每五年举办一次；另一种是认可类(也称专业性)世博会，展期通常为三个月，在两届注册类世博会之间举办一次。注册类世界博览会不同于一般的贸易促销和经济招商的展览会，是全球最高级别的博览会。认可类博览会分为A1、A2、B1、B2四个级别。A1级是认可类博览会的最高级别。中国申请举办的1999年昆明世界园艺博览会属于认可类世博会，2010年上海世博会属于注册类世博会。

资料来源：刘兵. 2023年(第八届)海南世界休闲旅游博览会开幕[EB/OL]. https://www.hi.chinanews.com.cn/hnnew/2023-12-02/694736.html，2023-12-02.

2. 展览的分类

随着展览的不断发展，衍生出的类型越来越多，分工也越来越精细。与之相对应，不同类型的展览旅游活动有着不同的特点和需求，展览举办地和相关旅游企业要想有针对性地开展展览旅游促销和提供展览旅游服务工作，就要对展览的类型进行科学合理的划分。

在对展览进行分类前，首先应考虑展览内容，即展览的本质特征，包括展览的性质、所属行业等；其次应考虑展览形式，即展览属性，包括展览的规模、时间、地点等。展览的类型很多，依据不同的划分标准，可将其分为不同的类型，常见的分类主要包括以下几种。

1) 按展览的内容分类

按照展览的内容，可将展览分为综合展和专业展。

(1) 综合展(博览会)。综合展览会展览的内容主要是一些人类文明进步的成果，涉及工业制造、自然地理、人文历史等各个方面。当今世界上规模最大、影响范围最广的综合展是世界博览会。

(2) 专业展。专业展览会往往只涉及某一个领域，专业性很强。随着产品服务的细分化和市场竞争的激烈化，展览会的专业性会越来越强。

2) 按展览的地域范围分类

按照展览的地域范围，可将展览分为以下几种。

(1) 国际性展览会。国际性展览会的参展商和观众来自多个国家，如汉诺威工业博览会、汉诺威信息技术展览会、中国国际医药保健原材料展览会等。

(2) 地区性展览会。地区性展览会通常都是洲际性展览会，规模仅次于国际性展览会，对本区域有很大的影响力，如亚洲国际物流技术与运输系统展览会、亚洲艺术展览会、亚洲鞋业展览会等。

(3) 全国性展览会。全国性展览会的参展商和观众主要来自国内，影响力也只限于国内，类似的展览会在我国有很多，如全国性工艺品展览会、全国纺织机械展览会、全国建材产品展览会等。

(4) 本地展览会。本地展览会的规模一般较小，面向的观众主要是当地和周边地区的企业和市民，如每年举办的大连春季房屋交易会、广西戏曲展览会等。

3) 按照展览面积分类

按照展览的面积，可将展览分为大型展览会、中型展览会和小型展览会。

(1) 大型展览会。大型展览会指单个展览面积超过12 000平方米的展览会。

(2) 中型展览会。中型展览会指单个展览面积为6000～12 000平方米的展览会。

(3) 小型展览会。小型展览会指单个展览面积在6000平方米以下的展览会。

4) 按照展览的举办时间分类

按照展览的举办时间，可将展览分为定期展览和不定期展览两种。

(1) 定期展览。定期展览指展览举办时间具有相对固定周期的展览会，如广州中国商品进出口交易会，每年举办两次，分为春季和秋季。

(2) 不定期展览。不定期展览指根据需要和条件举办，没有固定举办周期的展览会，如经常在各大城市进行巡回展览的各种文化艺术展览会。

【资料链接】

中国主要会展场馆品牌及其概况如表5-1所示。

表5-1　中国主要会展场馆品牌及其概况

会展场馆	创立时间/年	隶属部门
中国进出口商品交易会展馆	1957	中国对外贸易中心(集团)
国家会展中心	2011	中国国家商务部和上海市政府
中国国际展览中心	1985	中国国际贸易促进委员会
国家会议中心	2008	北京北辰实业股份有限公司
上海新国际博览中心(SNIEC)	2001	上海陆家嘴展览发展有限公司与德国展览集团国际有限公司(成员包括德国汉诺威展览公司、德国杜塞尔多夫博览会有限公司、德国慕尼黑国际展览中心有限公司)
深圳会展中心	2004	深圳市政府
上海世博展览馆	2010	上海东浩会展经营有限公司
保利世贸博览馆	2008	保利发展控股集团股份有限公司
香港会议会展中心	1988	香港贸易发展局
杭州国际博览中心	2016	杭州奥体博览中心萧山建设投资有限公司

资料来源：微会展. 中国十大会展场馆[EB/OL]. https://www.sohu.com/a/253501099_712654，2018-09-12.

5.1.2　展览旅游的概念

展览旅游是展览业与旅游业相结合的产物，它将展览业和旅游业这两个行业有机地联系起来，但它不是让旅游企业去举办各种展览，也不是必须要有游览观光的过程，其真正的意义是让旅游企业发挥行业功能优势，为展览活动提供相关服务。展览旅游更高的层次是争取在展览活动以外创造并满足参展者新的需求，如游览、购物等方面。展览旅游作为会展旅游的一个重要组成部分，其发展需要以发达的旅游业为背景，旅游业的兴旺发达是办好展览的必备条件，发达的旅游业能提高展览活动的吸引力。这里的展览活动包括交易会(人群为了物质交流而聚集、洽谈，实现商品的贸易或买卖的活动)、展览会(现代意义的展览会是集中了展示、演示功能和物质交流功能的人群集会活动)、博览会(比交易会和展览会的规模更大、综合性更强的人群集会活动)等会展活动，是所有会展活动中以物质交流功能的实现为核心的活动。

对于展览旅游的概念，可以从以下两个方面来理解。

1. 展览拉动旅游消费

举办国际展览会，可以扩大举办国的影响力，提高举办城市的国际知名度，也可以吸引成千上万的旅游者前来旅游，促进举办城市的市政建设，给旅游业、服务业等带来发展机遇。展览对旅游消费的拉动主要体现在以下几个方面。

(1) 展览旅游的组团规模大，为目的地带来了更多的现实旅游者和潜在的旅游消费者。

(2) 商务旅游者的需求档次高、消费能力强，因此，会展旅游服务的利润率普遍高于传统旅游服务。

(3) 会展客人的逗留时间长、季节性弱，在很大程度上协调了旅游的淡旺季差距，弥补了传统旅游的淡季消费下降，提高了对基础设施设备的使用率。

(4) 会展的举办成为目的地最佳的旅游宣传方式，有利于提升目的地的知名度，宣传目的地的旅游形象。

2. 旅游推动会展业发展

会展业的发展，依赖于目的地的基础设施和硬件设备的建设和配置情况，旅游业的主要部门和企业，如交通部门、酒店等，都为会展活动的举办提供必要条件。所以说，在会展业与旅游业的互动发展中，旅游业是会展业发展的重要基础条件。目的地旅游业的繁荣必将为会展活动提供更为完善的条件和服务，从而促进会展业的发展。

【资料链接】

休闲旅游、商务旅游与展览旅游特征比较如表5-2所示。

表5-2 休闲旅游、商务旅游与展览旅游特征比较

比较项目	休闲旅游	商务旅游	展览旅游
出行目的与属性	休闲，单一属性	商务为主，旅游为辅，双重属性	展览商务为主，旅游为辅，双重属性
出行决定者	旅游者	雇主或单位(个体客商除外)	参展雇主或单位(个体客商除外)
谁付费	旅游者	雇主或单位(个体客商除外)	参展雇主或单位(个体客商除外)
旅行目的地	人少，应选择休闲的海滨、山区及乡村	人多，应选择开展商务活动的大中型城市	人多，应选择举办展会的大中型城市
消费能力	较弱	较强	较强
时间观念	较弱	较强	较强
设施要求	一般	较高(如要求酒店配备宽带网、提供会场)	较高(如展馆配有必要的专门设施等)

5.1.3 展览旅游的类型和特点

1. 展览旅游的类型

展览旅游是依托展览业发展起来的，目前业界对展览旅游的分类还没有统一的标准，这里借鉴展览业的分类来进行探讨。

(1) 从规模来看，展览旅游可以分为大型展览旅游、中型展览旅游和小型展览旅游。大型展览旅游主要是依托大型展览活动，如依托世博会这类规模宏大、影响深远的盛会而形成的旅游活动；大型展览旅游的旅游者来自世界各地，人数众多；依靠国家级和省级展览发展起来的旅游可以归为中型展览旅游；其他与市级或县级的展览相关的旅游可以归为小型展览旅游。

(2) 从时空特性来看，展览旅游可以分为固定展览旅游和临时展览旅游。固定展览旅游是在固定展览基础上发展起来的，随着固定展览的定期、定点举办，展览旅游也就相对固定下来，固定展览旅游可以采取系统开发、深层次开发和全方位营销的手段，发展潜力

巨大；临时展览旅游是在临时展览的基础上发展起来的，其具体时间、地点和主题相对不确定，因此开发起来难度较大。

(3) 从专业性来看，展览旅游可以分为专业展览旅游和非专业展览旅游。专业展览旅游是在专业展览的基础上发展起来的，专业展览旅游是展览旅游的主流，具有针对性强、旅游者素质高等特点，因此在进行旅游开发时要注重质量；非专业展览旅游是在非专业展览的基础上发展起来的，如今这种面向大众的非专业展览活动已经从传统的静态陈列演变为集博览、商业、生活、游乐于一体的人文活动。旅游企业可以组织大量社会公众去旅游，保留下来的展览纪念设施可以被开发为旅游吸引物，展览举办地也能被开发为旅游地。

(4) 从发展模式来看，展览旅游可以分为以旅行社为核心运营模式的展览旅游及以展览馆为核心运营模式的展览旅游。一般的展览旅游基本采用以旅行社为核心的运营模式，旅游部门提供给参展商、观展者的服务主要是住宿、餐饮和日常休憩方面的服务，而根据展览主题推出相关旅游专线、购物旅游、产业考察游、就地观光游等相对缺乏；以展览馆为核心运营模式的展览旅游是近年来新兴的一类特种展览旅游，它是指以展览馆藏品为主要吸引物，以陈列展览和专题展为主要招徕方式，吸引旅游者前来参观以及由此引起的一切社会影响的总和。当然，除了这两种模式外，还有其他模式，有的新模式还在形成过程中，在此不一一列举。

2. 展览旅游的特点

与其他类型的旅游活动一样，展览旅游也具有自身的特点。

(1) 信息高度集中、高效。展览旅游的信息集中主要体现在实物展品的集中和观展者的集中。一般来说，参展商通过举办展览将展品集中到一个经过特别布置的展厅展示，组展商通过各种手段和方式将观展者集中到展厅参观，参展商和观展者可以在展会中集中交流信息，不仅量大，还省时。如果没有展览使信息集中，参展商和观展者都将会花费大量时间进行实地考察，而在展厅里，他们可以轻而易举地获取这些信息。成功的展览活动往往能使买卖双方当场达成协议，签订合同，办理订货手续。对于较传统的买卖交易，展览会能实现交易的高效、透明和便捷。

(2) 主题新颖。"新"是展览的灵魂，没有"新"，展览就没有生机，就会失去最重要的吸引力。在越来越激烈的展览经济竞争中，主题新颖、富有创造力的展览活动往往是最受欢迎的，主要体现为展品的"新"。当然，"新"并不意味着所有展览都要强调展品的新颖，有些展览强调的是"旧"，如文物和考古发现展，展品都是过去遗留下来的，反映的是过去时代的文明，展品越旧，就越有价值，对于从未睹其尊容的观众而言，它仍然具有"新"的含义。

(3) 艺术性强。艺术性强并不是指展览建筑的艺术性，而是指展览自身的艺术性。在一些展会上，组展商通过声、光、电、形、图像等艺术手段，将展馆和展品布置得极富艺术性。这无疑切合了旅游产品极具观赏性的特点，也使得展览活动的艺术性得以淋漓尽致地体现。

(4) 逗留时间长。对于参加展览旅游的与会者来说，不仅要参观展品，还要参观游

137

览，相对而言，其逗留时间要比普通旅游者长一些。同时，与会者无论是可支配收入，还是对旅游接待设施的要求，都要高于普通旅游者，这一点在酒店业体现得较为明显。在展览活动期间，所在地的酒店往往是直接的受益者，其入住率会在短期内得到很大提升，并带动酒店餐饮、商务设施、娱乐设施的消费，大幅度提升酒店的经济效益。

(5) 潜在旅游者多，现实旅游者少。大型展览活动会吸引数量可观的与会者前来，但真正能够转化为现实旅游者的屈指可数。这主要是因为前来参展的人员受到行程安排的束缚，可支配时间较少，不可能参加太多的旅游活动；而有些组展商也没有为与会者安排较多的旅游活动，即使安排了活动，与会者的选择余地也很小；同时，受制于展览举办地的旅游资源，部分潜在旅游者也难以转化为现实旅游者。

为了更加明确展览旅游的特点，可以将展览旅游与传统的会议旅游进行比较，如表5-3所示。

表5-3　展览旅游与会议旅游的比较

比较项目	展览旅游	会议旅游
参与人数	较多，经常上万人	较少，上千人算大规模
场地要求	面积较大，备馆、使用场馆与进出场馆时间较长	场地分散，进出场馆与使用时间均较少
重复性	较高，品牌展会要求举办时间与地点有规律	较低，大规模的国际会议每年安排在不同的地方举办
服务范围	场馆仅提供基础设施，展台搭建、运输与接待等各有分工	场馆提供音响、通信、场地布置等全面服务
导向	以会展市场为导向	以场馆硬件和服务软件为导向

5.1.4　与展览旅游相关的产业

1. 展览业

人类的贸易起源于物物交换，这是一种原始的、偶然的交易，其形式体现了展览的基本原理，即通过展示来达到交换的目的，这是展览的原始阶段，也是展览的原始形式。随着社会和经济的发展，交换次数逐渐增加，规模和范围也都在扩大，交换形式发展为有固定时间和固定地点的集市。集市产生和发展的阶段为展览的古代阶段；17—19世纪，在工业革命的推动下，欧洲出现了工业展览会，工业展览会具有工业社会的特征，这种新形式的展览会不仅有严密的组织体系，而且将展览的规模从地方扩大到国家，并最终扩大到世界，这一时期是展览的近代阶段；现代展览基于集市和展示性的工业展览，一般通称为贸易展览会和博览会，这一时期始于19世纪末。

尽管现存的历史文献对展览的起源没有翔实的记载，但欧洲展览界人士多认为展览起源于集市。展览是因经济的需要而产生和发展的。几千年来，展览的原理基本未变，即通过"展"和"览"达到交换的目的，但其形式一直在更新。当旧的展览形式不能适应经济发展的需要时，它就会被淘汰，被新的展览形式所代替。展览的发展取决于经济的发展，并反过来服务于经济。

展览旅游被看作现代市场经济条件下新生的旅游形式，属于第三产业中的现代服务业。展览旅游与展览业息息相关，不可分割。根据展览旅游的定义，有了展览活动才有展览旅游这种特殊的旅游形式，而展览业的兴衰关系到展览旅游的发展。

展览业作为"无烟工业"和服务贸易的主要组成部分，是促进技术进步和贸易交流的利器，发展十分迅猛。根据国际展览业权威人士估算，国际展览业的产值约占全世界各国GDP总和的1%，如果加上相关行业从展览中的获益，展览业对全球经济的贡献会达到8%的水平。

1851年，英国举办了世界上第一场博览会，而世界上第一场样品展览会是1890年在德国莱比锡举办的莱比锡样品展览会。由此可知，从世界范围来看，展览业诞生已有一个多世纪。科技进步给展览业带来了发展的动力，展览业依靠科技的驱动获得发展。工业革命和产业革命扩大了世界的生产规模和市场规模，为展览业开辟了广阔的发展空间。20世纪第三次科技革命带来的"新兴技术"及电子技术、通信技术、基因重组技术、新型材料技术、海洋工程技术和空间工程技术等的开发和广泛应用，加速了经济全球化的进程。展览会作为科技产品的销售前端，毫无例外地广泛应用科技，而科技进步将进一步缩短通信和交通的距离，展览也将面临合作与竞争共存的选择。近年来，中国展览业积极引入创新的技术应用，如虚拟现实(VR)、增强现实(AR)、云展厅等，提供更加丰富多样的展览体验和互动方式，为参展商和观众带来全新的感知和体验。

2. 旅游业

展览旅游作为一种旅游形式，它与旅游业的关系非常紧密。可以说，展览旅游是展览业与旅游业相结合的产物，它将展览业和旅游业这两个行业有机地联系起来。展览旅游的开展需要以发达的旅游业为背景，旅游业的兴旺发达是办好展览的必备条件。发达的旅游业会提高城市展览活动的吸引力，世界上著名的展览城市如汉诺威、法兰克福、米兰、巴黎、新加坡等都是相当著名的旅游城市。

旅游业是全球性的，它已成为世界上发展势头最强劲的产业之一。旅游业是以旅游资源和服务设施为条件，为旅游者在旅行游览中提供各种服务性劳动而取得经济收益的经济部门。旅游业作为综合性的经济事业，其构成涉及社会经济中的许多部门。它的基础经济活动主要涉及旅行社、旅游饭店和旅游交通三大部门。此外，还有为旅游者服务的经营旅游商品的零售企业、旅游设施、文化娱乐事业和公用事业等。

旅游作为人类的一种活动在古代就已经存在，它是伴随宗教、游览、商业、探险以及文化交流等活动进行的。随着社会生产力的发展，人们生活水平的提高，旅行游览活动成为人们生活中的一部分。交通工具的改善，更促进了旅游业的发展。1825年，英国修建了世界上第一条铁路。1541年，英国人托马斯·库克与铁路公司签订合同，利用火车成功地组织了一次团体旅游。由于社会劳动生产率的提高和经济的发展，个人的支付能力有了提高，人们的消费构成发生变化，旅游日益成为人们生活中的一种需要。第二次世界大战后，新科学技术的发展，大型喷气式客机的采用，高速公路的建设，不仅缩短了旅途的时间，而且为旅游者创造了安全、舒适和愉快的旅途体验。同时，享受带薪假期的人数逐渐增多，使旅游活动日益大众化。旅游业在世界许多国家迅速发展起来，并成为一些国家和地区的重要经济支柱。瑞士、奥地利、马耳他、新加坡等国以及中国香港地区的旅游业在其国民经济中都占有重要地位。

旅游业的发展以整个国民经济发展水平为基础并受其制约，同时又直接或间接地促进国民经济有关部门的发展，如推动商业、餐饮服务业、旅馆业、民航、铁路、公路、邮电、日用轻工业、工艺美术业等的发展，并促使这些部门不断改进和完善各种设施，增加服务项目，提高服务质量。随着社会的发展，旅游业日益显出它在国民经济中的重要地位。

传统旅游业以旅游资源作为吸引物招徕旅游者。旅游资源的丰富与否以及开发、利用和保护程度的高低，成为影响旅游业兴衰的关键。由于旅游业具有季节性强的特点，多受气候和假期的影响，淡旺季差异很大，虽然利用价格调节可以使供求矛盾在一定程度上得到缓解，但是这种影响却不能消除。展览旅游作为商务旅游的一种，一般不受旅游季节性的制约，发展展览旅游可以使旅游业在淡季不受较大影响。可以说，展览旅游的兴起为旅游业注入了新的活力。

3. 酒店业

酒店业是旅游产业最重要的支柱之一，酒店业利润率的下降，会导致旅游产业整体经济效益下滑，这一系列状况在传统旅游城市中表现得尤为明显，因此酒店有必要寻找新的经济增长点。虽然休闲旅游者是酒店业较大的消费群体，但实际上那些旅行费用可以报销并且经常出差的展会代表才是能给酒店业带来最大利润的客源群。因此，利润丰厚的会展市场正成为酒店业激烈争夺的目标市场。

展览旅游者具有消费水平高、逗留时间长的特点，可为展览举办地酒店带来可观的收入。同时，展览举办计划性较强，一般不受气候影响，为避开人流高峰，大多选择在旅游淡季举办，这样可以有效调节酒店淡旺季客源的不平衡，提高酒店客房全年利用率。此外，展览旅游属于综合性消费，可为酒店带来额外收入。

由以上展览旅游者的特点可见，展览旅游已成为推动酒店业发展的新动力。根据iiMedia Research(艾媒咨询)数据，从2018年到2022年，中国会展业直接增加值逐年攀升，2018年中国会展业直接增加值为6720亿元，到2022年中国会展业直接增加值已经超过10 000亿元，达到10 155亿元。会展业的蓬勃发展也会间接带动餐饮、住宿交通、广告、旅游、娱乐、房地产等一系列行业收入增加。此外，以会展为主业的A股上市公司及挂牌公司在2022年的收入总规模整体上升，其收入总规模为74.21亿，其2021年收入总规模为64.26亿元，同比增加4.95亿元，增幅达7.15%。展览旅游越来越成为酒店业新的客源市场。随着客源市场的逐步调整，酒店业企业将根据不同的市场定位，不断调整经营方向，市场更趋向细分化，商务酒店、会议酒店、度假酒店、经济型饭店等已经逐渐成为行业发展主流。

4. 旅行社

旅行社是在旅游者和交通、住宿及其他有关行业之间，通过办理各种签证、中间联络等手续以及为旅游者提供咨询、导游、组织安排等服务而获得收入的机构，是现代旅游业的一个重要组成部分。作为一个为旅游者提供食、住、行、游、购、娱等服务的综合性服务企业，旅行社在不同国家、不同地区的旅游者与旅游经营企业之间架起了一座桥梁，在全球性旅游业的发展中起着重要的作用。

旅行社的产生是社会经济、技术以及社会分工发展到一定阶段的直接结果，也是旅游业长期发展的产物。托马斯·库克是世界上第一个旅行社创办者。1845年，库克正式成立了托马斯·库克旅行社，总部设在莱斯特，他开创了旅行社业务的基本模式。1855年，库克以一次性包价的方式，组织了578人的大团去参观法国巴黎的博览会，在巴黎游览四天，包括住宿和往返旅费，总计每人收取36先令，被当时的媒体称为"铁路旅游史上的创举"。实际上，这次旅游就是今天旅行社组织展览旅游的一种形式。

会展旅游的蓬勃发展客观上需要专业的会展旅游企业、会展旅游服务人才为之服务。许多国家为此专门建立了会展旅行社，有条件的大型传统旅行社正在积极开发会展旅游项目。未来，旅行社将在会展旅游中发挥越来越重要的作用。

5.2 展览旅游的发展条件和参与主体

5.2.1 展览旅游的发展条件

1. 旅游业的发展是展览旅游发展的前提条件

在参展商和观展者异地流动的过程中，其食、住、行、游、购、娱等需求就形成了集餐饮、住宿、交通、游览、购物、娱乐于一体的消费链，这种消费链与会展业的产业链是吻合的，从而为展览旅游带来了较多的客源，为展览旅游业的发展提供了市场机遇。

2. 旅游企业的发展是展览旅游发展的重要保证

在展览业带来大量市场机遇的背景下，旅游企业能否为参与主体提供相关的服务，对展览旅游的发展极为重要。例如，酒店业能否提供相应的住宿和餐饮；旅行社的营销是否到位，自身的产品开发能力如何，针对展览活动开发的旅游产品是否适销对路；旅游景点的建设是否具有吸引力等。只有旅游企业发展成熟，才能有力地抓住展览业为其提供的市场机遇，从而保证展览旅游健康快速发展。

3. 展览所在地的政治、经济、社会文化和科学技术等宏观环境是展览旅游发展的有力支撑

(1) 政策方面。相关法律法规是否健全，直接影响到展览旅游的发展。另外，政府在招商引资方面能否提供一些优惠政策，也直接关系到参展商的数量和质量。

(2) 经济方面。展览所在地的经济发展程度对展览旅游的发展也有很大影响，如果展览所在地的经济快速、健康发展，市场活跃有序，人们的收入和消费水平较高，消费观念先进，就可以举办大规模、高档次的展览，进而促进展览旅游的发展。

(3) 社会文化方面。展览所在地的文化是否独特,特别是旅游资源是否具有独特的吸引力,当地人们与外来参展商有无文化冲突、思想是否开放等,都会影响展览旅游的发展。

(4) 科学技术方面。展览所在地的科技发展水平直接决定了展览会的科技含量和档次,进而影响到展览旅游市场的规模。

5.2.2 展览旅游的参与主体

展览旅游以参展和观展为主要内容,它是商务旅游的一种。由于展览旅游对举办地的要求颇高,通常是在一些基础设施好、经济发展水平较高的地区举办,它也可以作为都市旅游的一部分。展览旅游是由作为中心环节的参展或观展和其他参观考察、旅游、购物、娱乐等项目构成的。从展览主办者的角度来看,虽然他们举办的是一次展览会,而不是展览旅游,但是客观上他们为人们提供了展览旅游的实质性内容。从展览参展者和参观者的角度来看,其目的是参加展览,达到交流信息、宣传产品、贸易洽谈的目的,同时他们可以在展览举办地进行其他旅游活动,他们参加展览的整个行程构成了一次展览旅游。从展览旅游全过程来看,涉及的参与主体主要有消费者、展览组织者及其他参与者。

1. 消费者

参展商和参观者是展览旅游的消费者。参展商出于商务目的,把展览会视为一个展示产品或服务、交流信息、促进贸易的机会,他们主要履行参展的程序,即得到展览信息→通过参展说明书与主办方接触→做出参展决定→向主办方预订场地→被介绍给展览服务承包商→按照展览服务手册的规定购买或租赁其他服务和材料,如展位标牌或装修等。

与参展者不同的是,参观者不需要履行这一套程序,有的参观者是作为参展商的买家出现的,他们参加展览是为了获得信息或者获得与参展商洽谈贸易的机会,即商机,而有的参观者的参观目的只是单纯地获取信息。无论哪种参观者,展览旅游从他们离开出发地就开始了,直到他们返回。

2. 展览组织者

展览组织者是展览运作过程的主要参与者,负责展会的组织、策划、招展和招商等事宜,在展览事务中处于主导地位。我国的展览组织者一般分为主办者和承办者,同时包括协办单位和支持单位等,它们在法律地位与职责上有明显区别。由于我国目前缺乏专门的展览法,也缺乏专业展览组织者资格的认定和展览市场准入条件的限制,展览组织者呈现较宽泛、复杂的多元化特征。我国展会的主办者主要包括各级政府及其部门、各类行业商会及协会组织、社会团体组织,而专业展览企业或事业单位一般是展览项目的主要承办者。

专业展览企业主要是指参与展览项目承办的各种性质和组织形式的展览公司、会展公司、展览服务公司等,一般不包含仅对展览项目提供设计、搭建、现场设备租赁等单一服务的设计公司、策划公司、服务公司。专业展览企业按照所有制可分为国有、民营和外资三大类。

国有展览公司主要集中在各地外经贸系统和贸促会系统，也包括其他一些政府部门或行业协会组建的展览公司、国有集团企业所属展览公司、国有展览中心所属展览公司等。民营展览公司近年来发展较快，数量众多，但实力普遍弱小。外资展览公司指我国香港地区的展览公司和国外展览公司，以及合资公司、办事机构等。在外资展览公司中，我国香港地区展览公司最早参与内地展览业务，《内地与香港关于建立更紧密经贸关系的安排》(CEPA)的签署更为其在内地办展提供了便利条件。来自展览业发达国家(如德国、英国、意大利、荷兰、美国)的大型展览公司也在积极进入中国市场，设立相关的办事机构，成立合资、独资公司，寻求知名展览品牌和资本、管理等方面的输入。

3. 其他参与者

(1) 交通服务供应商。旅游离不开交通，"行"是旅游六要素之一，对于展览旅游也是如此。在展览旅游中，参展商和参观者必定要发生位移，交通服务供应商就要为他们提供交通运输服务，促成这种位移的实现。展览旅游中的交通服务供应商不包括为展览运送展览物品和展览器材等的运输服务提供者。交通服务供应商包括航空、铁路、公路、航运等企业和部门。一般来说，参加展览旅游的人在出发前都会事先安排好旅游交通事宜，特别是参展商，他们往往会由展览活动的组织者安排往返交通，甚至是展览前后或期间的旅游考察交通。若展览主办方没有为参展商安排交通，就需要由参展商自己安排交通事宜或者通过旅游中介机构，如旅行社来安排交通事宜。

(2) 餐饮服务供应商。展览旅游参与者除了需要"行"的服务，还需要"食""住"方面的服务，这也是旅游六要素的内容。"食""住"服务供应商一般是酒店、餐馆等住宿和餐饮单位。与为展览旅游提供交通服务的供应商一样，餐饮、住宿服务可以由展览主办方提供，也可以由参展者和参观者通过中介来安排。与交通运输服务供应商不一样的是，只要是在展览旅游中涉及的餐饮和住宿，其供应商都是展览旅游中的主体，即它们包括为展览本身服务的餐饮和住宿服务供应商。

(3) 其他服务供应商。旅游最重要的要素就是"游"。在展览旅游中，作为一般参观展览的旅游者，他们的主要游览对象是展览会，而其他旅游设施只是辅助而已。这是因为，展览旅游是以展览为诱因的旅游形式，它作为商务旅游的一种，与其他休闲旅游的本质区别是它以参加或参观展览为最主要内容和目的，其他旅游设施在展览旅游中可有可无。一个展览旅游目的地对旅游者的吸引力也要依赖于除展览外的其他旅游设施，如知名的风景区、名胜古迹、特殊的文化等。

展览举办地一般是经济比较发达的城市，它们具有发展展览旅游的各种条件，其中包括发达的商业和服务业。在展览旅游中，还有两个要素就是"购"和"娱"。购物和娱乐作为旅游的重要内容已经越来越得到旅游者的认同，特别是对于以都市旅游为主的旅游形式来说，购物和娱乐尤为重要。展览旅游有时也具备都市旅游的特质，购物和娱乐在展览旅游者的旅游行程中也占有一席之地。

展览旅游作为一种旅游形式，它需要多方面的配合与合作才能顺利开展，除了很多可以作为展览旅游主体的部门外，还涉及一些中介组织，如旅行社、票务办理机构等，但最重要的还是旅行社。旅行社在组织旅游、代理票务、预订饭店等方面具有专业优势，因此，在一些展览的筹办过程中，主办方会寻求旅行社的支持，不论是提供票务预订还是酒店预订、交通运输等服务，旅行社都比一般的展览筹办者更有优势。随着旅行社业务的多元化发展，有些旅行社也开始涉足展览业务，成立了专门的会展部门或者分支机构承揽展览、承办业务。

从中国旅行社业发展情况来说，旅行社从事展览业务尚处于起步阶段，更多的形式是旅行社组织旅游者组团参观某个展览活动。这种展览旅游一般是以大型展览会为前提的，如综合世界博览会或专业博览会。展览旅游的发展也促使旅行社开发更多的旅游产品，丰富业务种类。

5.3 展览旅游的运作与管理

5.3.1 展览旅游的运作模式

展览旅游的发展依靠相应的内因和外因，内因是旅游业发展情况，外因是展览活动的开展情况。在具体运作过程中，展览旅游的实施主要依靠展览旅游的组展商、参展商和观展者，这三方面是展览旅游发展的基础和条件。

展览旅游的组展商在整个展览旅游运作中占据主导地位，他们在参展商和观展者之间起到桥梁作用，并提供相应服务，满足参展商和观展者在展览旅游活动期间的各种需求。参展商和观展者是展览旅游的主体，其对展览旅游满意程度的高低直接关系到展会的成功与否，如果参展商和观展者对展览旅游保持支持和信任的态度，就能使展览旅游参与各方达到共赢。

尽管展览旅游的主客体是稳定的，但在具体运作过程中，由于展览旅游性质、目的、内容等的不同，展览旅游活动的运作模式也有所区别，主要有以下几种模式。

1. 专业展览公司承接展会

展览旅游的组展商将展览旅游承包给专业展览公司，由专业展览公司对展览旅游活动进行策划、组织，同时在展会前进行营销和宣传工作，以及展台设计、搭建、展品运输等工作。作为展览旅游的重要内容，开发设计能够反映当地特色的展览旅游产品也是展览公司需认真考虑的方面。例如，中国—亚欧博览会便是由专业展览公司——振威会展承接的。

2. 专业展览公司主办展会

一些实力雄厚的专业展览公司可以直接主办或承办展览会，不仅可以使展览旅游活动更加专业，也能给公司创造更多的效益。例如，励展博览集团主办的行业展会覆盖汽车制造、智能智造、医疗与健康、礼品与零售、餐饮娱乐、印刷包装、电子智造七大行业，旗舰展会包括上海国际汽车制造技术与装备及材料展览会，中国(深圳)国际礼品、工艺品、钟表及家庭用品展览会，亚洲电子生产设备暨微电子工业展，中国国际医疗器械(春季)博览会等。

3. 组展商主办展会

展览旅游组展商独立完成展会的策划和组织，同时在展会各个阶段完成对参展商和观展者的接待和服务工作。一些创办初期的展览旅游活动，往往由当地政府等主办单位提出展览旅游创意和主题，再由专业展览公司负责策划、组织和承办工作。随着展览旅游发展的成熟，由专业展览公司负责展览旅游创意、策划、组织等工作的各类展览将越来越多。

除此之外，展览旅游的每个阶段都有众多的展览旅游服务供应商为组织者、参展商和观展者提供各种服务，如旅行社、旅游景区、旅游交通部门、旅游餐饮住宿设施等部门。

5.3.2 展览旅游的运作程序

目前，主流的商业展览活动基本都是由专业展览公司主办或承接的，这些公司根据市场需求开展相关的策划和组织工作。从专业展览的角度看，展览旅游的运作程序分为筹办阶段、实施阶段和后续阶段。

1. 筹办阶段

在展览旅游的筹办阶段，主办方主要开展调研策划工作。为了使展会及其相应的旅游活动让组展商、参展商和观展者都满意，且能够创造一定效益，就一定要强化展览旅游前期的筹办工作。筹办阶段的工作流程可以简单总结为展览旅游市场调研、寻求合作伙伴、制订展览旅游计划。

1) 展览旅游市场调研

展览旅游市场调研是一项极其重要的工作，不仅要尽快确定展会目标和内容，而且要根据市场需求，完成展览旅游的可行性分析。展览旅游的市场调研主要包括以下几个方面内容。

(1) 收集信息。收集信息的目的在于了解行业发展情况和发展潜力，一方面要明确能否利用行业发展形势促使展会得以发展；另一方面要了解参展商、展会观众对于旅游活动的相关需求。

(2) 选择优势产业。优势产业通常是指在一个国家或地区的经济总量中占有一定份额、有发展优势的产业，或是在一定的空间区域和时间范围内具有较高投入产出比率的产业。选择优势产业不仅可以使展览旅游的成功率大大提高，而且会对地区的经济发展起到很大的带动作用。

(3) 当地政府扶持政策。考虑所选择的项目是不是政府重点支持的项目或者政府是否发布了相应的展览旅游扶持政策，如果有政策支持，会对展览旅游的发展起到很大的促进作用。

(4) 可行性分析。展览旅游的可行性分析可分为市场可行性分析和运行可行性分析。市场可行性分析主要分析展览旅游项目未来的市场发展空间，包括市场竞争状况、市场规模和市场辐射力等内容；运行可行性分析主要分析展览旅游执行过程中所需的各种资源，如人员、资金、物力等。

2) 寻求合作伙伴

为了提升展览旅游的营利性，保证其规模和档次，展览旅游主办方一般都会寻求合作伙伴，作为展览旅游的招展组团代理或支持单位。其中，展览旅游的招展组团代理是指有影响力的专业性、大众化以及权威性的大众媒体、专业展览公司以及海外代理机构，这些部门具有办展的丰富经验，能够快速整合资源，扩大展览旅游的影响力，还能够有效降低招展成本。展览旅游的支持单位是指行业的政府主管部门、行业权威协会组织以及有广泛影响力的行业机构等。

3) 制订展览旅游计划

展览旅游计划是对整个展览工作以及配套活动所做的全局性、总体性安排。完备、系统的展览旅游计划可以使展览工作有条不紊地进行。同时，展览旅游计划也是整个展览管理流程中的重要环节，对于组展商、参展商来说都是必不可少工作指引。

展览旅游计划内容繁杂，没有统一的模式，但其内容相对固定，一般来说主要包括以下几个方面。

(1) 展览旅游的名称。

(2) 展览旅游的举办地点和时间。

(3) 展览旅游的规模和目标。

(4) 展览旅游的举办机构。

(5) 展览旅游的展示商品及其范围。

(6) 展览旅游的招展、组团和宣传推广计划。

(7) 展览旅游的进度计划。

(8) 展览旅游的现场管理计划。

(9) 展览旅游的相关活动计划，重点包括旅游活动的相关计划。

2. 实施阶段

完成展览旅游的前期筹办工作以后，特别是制订了展览旅游计划之后，就步入展览旅游的实施阶段。实施阶段的工作主要包括展览旅游宣传，招展、组团和招商。

1) 展览旅游宣传

展览旅游宣传工作在整个展览旅游运作环节中居于重要地位，它不仅决定了参展商的数量和质量，而且决定了观展者的数量和质量，从而最终决定了展览旅游的展出效果。主办方应选择合适的展览旅游宣传方式，有针对性地开展宣传工作，以取得良好的宣传效果。展览旅游的宣传工作可以从以下几方面操作。

(1) 宣传对象。一般来说，展览旅游宣传主要针对现实和潜在的参展商和观展者。不同的展览，涉及的行业不同，其参展商和观展者也不尽相同，只有把参展商和观展者限定在一定的范围内，才能最大限度地实现展览旅游目标。

(2) 宣传内容。展览旅游的宣传内容是指宣传资料，主要包括展览会资料、市场资料、组展要求和安排、协议或合同等。宣传资料有助于参展商和观展者了解展览项目，如地点、时间、内容、性质等。宣传资料应尽可能详尽，使参展商和观展者能够详细了解展览会的情况。

(3) 宣传方式。展览旅游组展商应根据展览和宣传对象的具体情况，选择合适的宣传方式。常见的宣传方式包括大众媒体广告、户外广告、邮寄广告等。

(4) 宣传技巧。适当的宣传技巧不仅可以使展览旅游宣传工作事半功倍，而且有助于展览旅游的顺利举办。开展具体的宣传工作时应有针对性，将组展商和参展者区分开来。有时组展商会邀请参展商完成宣传，这样可以大幅度降低宣传成本，也可以激发参展商的积极性。

2) 招展、组团和招商

招展和组团是指展览旅游组展商招徕参展商，组织旅游团前来参加展览活动。招展和组团是展览旅游实施阶段的重要工作之一，所涉及的利益主体较多，内容十分庞杂，主要包括展览会说明及特色介绍、目标市场定位、财务预算、市场推广等。招展和组团工作的核心通过优质的专业服务获得应有的经济效益，一方面着眼于参展商(卖家)，另一方面着眼于观展商(买家)。

招商的顺利开展是展览会能够成功举办的影响因素之一，它反映了展览旅游对观展者的吸引力。招商与招展和组团是相辅相成的，只是两者面向的对象不一样。需要强调的是，越来越多的国内展览公司开始把专业观众组织(招商)放在首位，以吸引更多、更高层次的参展企业，因而招商工作在展览旅游实施阶段有着十分重要的作用。

3. 后续阶段

后续阶段是指展览旅游主体活动结束以后的阶段，它是展会组展商、参展商与观展者合作关系的延续。尽管展览旅游的主体活动是整个展览活动的核心内容，但后续阶段也会对展览旅游产生深远的影响。一些知名的展览活动不仅能在市场竞争中立于不败之地，还能有效地扩大自身影响力和市场份额，这或多或少与其重视展览活动的后续工作有关。后续阶段主要包含以下三个方面的内容。

1) 最后跟踪阶段

展览旅游活动最后跟踪阶段的工作主要针对参展商和重要观展者，旨在加深重要客户的印象，树立展览会品牌形象，同时也为下一届展览会的宣传工作做好准备。最后跟踪阶段的主要工作有以下几项。

(1) 感谢工作。展览旅游参与者对展会的策划、招展、招商、信息发布、现场服务等方面起着重要的作用，展览结束后要对他们的支持和协助表示感谢。

(2) 媒体跟踪报道。通过各种媒体对整个展览旅游活动进行回顾性报道，特别是对展览环境、参展人数、专业含量、展览效果、成交额、反馈意见等进行报道。

(3) 发布下一届展览信息。

(4) 对参展商进行意见调查和征询。

2) 评估阶段

展览旅游工作评估是对整个展览环境、工作以及效果进行全面性、系统性评估。一般来说，展览旅游的评估工作是由专门的评估人员完成的，主要针对组展商和参展商，评估对象不同，其侧重点也有所不同。

(1) 组展商评估。组展商的评估较为宏观，主要包括对展览整体情况、参展商和观展者的整体情况进行评估。展览整体情况是指组展商的前期准备工作情况、展览期间的现场服务和管理情况，相关数据可以通过对参展商和观展者进行调查得知。通过对组展商的评估，可以使其了解自身工作情况，了解展览旅游活动的档次、规模以及效果。

(2) 参展商评估。参展商评估是对展览旅游的组织工作和展出效果进行评估。评估的内容主要有展会前期筹备工作、展会举办期间的组织管理工作、展览旅游目标是否合适、宣传是否到位、展会服务人员工作能力和态度、展会运输服务等。

无论是组展商评估还是参展商评估都是十分复杂的工作，评估结果直接关系到本届展会的举办效果和下一届展会的举办顺利程度。因此，评估工作应尽可能做到科学、客观、合理，要收集大量数据和信息，设计科学、合理的调查问卷，作为评估工作的依据。

3) 总结阶段

展览旅游总结阶段的工作是总结展览旅游项目从开始到结束之间的各项工作，并形成报告，为未来工作的开展提供数据、资料、经验和建议。其中，重点工作是进行效益成本分析，对收集到的组展商、参展商和观展者的意见和建议进行分析，并提出改进产品和服务的措施，作为以后开展工作的基础。总结工作对展览旅游的运作有着重要的意义和作用，它为主办方未来举办展览旅游活动提供了依据和指引。

5.3.3　展览旅游的管理

在展览旅游开展过程中，展览旅游策划和管理都是必不可少的。展览旅游的管理主要包括餐饮管理、住宿管理、交通管理、购物管理、娱乐管理、场馆与人员管理、危机管理、质量管理等，本节重点介绍前五项。

1. 餐饮管理

1) 餐饮管理的准备工作

餐饮是旅游者和参展者的基本需求，餐饮管理工作是旅游服务的重要组成部分，而餐饮管理准备工作是否充分会直接影响后续环节。通常，在准备阶段，展览旅游餐饮管理者需要做到以下几点。

(1) 统计参加展览旅游的人数。

(2) 了解参加展览旅游的人员基本情况，如国籍、宗教信仰、职业、年龄和性别等。

(3) 研究旅游目的地的餐饮情况，如查阅当地的餐饮法规。

2) 餐饮管理的要求

(1) 安全卫生。餐饮管理，卫生第一。只有干净卫生的餐饮才能使展览旅游者吃得好、吃得满意、吃得放心。因此，管理者要按照有关食品卫生法的要求和规定，在采购、运输、制作各个环节采取得力措施，确保餐饮安全。

(2) 规格适中。展览旅游与一般旅游活动不同，餐饮标准的制定要根据展览旅游的组织经费，并贯彻勤俭节约的原则，反对大吃大喝和铺张浪费。

(3) 照顾特殊。展览旅游者中如有少数民族、外宾或其他有特殊餐饮要求的参加者，要特别予以照顾，尽可能满足他们的需要。

3) 餐饮管理的工作程序

(1) 制订餐饮工作方案，具体包括以下内容。

① 就餐标准。明确早、中、晚三餐的具体标准和费用支出。

② 就餐时间。就餐时间需要综合考虑展览旅游活动参加者的作息时间。

③ 就餐地点。如果人数较多，应多安排几个就餐地点。

④ 就餐形式。确定采取个人分食制还是同桌合餐制。

⑤ 就餐人员组合方式。确定就餐时人员是自由组合还是按照计划组合。

⑥ 就餐凭证。确定人员是凭证件就餐还是工作人员统一组织就餐。

(2) 预订餐厅。选择餐厅时，应考虑以下事项。

① 餐厅是否能够容纳全部展览旅游者。

② 餐厅的卫生条件是否达到规定标准。

③ 饭菜的品种和质量能否满足要求。

④ 餐厅与旅游景点或会展活动场地的距离是否适当。

⑤ 价格是否合理。

(3) 统计就餐人数。准确统计就餐人数是安排餐饮的重要前提。人数不准确，偏多会造成浪费，偏少会影响部分参加者就餐。统计人数的常用方法是参考展览旅游活动的签到人数，但需要注意的是，用餐人数常常处于动态变化中，餐饮管理人员要与展览旅游活动组织方保持信息交流，时时跟进调整人数标准。

(4) 商定菜谱。组织部门要十分重视菜谱的制定，在经费预算的范围内，尽可能与有关餐厅商定一份科学、健康、合理的菜谱，根据展览旅游参加者的背景区别对待，尽可能满足各地参与者的饮食习惯要求，以及少数民族代表和有特殊饮食习惯的代表的需求。一般国际性较强的展览旅游活动，在餐饮方面要注意中西结合，在条件允许的情况下，亦可选择一些具有地方特色的饭菜，使参加者可以更多地了解当地风土民情，丰富旅游生活，增长旅途见识。

(5) 餐前检查。就餐之前，需要对饭菜质量、份数、卫生状况等进行必要的检查，如发现问题，应及时调整。

(6) 用餐服务。用餐服务通常包括以下内容。

① 餐桌布置。在不同用餐地点，使用的餐桌饰品都不相同，餐具、调味瓶、餐巾、桌布和花卉都要协调统一，同时与展览旅游参加者的身份相配。

② 安排入座。安排座位的常用办法是自由入座，参加者可以自己选择坐在哪里就餐，如果需要保留座位，应该事先做出声明，把要保留的餐桌和座位用明显的标志区别出来。

③ 收取餐券。如果餐饮服务要使用餐券，应事先协商好由谁负责收取餐券，以防造成混乱。通常可以安排侍者在就餐者全部入座、准备上菜时，收取餐券。

④ 就餐形式，通常为自助餐或半自助餐。

⑤ 控制环境。由于就餐者数量较多，组织方需要考虑环境问题，就餐人数一旦超过50人，组织方就需要解决室内通风问题，以确保就餐人员的舒适与健康。

149

(7) 餐后反馈。展览旅游者就餐后，组织方要注意听取他们对饭菜质量以及餐饮服务的意见，以便及时改进。

2. 住宿管理

1) 住宿安排的要求

(1) 相对集中。展览旅游参加者的住处应相对集中。这样做一方面有助于旅游活动期间的领导和管理，另一方面有助于参加者之间的沟通和交流。

(2) 距离适中。距离适中即要考虑到住宿地与旅游景点的距离。展览旅游的住宿安排通常有两种情况：一种情况是住宿地既是展览活动举办地又是旅游活动目的地，将会展、住宿、旅游融为一体；另一种情况是住宿地与旅游活动目的地分开，需要经过一定时间的交通转乘才能到达。如果情况属于后者，住宿安排应考虑展览旅游的需求。旅游活动目的地离展览举办地应在500公里以内，旅途时间不超过48小时，尽量安排在离旅游目的地较近的地方住宿。

(3) 设施齐备，确保安全。展览旅游参加者下榻的宾馆或饭店除了应具备基本的生活设施外，还必须配备良好的消防和安全设施，以及专门的保安人员，以确保安全。

(4) 合理分配，特殊照顾。房间分配是一个比较敏感的问题。职务和身份相同的参加者，其住房标准要大体一致，以免参加者产生误解；如果参加者的身份高低不等，安排住房时，则有必要适当区分，做到合理合情。另外，还要照顾有特殊需求的参加者。

(5) 规格适中，勤俭节约。在展览旅游活动费用中，住宿费往往占很大比例，因此提倡节约是很有必要的，管理者应根据旅游活动的实际需要来确定住宿规格，不要盲目追求高标准，动辄租借豪华宾馆。

2) 住宿安排的原则

(1) 注意个性。当下，追求个性、显现个性是众多年轻群体的行为特征。值得注意的是，旅游市场对个性服务的需求也十分强烈。展览旅游参加者按其层次来分，可分为贵宾(如政府和国际组织领导人、跨国公司创始人及高层管理人员等)和一般客人(如参加会展活动的一般中小企业家及普通经营管理人员)；按性别分类，又可分为男性客人和女性客人；还可按习惯爱好分类，例如将客人分为抽烟与不抽烟的客人、喜欢健身与不喜欢健身的客人等。展览旅游参加者追寻个性化生活方式是世界潮流中的一部分，对于有个性化需求的客人，住宿安排可以考虑打破传统的"标房"模式，提供适合不同层次、不同性别、不同爱好、不同年龄、不同民族与文化的多样化客房，从而使客人获得"个性化"的心理满足。

(2) 注意工作。工作原则是住宿管理者在选择宾馆时需要注意的第二个原则。展览旅游者不同于一般观光旅游者，他们在旅行过程中往往需要兼顾工作，可能需要在客房内办公，比如准备发言稿、起草并修改文件以及对外联系，这就要求客房也可以作为办公室来使用。因此，管理者在安排房间时，应注意桌子是否足够大、座椅是否舒适、灯光是否足够亮、电话是否设置在桌子上、常用文具用品是否齐全、现代化办公设施(如计算机、传真机、打印机)是否配备齐全。

(3) 讲求技术。客房对于一般旅游者来讲，是休息睡眠的场所。但对于展览旅游者来说，他们不但需要在客房内休息，还需要使用客房内的电子线路接口，随时通过互联网与外界联系。在选择住宿地时，管理者一定要注意细节，在经费允许的范围内，优先选择科技含量高的客房，使展览旅游服务更上一层楼。

(4) 注重环保。环保是选择客房必须遵循的原则。当今世界已进入"绿色时代"，以"保护环境、崇尚自然"为宗旨的绿色革命迅速在全球范围内掀起，对旅游业也提出了新的要求。为了提高展览旅游的客户满意度，管理者在安排住宿时，应选择获得国际绿色通行证——ISO 14001环境认证的宾馆。

3) 住宿安排的工作程序

(1) 制定住宿方案。住宿方案可以同餐饮方案一起制定，其内容包括所住宾馆的地点、所住宾馆的规格、所住宾馆的费用、房间分配原则等。

(2) 统计住宿人数。住宿人数的统计可分为两步：第一步是根据展览旅游活动报名表或申请表统计大致人数，并据此预算所需房间数量；第二步是统计实际报到参加人数，这一数字比较准确，是最后落实房间和床位的依据。

(3) 分析展览旅游者情况。预订和分配房间之前，要仔细分析展览旅游者的基本情况，如展览旅游者的性别、年龄、职业、生活习惯、相互关系等。一般情况下，应优先照顾女性、年长和职务较高者。如果安排双人标房，可适当考虑专业相同或行业相近的展览旅游者同住，有利于他们进行交流。展览旅游者如果有随行人员，可将他们安排在一起或相邻的房间，以便开展工作。

(4) 确定预订房间数量。预订房间的数量既要考虑展览旅游者的人数和他们的具体情况，同时也要根据管理的实际需求。有时工作部门需在宾馆设立值班室或临时办公室；有时展览旅游者需要在宾馆内会见客人，需要预订若干会客厅；如果展览旅游途中涉及分组讨论或小型会议，还应预订大小适中的会议室。

(5) 预订宾馆和房间。预订宾馆和房间除了注意上述要求外，还要考虑以下几点。

① 宾馆的房间数量能够容纳展览旅游活动的住宿人数。如果旅游规模较大，住宿人数较多，一家宾馆容纳不下，应预订多家宾馆，并尽可能使各家宾馆之间相互靠近，以免给管理以及服务工作带来诸多不便。

② 房间应相对集中，房间分散同样不便于管理和服务。

③ 房间内的生活设施齐全并且完好。

④ 价格合理。

⑤ 留有一定余地，以便遇到特殊情况，随时调整。

⑥ 分发房间钥匙。这项事务一般在参加者到达旅游目的地时，由旅游服务人员同宾馆工作人员一起操作。

3. 交通管理

无论是展览，还是展览之后的休闲旅游，都离不开交通安排。展会组织方及交通部门需要周密考虑交通事宜，尽可能地为展览旅游提供全面、周到、细致的交通服务。

1) 展览旅游选择交通团体的因素

一般情况下，如果展览规模较大、程序相对复杂，展会组织方通常会将交通运输外包给专业团体。专业团体可以是旅行社、汽车租赁公司，也可以是专业运输公司。

值得注意的是，虽然旅游交通的执行与维持可以转包给专业团体负责，但展会组织方必须参加决策，以便有效控制整个过程。在选择交通专业团体时，需要考虑以下关键因素。

(1) 备选方是否有安排展览旅游的经验。如果备选方有相关经验，应该要求备选方提供服务过的展览及相关活动列表。展会组织方可据此了解备选方是否服务过类似的活动，并了解相关人数、出发地点、具体旅费和其他安排的相关信息。

(2) 备选方是否能提供资历证明文书。展览组织方应该要求备选方提供资历证明文书，确保备选方有资历来处理相关事务，并对其安全记录加以关注。

(3) 备选方是否熟悉所有旅行模式的价格结构和费用情况。展会组织方应将此项列为招标文件的一部分，以确保这些公司及人员为了利益最大化而有效工作。

(4) 展会组织方应该多选几家交通服务提供商，以便进行价格、服务、能力、水平、声誉及投保范围等方面的比较。

(5) 当展会组织方在外地组织旅游交通事宜时，可以与当地客运公司沟通，请其帮忙提供声誉良好的旅游交通专业团队名单，以方便筛选。

2) 展览旅游的交通方式选择

当下人们普遍使用的展览旅游交通方式是空中交通和地面交通。此外水上交通也被逐渐开发，成为展览旅游交通的良好补充。在现实中，展会组织方通常可以本着安全、快捷、舒适以及季节性的原则灵活组合不同的交通方式。

(1) 空中旅游交通方式。空中交通由航线、飞机和机场三个部分组成。飞机是主要的航空运输工具，承担着接送旅客的大部分任务，所以飞机成为空中交通的代称。据统计，约有36%的国际旅游者选择空中交通，其中大部分是远距离旅游者。

优点：由于空中交通为直线飞行，相对快速、省时；乘坐舒适；航程较远；安全性能比较高。

缺点：飞机造价高，机舱容积和运送量都比较小，所以飞机票价比地面交通方式高得多；在一定程度上受到气候条件的制约，班机提前、误点、转道甚至取消的情况时有发生，可能会影响旅游者的行程；空中交通在500千米以内的短途旅行中没有速度优势。

(2) 地面旅游交通方式。地面交通可以进一步分为铁路交通和公路交通。

铁路交通由铁道线、机车车辆、铁路车站三个部分组成，主要承担中、远程旅游者的运输任务。据统计，约有6.4%的国际旅游者选择地面交通。从世界范围看，随着航空和公路交通的发展，铁路在旅游交通中所占的比重有所降低，但在发展中国家，它仍然是旅游活动的主要交通工具。与其他交通方式相比，铁路运输速度较快、运输能力大、安全性高、费用较低、受气候影响小，但是由于铁路交通依赖于固定的铁轨，空间位移的局限性很大、不够灵活、应变能力较差。

现代公路交通的主要承载工具是汽车。公路交通与航空、水路等交通方式相配合，构成多元化的游客运输网络。公路交通适用于短、中途运输，是世界上主要的旅游交通方式，承担着一半以上的国际旅游运输量。

优点：公路交通灵活性高，行驶自由；短程速度快，节约时间；便于游览。

缺点：公路交通安全性较差；运输能力有限，不适于长距离的国际和洲际旅游；能源消耗比较多，不利于环保。

(3) 水上旅游交通方式。现代水上交通是利用船舶在江河、湖泊、海洋、水库和人工水道运送旅客以及货物的一种运载方式。水上交通主要用于短途客运及长途水上游览，承担了约7.5%的世界旅游交通量。我国很多地方江河众多，水运资源丰富，沿岸景色秀丽，为水上交通提供了良好的环境。各地旅游部门利用自然以及人工水域，已经开辟了很多旅游专线，如江浙一带的古运河旅游，把江南城市无锡、苏州、镇江、扬州和杭州连成了一条黄金旅游线。

优点：水上交通安全性能较好；乘坐舒适；运费低廉；设备完善；豪华游船本身既是客运载体，又是旅游吸引物，是典型的"旅中有游，游旅结合"的交通工具。

缺点：船舶航行速度慢；管理环节多；受自然条件影响大，机动灵活性较差；不是所有地方都具备水上旅游的条件，适用范围较小。

3) 展览旅游交通管理的主要内容

展览旅游的交通管理主要体现在交通票务与交通安排方面。

(1) 展览旅游的交通票务。旅游离不开交通，交通离不开交通工具，而乘坐交通工具必须购买各种交通票证。在展览旅游中，旅游者既可以自行购买交通票证，也可以委托专门从事票务工作的旅行社或票务公司代买。在组团旅游中，票务工作应由组团旅行社完成。

旅游交通票务主要包括航空票务、铁路交通票务、公路交通票务和水运交通票务。

① 航空票务。展览旅游中从事航空票务的工作人员必须具备航空交通服务的各方面知识，包括有关航空公司使用的设备设施、提供的服务项目、各类机票价格、国家关于民航运输的法律法规以及航空公司的相关规定等。

飞机票是航空公司与乘坐该航空公司航班的乘客之间的法律性凭证，是旅客与航空公司之间订立的"运输契约"，是旅客乘飞机和随机交运行李的证明。飞机票上应完整记录乘客姓名、飞行路线、机票价格以及各种相关的特殊要求和规定。因此，工作人员在购票时，必须十分细心，任何看似微不足道的失误都会给旅行带来重大麻烦，造成经济和声誉方面的损失。

② 铁路交通票务。铁路交通票务的关键在于保证及时购买旅游活动所需要的各种火车票，此外，还要负责代办旅游者或旅游团队因旅行计划变更而造成的增购或退减火车票业务。铁路交通票务工作流程一般可参照以下几步。

第一步：预订火车票。在预订之前，票务人员必须了解乘坐列车的旅游者和列车两方面信息，然后向铁路售票处提出预订计划，应考虑订购火车票的数量、种类、抵达车站名称和车次等多方面的信息。

第二步：购买火车票。向铁路售票处提出预订计划后，票务人员应持现金或支票到售票处购票。

第三步：退票。若旅游者的旅行计划变更或取消，应根据铁路部门的规定办理退票手续，并交纳相应的退票费。

第四步：车票签证。旅游者如不能按照票面指定的日期和车次乘车，可办理改签手续。办理改签手续的时间不可超过列车开车时间。团体旅客必须在开车前6小时办理车票签证手续。直达特快车票和新型空调车的车票、卧铺票不予办理改签业务。

第五步：变更径路。旅游者在中途站或列车内，可变更一次径路，但变更径路时应在分歧站以前提出声明。办理变更径路手续时，由铁路有关方面收回原票，换发代用票，补收或退还从分歧站起算的新旧径路里程差额的票价。不足起码里程时，只补收不退还，并核收手续费。退还票价时应注明"由到站退款"。

第三步到第五步为特殊情况下的票务工作，正常情况下，展览旅游者购买火车票后，即可乘车前往目的地，无须办理这些事务。

③ 公路交通票务。公路交通主要用于市内游览及短途旅行。在办理公路交通票务时，应对提供服务的备选汽车公司进行调研，充分了解这些公司拥有的车辆数目、汽车类型、汽车性能、司机技术、租车费用、公司管理等情况。在比较分析的前提下，选出适合符合展览旅游要求的公司，经谈判签订租车协议。

在展览旅游中，由于旅游者的消费水平较高，对用车的舒适性要求也比较高，因此应在预算范围内选择较为高级的旅游汽车。

④ 水运交通票务。在办理水运交通票务时，应根据旅游计划和要求，向轮船公司等水运交通部门预订船票，并在规定日期将填好的船票订单送交船票预订处。票务人员在取票时应逐项核对船票日期、离港时间、航次、航向、乘客名单、船票数量及船票金额等内容。购票后如遇旅行计划变更造成人数增减甚至旅行取消等情况，票务人员应及时办理增购或退票手续，保证旅游者能按计划乘船，同时减少经济损失。

(2) 展览旅游的交通安排。在展览旅游交通管理中，除了办理交通票务，还需全面考虑交通安排。在实际操作中，组织方无论是在组织展览活动时，还是在组织展会之后的参观旅游时，都会遇到纷繁复杂的交通情况。对于参观旅游的交通安排，应考虑以下问题。

① 怎样办理票务。组织方或者旅行社在选择大型会展活动指定专用交通运输公司时，要多方面对比，为旅游者争取集体旅行订票的最优折扣条件。组织方应该对旅行交通事务比较熟悉，如退票、退款和旅行保险等，或者应该就这些事宜咨询相关专家或将业务外包。

② 是否指定带队人员陪同旅游。在展览旅游中，组织方会指定一名带队人员陪同旅游者完成旅行。带队人员可以是由展会方面指定、具有这方面能力的工作人员，也可以是旅行社指派的导游人员。

③ 如何处理票证。如果旅游活动及行程较为统一，票证通常由带队人员统一保管；如果行程分散，工作人员可以在旅游者到达机场之后或者在其他的指定集合地点将票证分发给个人。

④ 是否分配座位。安排座位是一项复杂的工作，必须考虑很多因素，如确定吸烟区和非吸烟区、选择靠过道还是靠窗的座位、谁与谁坐在一起等。如果可能的话，尽量让旅游者自行分配。

⑤ 是否需要提供特殊饮食。由于要照顾到不同饮食习惯的旅游者，带队人员或组织方要事先了解旅游者对饮食是否有特殊要求，然后反馈给交通运输公司，以方便其订餐。

⑥ 旅游者中是否有人存在健康问题。在出发之前，组织方应该向交通运输公司提供有关旅游者健康方面的信息，以防有人途中需要接受医疗服务。需要服用处方药物的旅游者，应该确保随身带有足够剂量的药品。如果是国际旅行，这些药品必须装在原来的包装里，而且生产商或药剂师要在包装上注明药物成分。

⑦ 如何计算费用。地面运输的费用计算起来可能比较复杂，涉及最低收费、日间和夜间不同的收费标准以及其他规定。如果费用按照里程计算，应该先明确如何计算里程，是根据里程表、地图计算，还是按事先确定的距离计算，因为不同方法计算出来的里程差别很大，收费的差额也会很大。

⑧ 如果取消预订，应确定需要交纳的费用。如果组织方可能取消已经预订的运输服务，应考虑在哪些情况下可以取回订金。如果在签订运输服务合同之后，活动需要重新安排，应考虑是否还需交纳一部分费用。如果要提高旅行的经济性，就需要旅游者达到一定人数。如果组织方为旅行社，在签订合同时，还应考虑到旅游者报名人数没有达到预期应如何安排。

⑨ 预计搭乘人数。要充分考虑参加旅游的人数、搭乘交通工具的人数。掌握较为确切的搭乘人数，方便组织方对运输路线和所需车辆进行及时调整。

4. 购物管理

一般来说，旅游者的购物行为是旅游者的个人行为，展览旅游组织方不宜干涉；而且展览旅游作为一种商务旅游，购物的重要性远不及休闲。但是，从我国旅游商品和商店情况来看，作为组织方，还是有必要为旅游者提供一些购物方面的信息，例如在宣传手册或旅游指南上推荐一些信誉好、服务好、有特色的旅游商品销售单位或旅游购物商店。如果在一些商业城市举行展览活动，购物也是展览旅游的目的之一，这时组织方应尽可能为旅游者提供各种旅游商品信息、购物中心信息，以及适用的购物指南，以方便旅游者享受购物乐趣。

5. 娱乐管理

展会旅游组织方应为旅游者安排表演、晚会等娱乐活动，在安排娱乐活动时，应要考虑以下问题。

(1) 是否安排娱乐节目。在安排娱乐节目时，应仔细考虑这些活动与展览目的以及组织方形象的联系。没有经过周密计划的娱乐节目会显得过于轻率，而且会被视为对主办方资源的一种浪费。当然，娱乐节目也可以视为给予展览旅游者的一种额外福利。

(2) 预算是否包含娱乐节目经费。娱乐节目的成本应该包括在展览旅游的预算之中。随着协商的进展，最初的预算可能需要进行一些调整。如果成本低于原来的预算，就不会造成什么问题，但如果协商进展表明成本高于预算，展览旅游组织方就应尽快对预算做出调整。预算不仅要包括演员的报酬，还应包括补助、预演等与娱乐节目相关的其他费用。

(3) 应该安排什么类型的娱乐节目。娱乐节目应该与展览及展览旅游主题密切相关，节目内容应符合参展人员的喜好。

(4) 是否将娱乐节目的组织工作外包给专业演出公司。多数优秀演员都是由专业演出公司代理业务，与专业演出公司合作可能需要较高的成本。但如果自行组织，成本往往更高，手续更加烦琐。所以，将娱乐节目的组织工作外包给专业演出公司，可以在保证演出质量的同时，节省展览旅游组织方的人力、物力和财力。

(5) 应该选择怎样的专业演出公司。选择信誉好、水平高的演出公司是娱乐节目成功的关键。在与多家备选专业演出公司洽谈时，应该重点了解它们是否拥有举办演出活动的权限，是否获得政府部门的许可，它们代理的演员表演过什么样的节目、获得了怎样的演出评价等。

(6) 是否应该就娱乐节目安排签订正式协议。与演员或演出公司签订正式的演出协议很重要。协议不仅可以为将来处理可能发生的纠纷提供递交法庭的证据，而且有助于将组织方与演员或演出公司就演出明细、旅费、补贴、报酬、人员成本、设备成本以及取消预订等事项的协商结果落实到文书中。

(7) 娱乐活动举办地有哪些可以利用的娱乐设施。展览旅游组织方应该了解娱乐活动举办地的设施设备，若需要提供一些道具或乐器，组织方应事先准备并进行调试。

(8) 已预订的娱乐节目无法演出应如何处理。由于自然灾害或者档期重叠，预订的节目不能演出，带来的最大危害就是令展览旅游者失望。组织方应尽量准备一套应急方案，具体情形可根据展览旅游者对演出的关注程度以及可能补救的机会而定。

课程思政案例

【案例主题】

感受展览之魅·上海世博会博物馆展陈大观

【案例内容】

第一展厅

展厅名称： 寰宇舞台

展区名称： 世博纵览、万国博览会、全景巴黎

展厅简介： 欧洲工业革命预示着世博会的兴起。举办世博会的目的是促进各国间的友好交流，并在和平友好的氛围下庆祝工业、生产和社会进步。

伟大的世博会带来了前所未有的历史影响，它推动了经济、科学、技术发展，并激发了众多人类体验领域的创造力。最重要的是，世博会提升了全人类的生活质量，并持续发挥着这一作用。

举办世博会的初衷是展示技术创新成果和提升参展国的社交和文化影响力，而其包罗万象的性质则带给观众精彩绝伦又富有启发的参观体验，向观众展示了时代的进步。此后，在合作、教育和创新的驱动下，世博会不断发展成一个为人类面临的最大挑战找寻解决方案的全球平台。

世博会的故事始于1851年的伦敦：万国工业博览会第一次让众多国家汇聚一堂。1855年，指挥棒传到了巴黎手中，这座法国的首都城市共举办了六届世博会，在短期内推动了

整座城市的现代化，并使其成为之后世博会场馆规划的模板。到第一次世界大战爆发前，共有18届世博会在欧洲各大主要城市、美国甚至远至澳大利亚举办。

随着世博会的发展，国际展览局于1931年成立，意在规范这一盛会。国展局监督和管理四类世博会(以举办规模和举办目的区分)，即综合类世博会、专业类世博会、园艺博览会和米兰三年展。

第二展厅

展厅名称： 进步之路

展区名称： 城市变迁、科技创新、世界之旅

展厅简介： 世博会是多元化的活动，既教育和娱乐大众，又共享创新、促进国家间合作。19世纪和20世纪初举办的世博会都具有包罗万象的特性并关注一个共同的主题：基于工业化、技术发展和制造业的"进步"观念。世博会对人们的生活产生了重大影响，提高了人们对时代大发展和大发现的认识，推动了消费者导向的社会的发展。此外，每一届世博会都凝聚了所有参与规划、建设和运营的世博人的才华和奉献。

世博会最显著的直接影响是它在主办城市所留下的印迹，它为城市规划、建筑和设计的发展与试验提供了完美的机遇。每一届世博会都通过一个不同的主题，打造出一个临时或永久的未来理想城市模型。非凡的建筑工程项目见证了花园、湖泊、景点和极具创意的公共艺术项目的诞生，促进了世博会举办城市的功能提升和现代化进程。

世博会是世界领先的推动创新、发展工业和艺术的平台，也是包罗无限发明的舞台，而这些发明将永远改变社会。从强大的蒸汽机车到电气照明、缝纫机和电话，世博会孕育和展示了以高科技创新为核心的技术和艺术领域的突破性进展。

世博会呈现的另外一面则是震撼人心的多元文化景象——将教育、娱乐和异国情调独特地融合在一起，这使其成为当时最受欢迎的休闲景点，一个充满娱乐、发现和魅力的地方。世博会启发了文化旅游，吸引了大批观众。在世博会上，观众第一次有机会在一座城市里环游世界，感受来自全球各地的建筑、音乐和人文风情的震撼。

第三展厅

展厅名称： 乐观信念

展区名称： 和谐发展、未来一瞥

展厅简介： 两次世界大战永远改变了社会赖以前进的理念和价值观，揭示了在国与国之间需要的是一个合作体系而非无休止的竞争关系，民主和福利受到推崇。通过对现实新的思考、理解和表现方式，对现代世界这一概念的更新有了更广阔的视野。

1929—1965年举办的世博会反映的是克服分歧，将寻求平衡和维护和平作为探讨的中心议题。在世博会园区里，通过一种宏伟、辉煌、壮观和憧憬未来的观感，营造出一个和谐、现代、乐观的示范环境，传递了一条清晰的信息——满怀激情地建设一个更好的世界。

在这一时期的最初阶段(1929—1939年)共举办了五届世博会，并见证了国际展览局、专业类世博会和米兰三年展的诞生。这十年的一个重要特征是美国世博会有别于欧洲世博会的独特性。这时的旧欧洲大陆从战争的创伤中恢复，从前卫艺术家和装饰艺术运动

中引发了夺目的创造力，为世博会确立了新的审美。而美国则以对科学、教育和未来所抱有的积极乐观主义抵抗大萧条的冲击，这种动力通过世博会重塑和强化了美国的国家形象。

这一时期的第二阶段(1947—1965)的突出特点是太空时代社会、政治和文体的跨文化影响力，以及主题性不断增强的7届米兰三年展、13届专业类世博会和3届综合类世博会。值得关注的是1958年布鲁塞尔世博会和1962年西雅图世博会，它们从形式和概念上都展现了欧洲世博会和美国世博会的精华。国展局在这段时间里对世博会发展所起到的巩固作用也不容忽视。尽管处于冷战背景下，但相信未来充满发展潜力和进步可能的乐观信念鼓舞着人们的精神。

第四展厅

展厅名称： 挑战重重

展区名称： 世博与环境、新技术文化娱乐

展厅简介： 科学技术的进步——特别是信息和通信技术的发展、维护福利国家以及全球化时代是20世纪下半叶和21世纪初的主要特征。在这一背景下，对和谐与可持续发展的渴望始终伴随着世界变革的轨迹。世博会反映了这一趋势，将主题的中心聚焦于人性，重点着眼于可持续发展和生活质量。

4届综合类世博会、17届专业类世博会、18届园艺博览会和4届米兰三年展共筑了这40年间的世博全景：对更加可持续发展的世博会充满责任和关注，启发国展局引入新的概念，比如每届世博会后续利用规划的重要性，最佳实践区、世博论坛和世博精神遗产的巩固发展。

对可持续发展的关注在世博会的规划以及世博园区内的设计中得以体现，这是一个充满突出创造力和实验性的时期。配套的建筑、设计、雕塑、新媒体、城市艺术和文化项目，使这一盛会自身具备了全球吸引力和艺术主张。

在这个时期举办的众多世博会中，值得关注的是：具有示范效应的1967年蒙特利尔世博会规划；拥有广泛主题的1970年大阪世博会将世博会扩展到亚洲；1992年塞维利亚世博会对世博精神的革新；2000年汉诺威世博会对可持续性和平衡发展概念的结合。

第五展厅

展厅名称： 世纪盛会

展区名称： 世博概述·申办成功·世博规划·世博建设·世博会期·网上世博会·世博记忆

展厅简介： 中国2010年上海世博会以最广泛的参与度缔造了世博会历史的里程碑，以一届成功、精彩、难忘的世博会，创造了世博会160多年历史上的华彩篇章。第五展厅突出"全景"的概念，包括世博概述、申办成功、世博规划、世博建设、世博会期、网上世博会、世博记忆等方面，时间跨度从2002年申博成功一刻，至2010年10月31日世博会圆满闭幕，空间上展示5.28平方公里范围内世博园区的变迁。

世博概述：在展览之初便以简洁明确的信息高度概括2010年上海世博会这一盛会。

申办成功：述2002年12月3日成功申办世博会这激动人心的一刻，并以多媒体回顾中

国举办世博会的百年追梦历程。

世博规划：主要介绍5.28平方公里世博园区的规划。

世博建设：展示为成功举办世博会，从申博成功至2010年上海世博会开幕前所进行的动迁、建设等各方面工作。

世博会期：着重展示从2010年5月1日至10月31日这184天的世博会期间志愿服务、安全保卫、新闻宣传、世博论坛等内容。

网上世博会：将实体世博会的精彩内容在互联网上予以呈现，搭建与观众互动的平台。

世博记忆：通过国礼、与世博会主题相关的出版物等实物，以物述事，讲述2010年上海世博会。

第六展厅

展厅名称：世界文明

展区名称：世界珍品·世界文明

展厅简介：世博藏品是反映上海世博会这一国际盛事和重大历史事件的典型物证，是见证成功、留住精彩、延续难忘的载体。第六展厅通过展示2010上海世博会获赠珍品，集中展示了上海世博会期间，5个片区内246个参展国家和国际组织展馆、企业馆及城市最佳实践区展馆根据自身文化背景与对城市主题的理解所展现出的精彩与魅力。

世界珍品：展示2010年上海世博会各参展方捐赠的展品，从"物"的角度展示2010年上海世博会。

世界文明：以图片、多媒体展示2010年上海世博会各参展方的相关信息。

第七展厅

展厅名称：中华智慧

展区名称：万国风采·中华智慧·主题演绎·地标建筑·世博志·开闭幕式

展厅简介：第七展厅通过实物展品与图文结合，展现中国馆，中国省区市联合馆以及港、澳、台地区展馆，主题馆，世博轴、世博中心、世博文化中心等地标性建筑在世博会中的展示形态和展览故事。展厅内还以大型多媒体展览项目反映2010上海世博会的展览、活动、论坛三方面的综合信息。

万国风采：以多媒体长卷结合实物展示2010年上海世博会184天精彩、难忘的瞬间。

中华智慧：以图文展板、实物、多媒体介绍中国作为举办方参加2010年上海世博会，包含中国国家馆、省区市馆、港澳台馆等展馆信息。

主题演绎：以图文展板展示5个主题馆的图文信息。

地标建筑：以图文展板、实物展示世博轴、世博中心、世博文化等地标性建筑的相关信息。

世博志：以多媒体形式展示《世博志》一书。

开闭幕式：以多媒体形式展示世博会开幕式及闭幕式。

第八展厅

展厅名称： 未来愿景

展区名称： 世界城市日·行进的历史·人间的绿洲·人人的世博·世博的星空

展厅简介： 依照历史脉络，第八展厅主要展示韩国2012年丽水世博会、意大利2015年米兰世博会，以及不断延续的未来世博会。作为世博会博物馆的尾厅，该展厅对世博会180多年历史进行了回顾总结，并寄语未来。本厅以"世界城市日""行进的历史""人间的绿洲""人人的世博""世博的星空"5个篇章，阐释"世博永续"的主题。

世界城市日：2010年上海世博会留下的精神遗产。以图文、多媒体结合实物装置的形式展示世界城市日的形象，推动全球不同文明的相互理解包容与交流互鉴。

行进的历史：展示从2012年丽水世博会开始的后续各届世博会相关信息，展示世博会不断前行的历史。

人间的绿洲：展示园艺博览会的相关内容。

人人的世博：展示米兰世博会与观众互动的实物，未来也将成为观众与世博会博物馆以寄语形式互动的桥梁。

世博的星空：既是以大数据形式对世博会历史海量信息的总结，也是对世博会博物馆展览的总结。

资料来源：世博会博物馆官网. 展陈大观[EB/OL]. http://www.expo-museum.org/sbbwg/n281/n282/n299/n300/u1ai22735.html.

【案例意义】

第一，以展览会为展示平台，以多元化展览内容来凸显中华文化、中国形象，用诸如城市变迁、科技创新、和谐发展、世博与环境、新技术、中华智慧等主题呈现社会主义核心价值观、国家政策或当下热点话题等相关内容。

第二，在展览内容方面，第七展厅展示中华智慧，以图文展板、实物、多媒体结合的形式介绍中国作为举办方参加2010年上海世博会的过程和具体故事，包含中国国家馆、省区市馆、港澳台馆等展馆信息，进而展示大国形象、讲好中国故事。

第三，教育引导层面，以图文展板、实物展示世博轴、世博中心、世博文化等地标性建筑的相关信息，为观众提供深入了解和学习的机会，进一步加强教育效果。

第四，艺术表现层面，世博会第七展厅融入艺术元素，以多媒体形式展示《世博志》一书，第四展厅配套的建筑、设计、雕塑、新媒体、城市艺术和文化项目，使这场盛会自身具备了全球吸引力和艺术主张。世博会通过艺术作品的表现力和观赏性来传达文化内容，增强观众的感受和共鸣，提升参展者文化自信。

■ 本章思政总结

党的二十大报告指出："加强国际传播能力建设，全面提升国际传播效能，形成同我国综合国力和国际地位相匹配的国际话语权。"展览会是会展活动的重要形式，也是重要的传播载体，其在展览主题设置、展览内容选择、活动形式设计、教育维度引导以及艺术表现形态等多个层面均可以融入思政元素。展览旅游的思政元素也可以针对不同参与者，诸如旅游者、组织者、其他参与者(包括交通服务供应商、餐饮服务供应商、其他服务供应商等)来进行设计。此外，在展览旅游运作的不同阶段，也可以通过多元形式融入思政元素。值得注意的是，展览会是展览旅游的重要平台，也是呈现中国智慧、中国形象、中华优秀传统文化的重要契机。因此，展览旅游可以通过展览主题设置、展览内容优选、活动形式设计、思政教育引导等多种形式强化展览旅游的思政教育属性。

重要术语

展览(exhibitions)	参展商(exhibitors)
展览旅游(exhibition tour)	观展者(visitors)
会议旅游(conference tour)	组织者(organizer)
博览会(exposition)	

思考与讨论

1. 简述展览旅游的特点。

2. 分析展览旅游与传统旅游的区别。

3. 阐述展览旅游的发展条件。

4. 结合具体案例，分析展览旅游的运作模式。

二十大精神进教材

161

党的二十大报告系统阐述了习近平新时代中国特色社会主义思想的世界观、方法论和贯穿其中的立场观点方法，"必须坚持人民至上"排在"六个必须坚持"的首位。践行宗旨为民造福，就要站稳人民立场、把握人民愿望、尊重人民创造、集中人民智慧，真正做到把"人民至上"内化于心、外化于行。

第三届中国国际消费品博览会(以下简称消博会)于2023年4月10日至15日在海南海口举行。不少来自全球的参展企业选择在消博会的舞台上大秀新产品、新服务，期待借助消博会这一国际平台扩大影响力，抢占市场先机，营造更高品质的生活，助力消费升级。本届消博会以"共享开放机遇、共创美好生活"为主题，其背后，整个消费品市场正在逐步走向复苏和繁荣。多家外企负责人在消博会现场接受记者采访时表示："中国政府提振消费的力度和举措为我们注入发展信心。"消博会期间，海口交通出行、餐饮住宿、城市氛围营造等各项保障工作稳中有序。海口将围绕"吃、住、行、游、购、娱"等方面，多措并举做好保障服务，营造更加安全、有序、便利的城市环境。

思考：二十大精神要求推动艺术创作生产出精品、留经典；要着眼激发创新创造活力，推进机制创新和艺术新科技手段应用，增强社会效果。从着眼增强人民精神力量、加强创作引导的角度，展览旅游如何实现加强产品供给，丰富群众生活？

参考文献

[1] 刘宏伟. 中国会展经济报告[M]. 上海：东方出版中心，2003.

[2] 张遵东. 加快我国会展旅游业发展的思考[J]. 理论与改革，2005，000(001)：105-107.

[3] 彭顺生. 展览旅游属性之理论初探[J]. 中国商论，2015，(14)：151-153.

[4] 彭敏，王培英. 会展旅游产品策划[M]. 北京：北京出版社，2014.

[5] 庞华. 会展运营与服务管理[M]. 天津：南开大学出版社，2010.

第6章
节事旅游

本章要点

1. 掌握节事旅游的概念、特点、主要类型及利益相关者。

2. 掌握节事旅游策划的原则、方法及步骤。

3. 了解节事旅游的运作和管理。

4. 熟悉节事旅游形成的条件。

5. 掌握节事旅游的管理内容和管理方式。

6. 了解我国节事活动存在的主要问题。

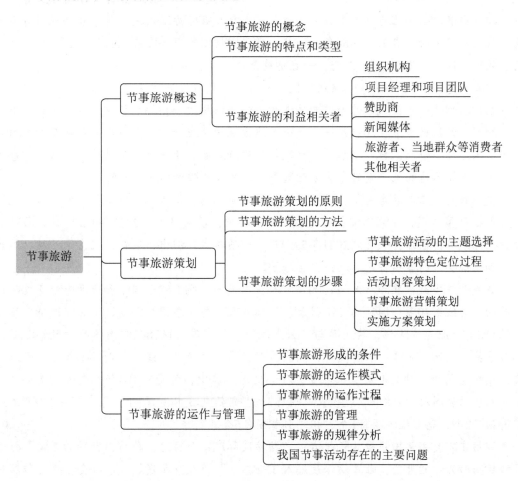

▇▇ 课程思政元素

中国传统节日；民风民俗；文化保护、传承与弘扬；民族团结；民族共同发展；统一战线与国家安全；乡村振兴与共同富裕；非物质文化遗产保护；社会责任意识；资源与环境保护；共建共治共享；大众休闲与全民健康；讲好中国故事；中国品牌与大国形象；惠民、利民；扩大两岸民间交流，深化两岸融合发展；探索海峡两岸融合发展新路。

▇▇ 引例

潍坊风筝，春天里与世界的约会

每到草长莺飞时节，再忙碌的人们总是要挤出时间，携家带口去户外赏春、踏青、放纸鸢。自20世纪80年代以来，每年4月份的第3周周末，山东潍坊与世界各地的风筝爱好者共赴约会——"潍坊国际风筝会"。多年以来，这场文化盛宴吸引着一波波来自五湖四海的客商跨过大洋来参与，一同竞放、争奇斗艳、美不胜收。

风筝，古称纸鸢，因此潍坊又称鸢都，自古文风昌盛。潍坊是世界风筝的发源地，相传两千多年前，鲁班用火烧弯了竹子通过搭建使其形似朱雀，并在鲁山放飞。风筝问世后，很快被用于传递信息、飞跃险阻等军事需要。唐宋时期，造纸业获得发展，风筝改由纸糊，成为人们休闲娱乐的玩具。风筝真正兴盛并走入民间则是在明朝时期。至清代中叶，潍县白浪河沿岸已有很多专业的风筝艺人，年年有官办或民间的风筝赛会吸引着各地商贩和文人墨客纷至沓来。1984年4月1日，首届潍坊国际风筝会在潍坊举行，11个国家和地区的18个风筝团体共185人与会，一直延续至今。

潍坊风筝节的起源可以追溯到明代。相传，明代抗倭战争期间，抗倭将领董平率领部队在潍坊作战时将放风筝作为信号传递的方法，以便统一指挥与协调，从而在战斗中取得了胜利。潍坊风筝节在20世纪一直是一个地方性的传统活动，直到1988年被正式命名为"潍坊国际风筝节"。自此以后，潍坊风筝节逐渐发展成为一个国际性的文化盛会，每年都有来自世界各地的风筝爱好者、专业选手和游客来到潍坊参加风筝活动。

走进潍坊，正是暮春时节，无论是高铁站还是广场、街市，"风筝"无处不在，就连路灯也是风筝造型，夜幕降临，流光溢彩百多公里，蔚为壮观。2021年4月16日，第38届潍坊国际风筝会启幕，一直到2021年5月4日，17项赛事、演出、展览、经贸等活动次第开展，加上12县市的各项特色活动，异彩纷呈。

正式开幕当天，在潍坊滨海1000亩万人放飞现场，线上52个国家和地区专业竞技队如期赴约，与线下40多个国家的外交代表、国际友人，会同全国31个省区市和澳门特别行政区的118支专业竞技队伍，共同参与"云上风筝节"。现场1628只形态各异的风筝参赛，隔屏竞技、表演、交流，彩鸢飞舞，满城芬芳，真可谓风筝一线牵，世界心相连。开幕首日，集中签约重点项目45个，总投资249.85亿元。其中，外资项目4个、先进制造项目11个、新能源新材料项目9个、现代农业项目7个、新信息技术项目3个、康养项目2个、文化旅游项目2个、总部经济项目1个、招才引智项目6个。

潍坊市市委书记田庆盈告诉记者："潍坊国际风筝会拉近了潍坊与世界的距离，打开了潍坊全面开放的大门，让潍坊深度融入了世界。"历经38年发展，风筝会已成为潍坊对外经济文化交流合作的高端平台，潍坊先后与60多个国家和地区开展文化交流，与110多个国家和地区建立了经贸合作关系，带动并促进了经济发展。2020年，12县市区实现地区总产值5872.2亿元，位列全国全部大中城市第39位、普通地级市第15位，城镇居民人均可支配收入41 664元，增长6.7%，农村居民人均可支配收入21 651元，增长6.3%，潍坊成为一座充满机遇的活力之城。

如何深度挖掘并提升世界风筝之都的文化、品牌价值，吸引更多年轻人参与？潍坊的决策者一直在思考探索。"王者荣耀主题风筝"在风筝会上吸引无数眼球，成为年轻人津津乐道的话题。结合年轻人对网络熟悉的特点，潍坊国际风筝综合服务中心携手腾讯，推出风筝寄语祈福等活动，参与者既可以在线上活动中书写寄语，让心愿飞翔在潍坊滨海的蓝天白云之上，也可以在现场DIY风筝、书写愿望和祝福、放飞自己制作的风筝，收获体验。一时间，国家非物质文化遗产传承人"元芳的风筝小铺"，不仅被年轻情侣热捧，还成为许多一家三口、一家四代出游的"打卡地"。潍坊国际风筝综合服务中心主任张建伟表示，传统文化需要不断创新，才能更好地传承，"王者荣耀主题风筝"不仅推动风筝产业的发展，也让无法到现场感受的年轻人在网络世界中体验传统文化的魅力。

走进欢腾的活动现场，笑意写在每一个人脸上。潍坊"龙头"风筝是国家级非物质文化遗产。今年这只由28位工匠耗时48天制作完成的红色巨型龙头蜈蚣风筝甫一亮相，就欢腾了全场。高4.2米、宽3.6米，腰片直径1.5米，有76节，长度达280米的龙头蜈蚣风筝是目前世界之最。制作领头人张华刚告诉记者，这只腾飞的风筝采用的是传统工艺，骨架采用福建毛竹制作而成，寓意我们腾飞红火的中国。

万人放飞绚烂了蓝天，也让白天的风筝会成为欢腾的海洋。而夜幕下的风筝会却是浪漫炫幻的，60分钟的千架无人机和夜光风筝表演在璀璨了夜空的同时，再次惊艳了现场无数客商，许多去年的见证者在今年组团，邀来亲朋好友来现场感受世界风筝之都的欢乐、神奇与浪漫。

创新是潍坊国际风筝会持续红火的秘诀。走过38年，潍坊国际风筝会这个我国节庆文化的样板，已成为独具特色的国际性文化体育盛会，成为潍坊乃至整个山东对外经济文化合作交流的国际平台。与此同时，潍坊风筝产业快速发展，核心风筝企业超300家，年产值超过20亿元，占国内风筝市场85%的份额，每年生产的风筝75%销往欧美等国家和地区。

资料来源：郑惊鸿.潍坊风筝，春天里与世界的约会[N].农民日报，2021-04-23.

20世纪80年代，我国相继有一大批新型节事活动创立并举办。此后，历经近40年的发展与壮大，我国节事活动发展已经逐渐步入相对成熟阶段。比较典型的节事活动包括大连服装节、青岛啤酒节、北京国际旅游文化节、上海影视节，这些节事活动或以旅游为内容，或以促进旅游为目的，在全国掀起了一场"旅游搭台、经贸唱戏"的热潮。如今，几乎每个省区市都分别推出了自己的旅游节事活动。随着2008年北京奥运会、2010年上海世博会等节事活动的成功举办，我国节事活动迈进了发展快车道。节事活动"以节招商，文化搭台、经济唱戏"的操作模式，推广了具有地方特色的旅游资源和产品，塑造了城市整体形象，促进了经济和社会事业的加速发展。

165

6.1　节事旅游概述

6.1.1　节事旅游的概念

节事旅游的概念虽然多次被众多学者提及，但由于研究角度及理解的差异，各国学者对节事及节事旅游概念的界定不尽相同。节事旅游也可称为节事活动、节日活动、节庆活动、节事等。国内外比较有代表性的概念主要有以下几种。

在西方节事旅游研究领域中，节事是一个松散的集合，并没有严格清晰的界定，通常被称为节日与事件旅游(festival and special events tourism)，Ritchie首次给出了节事旅游的概念：从长远或短期目的出发，一次性或重复举办，延续时间较短，主要目的在于加强外界对于旅游目的地的认同，增强其吸引力，提高其经济收入的活动。

国际著名节事管理专家、专业性学术刊物*Event Management*的主编Getz从消费者和组织者两方面定义了节事旅游：从消费者或观众的角度出发，节事旅游就是在人们通常选择范围之外或超出日常生活内容的休闲、社会和文化经历；从组织者角度出发，节事旅游活动是指任何一次性的不经常发生的活动。

国内学者吴必虎于2001年在《区域旅游规划原理》一书中将 event tourism译作"大型活动与节事旅游"，他认为节事旅游又称节庆旅游，通常是指一些含有多种旅游项目事件，包括节日、地方特色产品展览、轻体育比赛等具有旅游特色的活动或非日常发生的特殊事件。狭义的节事旅游是指周期性举办(一般为一年一次)的节日活动，但不包括交易会、展览会、博览会、文化和体育等领域一次性结束的特殊事件。

马聪玲在《中国节事旅游研究》中指出，节事旅游是指利用地方特有的文化传统，举办的意在增强地方吸引力的各种节日、活动，它可使旅游者在停留期间具有较多参与当地活动的机会，以促进地方旅游业的发展。

综上可见，学术界对节事旅游的基本概念的界定还存在分歧。2005年，戴光全等人对节事旅游的概念做出界定：节事旅游是非定居者出于参加节庆和特殊事件的目的而引发的旅游活动，属于旅游活动中的专项或特种旅游活动。这种旅游活动能为旅游者提供参与体验地域文化、认知社会特点、感受娱乐真谛的机会，也是一种公共的、具有明确主题和娱乐内涵的活动。

6.1.2　节事旅游的特点和类型

1. 节事旅游的特点

1) 文化性

以节事活动为依托的节事旅游，在其发展过程中布满了文化的印记，不断地表现着历史和文化的特性。节事活动的成功与否与文化挖掘程度的高低有很大关系，纵观国内外成功的节事活动大多能够体现地区的文化特色。节事活动主题一定要充分体现本地区、本民族独特的文化魅力，只有把独特的、有吸引力的文化元素渗透到节事活动中，才能塑造出充满生机和活力的节事活动。例如，2003年，临沂以王羲之故居为依托，开始挖掘书圣文化，举办了首届书圣文化节，向全国乃至世界推出了"书圣故里"的文化品牌。自2003年至2005年，临沂书圣文化节连办三届之后，"中国临沂书圣文化节"被评为"中国节庆50强"，王羲之故居也因此成为中国书法传统文化艺术寻根之旅的最佳去处。2014年，山东临沂成功举办第十二届书圣文化节，参展盛况空前，在临沂国际会展中心2号馆内共设800多个展位，涉及县区形象、文化产业、美食文化、木文化、茶文化等20多个门类。与此同时，临沂市中国书协会员作品展、临沂市书协会员作品展、全国首届花鸟画大展、当代中国书画名家精品展等活动，更是汇集了众多名作，为书画爱好者奉上了一连串文化盛宴。

2) 周期性和时效性

节事活动是周期性举办的活动，大多为一年一次，也有两年一次或四年一次等。同时，节事活动具有很强的季节性特点，一般与传统的农历时令、季节气候等有明显的关系。例如，山东潍坊国际风筝节、河南洛阳牡丹节一般在春暖花开的四月举行，青岛国际啤酒节在适合开怀畅饮的八月举行，山东栖霞苹果艺术节在瓜果成熟的金秋十月举行。当然，也有一些节事活动不受季节限制，比如美食节、文化节、音乐节等，但是它们的举办时间也有一定的规律，大多选择气候宜人、适合出游的春季或者秋季。

3) 地域性

节事活动带有强烈的地方色彩，不同地区由于风俗习惯以及资源条件的差别，会形成不同的节事活动，有些节事活动已成为反映旅游目的地形象的指代物。例如，中国哈尔滨国际冰雪节、中国长春电影节、中国黑龙江国际滑雪节、中国吉林雾凇冰雪节等重大节庆活动，以当地独特的自然和人文资源禀赋为依托，利用国家老工业基地的有利条件，综合展示城市旅游资源、风土人情、社会风貌、经济改革成果等。民族节日更是具有独特的地方色彩，例如，人们总是把泼水节和傣族的形象联系在一起，那达慕大会总是会让人们想起内蒙古。此外，宗教的固定传统节日与庙会集会活动融合，也成为一些地区的旅游节事活动。例如，九华山庙会，壮族歌圩节，福建、台湾等地的"妈祖圣诞日"。

4) 参与性

随着旅游业的发展，旅游者越来越注重旅游活动的参与性，节事活动为旅游者提供了参与的机会。节事活动想要取得成功，就要面向民众、植根民众，开门办节。活动的形式不仅要保持开放多样，还要重视参与度的提升，使旅游者和当地居民都能感受到节日的快乐，这样才能聚集人气、渲染气氛，使活动有气势、有声势。例如，2014年的青岛国际啤酒节推出新老门票兑换、饮酒故事会、啤酒节照片秀、啤酒节人物聚首等12项亲民文化活动，吸引了数万名市民参与，让啤酒节从内容单一的狂欢升格为一场集狂欢、旅游、休闲、娱乐和文化展览于一体的大型综合性盛会，让旅游者在啤酒城内充分乐享休闲生活，感受啤酒文化，体验"文化立节"的氛围。如今，青岛国际啤酒节已成为亚洲最大的啤酒节，与捷克啤酒节、德国慕尼黑啤酒节、日本札幌啤酒节并列为全球四大啤酒节。

5) 多样性

节事活动的多样性主要表现为吸引因素、主题、活动内容的多样性。节事活动的内容包括音乐舞蹈、会议庆典、服装展示、体育竞技、杂技表演、狂欢游街等，涉及政治、经济、文化、体育、商业等多个领域。例如，第34届中国·哈尔滨国际冰雪节主题覆盖冰雪景观、专业冰雪运动赛事、非专业冰雪娱乐体验活动、冰雪文化艺术活动、冰雪温泉旅游、冰雪狩猎七大主题。此外，同一节事活动每年的活动主题都不一样。例如，大连国际服装节2011年的主题为"人民的节日·服装的盛会"，2012年的主题为"时尚·浪漫风"，2013年的主题为"梦幻·时裳"，2014年的主题为"追梦大连"。

2. 节事旅游的类型

我国旅游节事活动数量、种类繁多，按照不同的标准，提炼各种节事旅游活动的共性，可将其分成不同的类型。

1) 节事活动的基本类型

国际著名节事研究专家Getz把经过策划的节事活动分为以下八种基本类型。

(1) 文化庆典，主要包括常规节日、狂欢节、宗教事件、大型展演、历史纪念活动等。

(2) 文化娱乐事件，主要包括音乐会、文艺展览、受奖仪式和其他表演等。

(3) 会展及商贸活动，主要包括会议、展览会、博览会、广告促销、募捐筹资活动等。

(4) 体育赛事，主要包括职业比赛、业余竞赛和商业性体育活动等。

(5) 教育科学事件，主要包括研讨班、专题学术会议等。

(6) 休闲事件，主要包括演唱会、娱乐事件等。

(7) 政治/政府事件，主要包括就职典礼、授权/授勋仪式、群众集会等。

(8) 私人事件，主要包括个人典礼、社交事件等。

2) 根据节事活动的规模分类

学者Roche从节庆活动的现代性角度出发，综合节事活动的规模、目标观众及市场、媒体类型覆盖面等标准，将节事活动分为重大事件、特殊事件、标志性事件和社区事件，如表6-1所示。

表6-1　节事活动的类型和规模

节事活动相关事件类型	节事活动典型案例	目标观众/市场	媒体类型覆盖面
重大事件	世界博览会 奥运会 世界杯	全球	全球电视媒体
特殊事件	国际汽车大赛 区域性体育赛事	世界/国内	国际/国内电视
标志性事件	国家体育赛 大城市体育赛事/节目	国内 区域	国家电视台 本地电视台
社区事件	乡镇事件 地方社区事件	区域/地方 地方	本地电视/报刊 本地报刊

3) 根据节事活动的主题划分

根据节事活动的主题，可将节事活动分为五大类型，如表6-2所示。

表6-2 节事活动的主题

节事活动类型	节事活动典型案例
商品产品和物产特产	中国宁夏枸杞节、菏泽国际牡丹花会、大连国际服装节、青岛国际啤酒节、山东栖霞苹果艺术节
地域文化类	中国曲阜国际孔子文化节、平遥古城文化节、青城山道教文化节、中国淄博国际聊斋文化节
自然景观类	中国·哈尔滨国际冰雪节、张家界国际森林保护节、北京香山红叶节、桂林国际山水文化旅游节、云南罗平油菜花节
民族风情类	潍坊国际风筝节、凉山彝族火把节、湖南岳阳国际龙舟节、中国梁祝婚俗节、兰亭书法节
宗教类	九华山庙会、中国五台山国际文化旅游月、摩梭人转山节、中国西部观音民俗旅游节

4) 根据主导功能划分

根据主导功能，可将节事活动划分为五种主要类型。

(1) 游览观光型。此类节事以自然风光、人造景观、历史文化为吸引物，供旅游者游览观光和鉴赏，从中获得美感享受和身心健康，举办者以吸引旅游者、获得旅游经济效益为直接目的。例如，中国长江三峡国际漂流节。

(2) 商业经贸型。此类节事以提供各种地方土特产、商业经贸来往的机会为重要吸引物。前往参加此类节事活动的经营者同时也是旅游活动的潜在参与者。例如，中国进出口商品交易会，即广交会。

(3) 民俗文化型。此类节事以当地的民俗文化为吸引物。例如，南宁国际民歌艺术节。

(4) 功能综合型。此类节事具备以上三种节事的综合特征，活动中既有游览观光型内容，又有商业经贸型内容，还有民俗文化型内容等。例如，武汉国际旅游节。

(5) 以塑造区域形象为目的。此类节事活动一般持续时间比较长，内容丰富，规模较大，活动目的不是以获得经济效益为主，而是提升地方形象、展示地方精神风貌和综合实力。例如，2008年北京奥运会、2010年上海世博会、2022年北京冬季奥运会。

6.1.3 节事旅游的利益相关者

1. 组织机构

组织机构是指负责节事活动组织、策划、招商、管理、运作等事宜的有关单位。组织机构可以是企业、行业协会、政府部门和新闻媒体等。根据各单位在举办活动中的不同作用，节事活动的组织机构一般包括主办单位、承办单位、协办单位、支持单位等。在策划举办节事活动时，必须确定组织机构包括哪些具体单位。

1) 主办单位

主办单位是拥有节事活动的举办权并对节事活动承担主要法律责任的组织单位。主办单位在法律上拥有活动所有权。在实际操作中，常见的主办单位形式有以下三种。

(1) 不仅拥有活动举办权并对活动承担主要法律责任，而且负责活动的实际策划、组织、操作与管理的全过程。

(2) 拥有活动的举办权并对活动承担主要的法律责任，但不参与活动的实际策划、组织、管理、运作等。

(3) 名义上的主办单位，即无须承担活动和法律双方面责任。

出现后两种主办单位形式的原因是这些主办单位有着强大的行业号召力，在实际操作中，可根据需要来决定主办单位的形式和名单。

2) 承办单位

承办单位是直接负责活动的实际策划、组织、管理、运作，并对活动承担主要财务责任的组织机构。此外，还有大部分承办单位负责活动的招商、宣传和推广工作。例如，作为中国著名的三个国际性音乐节之一的南宁国际民歌艺术节，就是由专业性公司南宁大地飞歌文化传媒有限公司作为承办单位进行运营管理的。承办单位的主要管理职责体现在以下几个方面。

(1) 组织和营销节事活动。承办单位对节事活动的策划以及营销组合计划影响着节事活动的知名度和收益。节事活动主题的表现手法是多样的，要想使主题有新颖的表现，就需要进行精心策划。另外，由于节事活动旅游者审美情怀的变化以及受旅游者求新求异的内驱力影响，节事活动必须与时俱进，在主题不变的基础上不断创新。

(2) 争取赞助单位的支持，缓解承办单位的经济负担，保证节事活动顺利举办。节事活动作为地方标志性事件，它的规模性就要求有大量的资金支持，需要多渠道筹措资金。例如，2013年山东潍坊国际风筝节的主办单位有国际风筝联合会、山东省潍坊市人民政府；承办单位有山东潍坊市展览公司、山东省贸促会；赞助单位有潍坊市国际假日酒店、潍坊艺林风筝有限公司、潍坊市工艺美术研究所。

(3) 协办单位。协办单位是协助主办单位或承办单位进行活动策划、组织、管理、运作以及招商、宣传和推广等工作的单位。虽然协办单位对节事活动一般不承担财务责任，但它们所起的作用往往是不可忽视的。

(4) 支持单位。支持单位是对活动主办单位或承办单位的活动策划、组织、管理、运作，或对其招商、宣传和推广等工作起支持作用的组织机构。支持单位基本上不需要对活动承担任何责任，包括法律责任和财务责任。

主办单位和承办单位对一场节事活动的运作来说，是最为核心和最重要的组织机构，也是必不可少的组织机构；协办单位和支持单位的作用也很重要，往往根据主办单位和承办单位的实际能力和活动的实际需要来决定是否需要这两者。选择好主办单位、承办单位、协办单位和支持单位并处理好它们之间的关系，对节事活动的成功举办和长远发展有着十分重要的意义，这不仅可以提高节事活动的档次、规格和增强权威性，而且可以吸引广大媒体的关注，从而进行广泛的新闻宣传，扩大节事活动的影响力，有效形成节事活动的品牌效应。

2. 项目经理和项目团队

项目团队是节事活动项目的主要参与者之一。项目经理是项目的负责人、组织的核心，必须明确自己在项目管理中的作用和地位、职责和权限，同时还要负责协调各方面的利益。作为掌控者的项目经理，其能力不仅体现在对项目流程的把握与梳理上，更应把盈利的目标时刻贯穿于项目全程。节事活动的项目经理职位对经验和资历的要求较高，一般至少需要有五年的节事活动项目管理工作经验才能胜任。项目经理应具备以下能力。

(1) 项目经理类似一个"全能"高手，要有规划、掌控、协调整个项目的能力。

(2) 由于需要跟客户、团队成员、公司各支持部门、主办方、施工布展等方方面面打交道，项目经理要善于交际、沟通、协调。

(3) 项目经理要有质量管理能力，熟悉基本的质量管理技术。

(4) 项目经理要有合同管理能力，掌握较强的合同管理技巧，了解签约涉及的法律原则。

(5) 项目经理要有成本管理能力，懂得报价，了解成本估计、计划预算、成本控制、资本预算以及基本财务结算等事务。

(6) 项目经理要有国际事务处理能力，了解国际惯例和相关国家的语言、文化、习惯、法令规章等。

(7) 如今，很多节事活动越来越国际化，因此项目经理需要有英语沟通能力。

3. 赞助商

赞助，是指企业为了实现自己的目标(获得宣传效果)而向某些活动(如体育、艺术、社会团体等)提供资金支持的一种行为。节事活动赞助，是指企业为节事活动提供经费、实物或相关服务等支持，而节事活动的组织者以允许赞助商享有某些属于它的权利(如冠名权、标志使用权及特许销售权等)或为赞助商进行商业宣传(如广告)作为回报。赞助是节事活动管理中最有特色的一部分，很多大公司把赞助视为营销战略的一部分。一项成功的赞助必须是双方互利互惠、互有所得的，对于节事活动管理者来说，通过赞助可以减轻资金周转的压力，给节事活动带来额外的收益；对于赞助商来说，通过赞助可以推动销售额的提高，提升产品的知名度，或者通过主办机构的活动加强与客户的关系。赞助绝非"卖广告"或"属冠名权"，而是双方资源重新配置的深层次合作。例如，作为2010年上海世博会唯一指定乳制品供应商的伊利集团为上海世博会提供高标准的产品和服务，让各国旅游者共享"世博牛奶"的营养与健康。为了让华东地区的消费者更好地感受世博氛围，伊利集团特别推出了纯牛奶"世博纪念装"。在世博会期间，伊利集团还在上海、苏州、杭州、南京四地举行了"世博纪念装"大型路演活动，通过"牛奶中国馆"、巨型牛奶盒、热舞小牛等趣味十足的活动形式，将世博会的氛围、理念传递给华东各地的消费者，而伊利产品在此期间的销量是以往日均量的三倍。

4. 新闻媒体

现代媒体在活动宣传中起着举足轻重的作用，合理利用新闻媒体，可以有效扩大节事活动的影响力。对于新闻媒体而言，现代节事活动不仅是兼具时新性、重要性、显著性、接近性和趣味性等新闻价值的新闻"富矿"，而且因其在城市文化构建中所起到的独特作用与新闻媒体在社会系统中的"文化功能"取向一致而成为可以深度合作的战略伙伴，双方可在新闻报道、策划创意、推广赞助、广告支持等方面密切合作，从而有力地促进现代节事活动的发展和城市文化的兴盛。例如，青岛国际啤酒节每年都吸引中央电视台、中央人民广播电台、中国国际广播电台、中国台湾东森电视台、中国香港凤凰卫视、美国有线电视新闻网、英国广播公司等海内外电台、电视台对其进行不同形式的直播或录播，另外还有人民日报社、经济日报社等200多家报纸、杂志及网络媒体争相报道。在2007年第17届青岛国际啤酒节期间，相关媒体报道创下了"六个首次"：一是包括新浪、中新网在内的20余家网络媒体对开幕式进行了首页视频直播；二是青岛近4000个公交车载电视首次直播开、闭幕式，使狂欢覆盖全城；三是中国国际广播电台首次用43种语言把节日盛况传播世界；四是首次融入人文奥运内容；五是首次推出中、英、韩三种语言版本的官方网站；六是首次运用动漫形式制作宣传片。

5. 旅游者、当地群众等消费者

旅游者是节事活动的真正主角。节事旅游是依托旅游资源以吸引大量旅游者的主题性节日盛事。节事活动在策划中越来越重视旅游者的参与程度，旅游者甚至对节事活动的成功与否起着举足轻重的作用。例如，已经成功举办了20余届的上海旅游节就抓住了为旅游者办节、为大众办节的宗旨。活动期间的每一天都为旅游者安排了精彩的旅游节庆活动，包括旅游节花车巡游大奖赛、国际音乐烟花节、大观园红楼旅游节、玫瑰婚典、小主人生日游、崇明农家乐等大大小小近百项旅游活动；推出了"都市游""弄堂游""生日游""桂花游""吉祥游""民俗游""森林游"等系列特色旅游产品，涵盖观光、休闲、娱乐、文体、会展、美食、购物等40多个项目。上海旅游节历时20余天，每年都能够吸引旅游者超800万人次。

当地群众积极参与是节事旅游活动成功举办的基本保障。群众参与度的高低是衡量一场节事旅游活动是否成功的主要标准之一。例如，青岛国际啤酒节在节庆活动项目的设计上体现了青岛国际啤酒节的"市民节"特色，为满足本地客源主体的需求，主办方策划了各项专门面向市民的活动，被喻为"青岛市民趣味运动会"，具体包括市民花车艺术巡游、"合家欢"趣味娱乐比赛、持酒瓶耐力赛、饮酒绝技表演、"啤酒女神"选美比赛、"万人横渡汇泉湾"等。其中，仅"合家欢"项目每年就吸引了近900个市民家庭参与，在其他面向全体群众的活动中，青岛市民也是参与主体。

6. 其他相关者

节事旅游活动的成功举办离不开服务商的参与。这里的服务商主要包括餐饮商家、酒店、旅行社、旅游景区、礼仪接待公司、物流企业、音响及舞美设计公司等。服务商作为节事活动利益相关者，是节事活动运营系统的重要组成部分，为整个活动提供接待服务、现场服务、设施设备服务等，确保节事活动的顺利举行。

6.2 节事旅游策划

6.2.1 节事旅游策划的原则

1. 坚持大众化原则

大众的广泛参与是任何节事活动蓬勃开展的基础，脱离了这个基础，节事活动将无法成功举办。大众化是节事旅游生命力的源泉。节事活动应以大众为核心，涉及范围要广泛，深入寻常百姓家，开展丰富多彩的地方性活动。在活动中，舞台要与大众融为一体，形式应以露天为主，氛围营造应以欢快、热烈为原则，真正让旅游者和大众融入其中，充分感受节庆气氛，获得独特的游憩享受。

借助传播媒介，形成市场轰动效应，引起公众关注是节事活动大众化的必由之路。这不仅需要组织者具有创新意识，还需要借助新闻媒介的作用，以此形成出新、出彩、出特色的全新推介模式。旅游地可以通过大型焦点事件来吸引公众传播媒介，产生某种光环效应，把旅游地宣传成一个令人向往的目的地。借助报纸、杂志、网站等国内外知名强势媒体的高强度、大容量、全方位的宣传，大力宣扬旅游地的传统文化、资源特色、旅游节事活动等，从而提高社会大众对旅游地的关注程度，有力提升旅游地形象和知名度，以此扩大旅游节事活动的影响范围和市场覆盖面。

2. 坚持市场化原则

节事旅游策划要在确保社会效益的同时，争取经济效益的增长，实现节事活动的市场化和产业化运作，达到繁荣经济、弘扬文化、活跃生活、促进全面协调发展的目的。在实际操作中，要遵循市场化运作规律，实现资金筹措多元化，业务操作社会化，经营管理专业化，活动承办契约化，成本平衡效益化，管节、办节规范化。

(1) 旅游地要充分运用市场经济规律，把旅游节事活动作为一种商品或品牌来经营。

(2) 在旅游节事活动的具体策划和组织阶段，旅游地要探索"政府办节、公司经营、社会参与"的多元化运营模式，实现资金筹措的多元化，并通过市场化运作，广开融资渠道，建立多元筹资体系。除了政府提供财政资金外，还要特别重视广告、捐赠、票务经营、赞助、专营权转让、开发纪念品等收入来源。

(3) 明确参与各方(包括合作伙伴、广告商、赞助商等)的权利与义务，按照市场经济规则办事，引入公平竞争机制，达到多方共赢，以确保旅游节事活动顺利有序进行。

3. 确立个性化原则

个性化是节事旅游的生命力。国际节庆协会(International Festivals & Events Association，IFEA)经济影响力顾问斯科特·内格尔先生认为，节事旅游必须强调区域的特殊性和个体性，有自己的特色，才能吸引全球更多的观众。通过个性化手段打造节事旅游品牌，是节事旅游的魅力所在。

保证节事旅游个性化的重要渠道是创新。这就要求主办方精心设计节事活动，培育品牌，在形式上、内容上、规模上、组织上不断探索新思路，拿出新举措，创出新特点，使节事旅游的内涵不断丰富，形象不断巩固，从而成为个性化十足的品牌节事，永葆节事旅游活动的魅力。巴甫洛夫的消退率提示我们，知名度的保持或巩固必须用优质货来强化，否则知名度将消退甚至走向反方向。对旅游地而言，节事旅游应走向深度开发和有效组织，根据旅游者需求心理的变化，不断推陈出新，不仅强调内容的丰富性和创造性，更着力于以多样化、立意新颖的表现方式演绎旅游地文化和形象，以内容的丰富性和形式的生动性充分挖掘和表现旅游地文化的深刻内涵，使旅游地主题明确、内涵丰富、形象突出，以独特的体验感受形成的吸引力影响旅游者的旅游偏好，使之不断产生新奇感受，从而延长节事旅游本身的生命周期，增强旅游地的生命力和吸引力。

4. 体现文化性原则

文化是旅游地不变的主题，同样也是节事旅游永恒的主题。文化性是节事旅游最重要的特征，它是真正吸引旅游者的深层次因素，演绎文化内涵、追求文化特色是旅游地保持永久魅力的必然选择。主办方在策划节事旅游活动时，不仅要凸显自己的地方性特色，还要与外来先进文化相融合，展现时代个性与创新精神。节事旅游是旅游地的"名片"，只有充分挖掘本地文化内涵，借鉴外来文化的精髓，提升节事旅游活动的文化品位，才能扩大节事旅游的影响，形成旅游地的品牌产品，打造核心竞争力。

(1) 立足本土文化。历史的发展，使得我国很多旅游地由于浓厚的历史文化积淀而释放出显著的文化吸引力。文化的地域性、民族性越强，对求新、求奇、求知的旅游者来说感召力越大。充分重视对本土文化的挖掘、利用，是组织节事旅游活动的重要原则。节事旅游只有根植于地方文化，突出旅游地的主题文化，表现出在长期的文化积累中形成的鲜明特色，才能释放旺盛的生命力，获得社会公众的广泛认同。

(2) 借鉴外来文化。节事旅游活动的组织，同样也要借鉴外来文化。在借鉴外来文化的时候，应在适应市场需求的基础上，注意其与当地或旅游地文化相协调，与本土文化有联系并能突出本土文化形象，以创造和谐、新奇、鲜明的效果。只有将立足本土文化与借鉴外来文化结合起来组织策划节事旅游活动，使两者协调、融合，旅游地才能树立起自尊、自豪、热情、包容与开放的良好形象，从而形成更有价值的旅游资源。

5. 坚持体验性原则

满足旅游者的体验需求，使节事活动更具生动性和参与性是节事成功的关键所在。节事活动的内容与形式要从旅游者需求出发，力求丰富和满足旅游者的娱乐体验、审美体验、学习体验、寻求新奇体验、追求时尚体验等。在确定节事旅游活动主题时不仅要分析旅游地现有的资源，挖掘和整理本地的历史文化、地理特色，还要顺应市场需求及其发展趋势，把握市场脉搏，使主题符合旅游者欣赏和享受的心理。节事旅游活动的组织要符合市场需求，满足旅游者的心理期望，将表演性、群体性和参与性相结合，力求开发多形式、多层次、多专题的节事旅游活动，以加深旅游者在旅游地的体验和感受。

在活动中，主办方可运用多种形式激发旅游者的参与热情和兴趣，使其获得更多的体验享受。现代旅游者已不满足于传统的走马观花式的游览方式，而热衷于深度参与、亲身体验的现代旅游娱乐方式。具有许多动态的民俗风情旅游资源的旅游地，可以将旅游资源创造性地设计开发成能让旅游者积极参与体验的项目和活动。例如，舞蹈表演、多种节气节令活动、登山等体育性赛事，激发旅游者的参与热情和兴趣，使其获得更多的体验享受，从而留下美好且难忘的回忆。其中，舞台表演是一种很好的方式，通过舞台表演形式，旅游地的文化得以凸显，使之更加立体化、形象化与艺术化，从而达到深化主题的目的，让旅游者在艺术享受中对旅游地文化有进一步的认识，提高旅游体验质量。

6.2.2　节事旅游策划的方法

1. 盘活资源，全面展示交流

制约各地旅游业发展的一个重要因素是产品内容较为单一，文化型静态资源居多。受其影响，出现旅游者活动范围狭窄、体验沉闷、参与性弱等不利因素。针对这一现状，旅游地可通过举办节事旅游活动，借助节事主题和活动序列，对现有旅游资源进行集中组合，对展示方式进行动态调整，对产品内涵进行深度挖掘，在可观赏、可聆听、可参与、可适享等方面进行改造，搭建节事旅游这一舞台，全面展示和激活文化性旅游资源的内在价值和时尚品位，使历史有活力，文化有生机，游览过程有生活气息，最终形成举办地旅游资源由"静"及"动"、由"散"至"连"、由"死"变"活"、由"古"而"新"的自然切换。

例如，临沂是齐鲁文化的发源地之一，当地有诸多景点如故城、管仲纪念馆、田齐王陵、马莲台等，文化价值极高。当地专家在学术上对这些景点给予了高度关注，然而趣味性不足，在宣传手段上难免老套，缺乏新意。但自2001年以来，在"淄博国际陶瓷博览会"这一节事活动的推动下，这些旅游资源已经成为全方位展示齐鲁文化体系的重要载体，并成为黄金旅游线路之一。2023年9月9日，第二十三届中国(淄博)国际陶瓷博览会在"千年瓷都"山东淄博开幕，来自中国、英国、俄罗斯等12个国家和地区的1500余家企业、高校、工作室参展，品鉴陶瓷文化，开展交流与合作。

2. 纵横拓展，培育市场品牌

旅游地可通过举办节事旅游活动，在市场上打响旅游目的地品牌，使品牌属性转换成功能和情感利益，从而满足旅游者需要，体现特定价值观、附加值，象征旅游文化，代表当地个性，从而提升品牌影响力，达到以品牌造声势、以品牌拓市场的目的。主办方在策划节事旅游活动时，要善打组合拳，形成旅游业内部营销联盟，扩展品牌生态版图，以形成旅游品牌的影响力、号召力和竞争力。例如，提到豆腐节，人们就会想到安徽淮南；提到啤酒节，人们就会想到山东青岛。

在全国范围内轰轰烈烈的节事旅游活动中虽不乏成功品牌，但也存在鱼目混珠、徒有虚名的节事品牌。品牌缺失的原因体现在三个方面：一是缺乏品牌内涵，一味追求当地特色，忽视旅游者利益和兴趣，难以形成市场吸引力；二是内容单一乏味，缺少丰富的活动内容，缺少品牌情感，沦落到"三个一"的局面，即"一个开幕式、一个闭幕式、一些群体自娱自乐的内容"；三是从时间序列上看，一年有一年无、今年东明年西，甚至出现主题毫不相干、相互冲突、相互脱节的情况，忽视了品牌在时间上的延续和积累。为此，主办方在策划节事旅游活动时，要始终把品牌的建设和维护放在重要位置。

(1) 品牌内涵。节事旅游品牌元素多样而又具有内在联系，主办方要精心设计和策划节事活动各项内容，使各元素有机结合、互相辉映，而不是生搬硬套、盲目组合，并在一个时间段进行集中展示。

(2) 品牌价值。在培育品牌价值时，应覆盖特色并对特色加以市场化利用。以山西平遥为例，要挖掘并突出平遥特色，即古城、古民居、古金融、古生活气息，围绕"四古"开展策划，使之成为贯穿整个平遥节事旅游活动的一条鲜明主线，连接各个环节和各个时段。同时，结合旅游市场的实际需求特点，对"四古"题材加以市场化利用，使节事活动既能反映平遥旅游资源的精华，形成短小精悍的产品链条，又要紧紧结合旅游者的实际需求，捕捉市场机会。

(3) 品牌发展。对于节事旅游活动品牌发展，应做到常有常新、滚动深化。主办方要在时间序列上坚持把节事活动抓牢，使节事活动形成序列，形成固定举办模式；在固定模式的基础上，要坚持创新，每次举办节事旅游活动都要创新出彩，不断制造新的市场卖点，形成新的市场吸引力。通过这些方法，最终使节事活动真正形成品牌，产生品牌价值和忠诚度，在旅游者心中产生品牌情感联系，并占据一席之地。

3. 强化效应，惠及当地居民

节事活动具有声势大、影响广等强势特征，对举办地而言能起到旺人气、敛财气的显著作用，甚至能兴百业、富万家。节事活动凭其强大的产业关联和市场带动能力，摆脱了单纯门票效应的约束，向多方向、多渠道、多层次产生辐射，既能确保当地居民成为最大的受益者，反映其心声，满足其利益，也能使当地居民认识到自身与当地旅游业相得益彰、唇齿相依的紧密关系，从而更好地调动和保护其自觉参与旅游发展的热情和动力，这对资源的保护和发展也将产生极大的促进作用。

第34届上海旅游节于2023年9月16日至10月6日成功举办，旅游节策划推出"经典复刻""惠民套餐""艺述美好""奇幻元游"等一系列活动，还举办了"乐游云购9·17"旅游消费季，组织旅游景区门票半价惠民等活动，让旅游节更加惠利于民。宁波2023"市民旅游日"推出130余款惠民文旅产品及活动，其中包括66家景区(点)、博物馆，还有67家酒店民宿、餐饮以及体验活动、旅游线路、露营装备租赁等业态。九龙湖旅游度假区(九龙源景区)、春晓湖露营基地、梅山湾0号营地、易中禾仙草园等景区(点)均免门票。宁波市民凭本人身份证、新宁波人凭宁波公安机关核发的居住证或临时居住证可享受优惠。无锡也推出了一系列节事活动惠民内容，如表6-3所示。

表6-3　2023年无锡旅游日景区门票特惠价目表

序号	景区	时间	原价	优惠价	备注
1	无锡太湖鼋头渚风景	5月19日—5月25日	90元	45元	原享有优惠的客群不再重复享受优惠
2	惠山古镇景区联票	5月19日—5月25日	70元	35元	原享有优惠的客群不再重复享受优惠
3	荣氏梅园	5月19日—5月25日	60元	30元	原享有优惠的客群不再重复享受优惠
4	鑫园	5月19日—5月25日	45元	22元	原享有优惠的客群不再重复享受优惠
5	无锡动物园	5月19日—5月25日	100元	50元	原享有优惠的客群不再重复享受优惠
6	无锡动物园海洋馆联票	5月19日—5月25日	150元	75元	原享有优惠的客群不再重复享受优惠
7	灵山景区	5月19日—5月25日	210元	105元	不含吉祥颂演出，原享有优惠的客群不再重复享受优惠
8	拈花湾景区	5月19日—5月25日	150元	75元	原享有优惠的客群不再重复享受优惠
9	三国水浒景区联票	5月19日—5月25日	175元	85元	
10	三国水浒城景区游船(往返)	5月19日—5月25日	50元	25元	
11	薛福成故居	5月19日—5月25日	25元	12元	

序号	景区	时间	原价	优惠价	备注
12	清名桥历史文化街区古运河游船精华线(日场)	5月19日—5月25日	100元	50元	日场13:00—17:30
13	无锡窑群遗址博物馆	5月19日—5月25日	10元	5元	
14	祝大椿故居	5月19日—5月25日	10元	5元	
15	花星球	5月19日—5月25日	60元	30元	原享有优惠的客群不再重复享受优惠
16	花朝园	5月19日—5月25日	40元	20元	原享有优惠的客群不再重复享受优惠
17	无锡影都	5月19日—5月25日	150元	75元	
18	中华赏石园	5月15日—5月21日	40元	免费	
19	无锡鸿山泰伯景区	5月15日—5月21日	25元	免费	
20	钱穆故居	5月15日—5月21日	15元	免费	
21	徐霞客故居	5月19日当天免费，5月20日—5月25日	12元	6元	
22	华西社会主义富华西展览馆	5月19日—5月25日	30元	15元	
23	华西世界公园	5月19日	40元	20元	
24	满庭芳郊野花园	5月19日—5月25日	40元	29.9元	不含采花等收费项目
25	宜兴张公洞	5月1日—5月31日	160元	80元	
26	宜兴陶祖圣境	5月1日—5月31日	160元	80元	
27	竹海风景区	5月19日—5月26日	80元	40元	原享有优惠的客群不再重复享受优惠
28	善卷洞风景区	5月19日—5月26日	70元	35元	原享有优惠的客群不再重复享受优惠
29	阳羡茶文化博物馆	5月19日—5月26日	60元	10元	原享有优惠的客群不再重复享受优惠
30	宜兴国家森林公园	5月19日—5月26日	50元	25元	原享有优惠的客群不再重复享受优惠

资料来源：无锡本地宝公众号.2023无锡旅游节有哪些景点优惠？[EB/OL]. http://m.wx.bendibao.com/mip/43249.shtm，2023-05-16.

4. 削减差异，扩展适游周期

很多旅游目的地不可避免地存在淡旺季的客观差异。对于这一情况，可通过人为手段，结合潜在需求，对市场"填补低谷"。而节事旅游活动的举办，可以充分利用淡季，实现"以节套节""节中有节"，从而形成节事活动由平面向立体面的转换。主办方应以集中性展示为工作手段，对现存资源进行合理利用，延长适游期，力求以丰富多彩的内容吸引旅游者，以声势浩大的排场感染旅游者，以鲜明突出的主题打动旅游者，从而扩大旅游淡季的市场规模。

5. 筹措力量，营造外部环境

节事活动的举办需要聚集各方面的相关资源，多数节事资源是一种跨区域的客观存在，例如丝绸之路、大三峡等国际级精品线上的节事活动，如能联合起来便能进一步发挥优势。因此，策划旅游节事活动时，要善于创造出新的工作抓手，进一步凝聚起、发挥好各方面的资源和力量，通过有效整合，最终营造出有利于节事旅游发展的良好外部环境。一方面，要以当地政府为主要发动机构，以旅游部门为主要协调机构，以节事活动为主要工作平台，调动节事公司、旅游企业等，让它们各司其职，彼此联动，在运行组织、相关政策、资金扶持、市场宣传方面获取足够支持；另一方面，要以市场回报为工作纽带，发挥当地社区和民众的作用，为节事旅游营造良好的区域环境。

6.2.3　节事旅游策划的步骤

1. 节事旅游活动的主题选择

1) 充分市场调研

节事活动是一种动态的旅游吸引物，对旅游者而言有着极大的吸引力。例如，海南三亚市相关部门曾进行广泛调研，以确定怎样利用三亚独特的资源品牌，吸引更多高层次的境外旅游者。在市场调研过程中，调研人员发现韩国旅游有了新动向。

(1) 出境游多选择近距离目的地，且对我国有较高的认同感，有65%的韩国人将中国作为首选旅游目的地。

(2) 在旅游活动的偏好方面，韩国人更喜欢阳光明媚的海滨度假地，而三亚号称"东方夏威夷"，是理想的度假天堂。

(3) 韩国年轻人结婚通常会选择蜜月旅游，而号称"幻想之岛"的韩国济州岛受季节影响，一年之中只有6—9月适合游泳，而且夏季的济州岛人满为患，缺少了度假的情调。这对高收入的韩国青年白领来说，吸引力是较低的。

(4) 与三亚资源相同，号称"蜜月天堂"的马尔代夫又距韩国较远，花费时间较长，费用也相对较高，因此三亚对韩国人来说是非常合适的蜜月度假地。

(5) 深受中国传统文化熏陶的韩国青年人对中国传统的婚俗文化非常向往。针对上述市场调研结果，三亚市推出了"天涯海角国际婚庆节"，结果在韩国一炮打响，迅速占领了韩国蜜月旅游市场。

2) 敏锐捕捉热点

绿色旅游、保健旅游、文化之旅等深受旅游者的关注，也成为节事策划者关注的热点。对于这类节事旅游活动，在构思节事主题过程中，切忌浮夸虚构，如果主题与节事内容名不副实，就会使优质的资源被浪费掉。例如，宝鸡市曾举办过炎帝节，有"炎帝故里、青铜器故乡"之美名，但旅游业发展相对滞缓，与"中国旅游城市"的身份极不相称。对此，当地策划者决定改变思路，依托号称"中国气候南北分界线"及"中国生物基因宝库"的秦岭，推出"太白观花赏雪节"，并将其定位为"中国天然的第四纪冰川地貌博物馆""中国高差最大的国家公园""离城市最近的森林公园"。2004年，该节事活动组织者又争取到"中国森林旅游博览会"的举办权，进一步提升了宝鸡作为一个独立的旅游目的地的国内旅游形象。

3) 依托当地资源

旅游资源越具有地方性，就越具有民族性，而越具有民族性，就越具有魅力。旅游资源有魅力，才可打造亮点，寻求卖点。依托当地旅游资源打造节事活动，重要的是确立地方节事品牌形象，而不是一味地打"国际"牌。例如，广西民歌因电影《刘三姐》红遍大江南北，甚至唱出了国门，影响极大。让人感觉到这里不但山好、水好、人好，而且歌更好。这个题材如果不去深入挖掘，将使广西少了一张名片。因此，从1993年起，广西节事活动策划者推出了"广西国际民歌节"(1999年起改称为"南宁国际民歌节")，如今的南宁，不但有"绿都"的美名，而且又增添了一个美名，即"天下民歌眷恋的地方"。

2003年，陕西《华商报》策划的"金庸华山论剑"的节事活动，依托的就是华山深厚的道教文化内涵以及金庸先生本人创造的"金庸现象"。活动举办者以陕西的华山、"书法故乡"碑林、佛教圣地法门寺为基地，分别开辟了三大论坛，即"华山论剑""碑林谈艺""法门说禅"。此次活动不但成就了文化名流天下大聚会的难得机遇，更重要的是为陕西的旅游做了一次巧妙而有效的宣传。

4) 敢于开拓创新

在策划节事活动时，应紧扣旅游地形象定位选择和加工主题，确定其内涵，并运用娴熟的商业运作经验，组织专业人员对主题进行提炼、包装，全方位创新，力戒改头换面、换汤不换药。例如，以沙雕节为主题的节事有中国舟山国际沙雕节、中国台山国际沙雕节、中国福州国际沙雕节、中国南昌厚田沙漠五彩国际沙雕节等。但无论哪一个沙雕节都很难独树一帜，成为有影响力的国际性节事。显然，名称上的标新立异并不等同于内容上的创新。相反，宁夏银川推出"国际摩托车节"，最初并不为人们所看好，原因很简单，因为当地不仅没有摩托车企业，经济又欠发达。然而，在节事组织者的不懈努力和巧妙运作下，该节事的规模一次比一次大。现如今，该节事不但成为世界摩托车厂商展示其摩托车品牌性能的试验田，而且成为宣传宁夏、使宁夏走向国际的一个重要窗口。

在策划节事活动时，还应做到不落俗套、避免重复。策划者应先全面评价旅游地的资源特色、产品与服务质量，分析目标市场的构成及兴趣，比较周边地区及类似旅游地举办的旅游节事活动，寻找具有"唯一性"和"特殊性"并且可以张扬个性、体现特色的旅游节事主题。例如，景德镇国际陶瓷节的宣传语是"到中国怎能不到景德镇"(too known china to China)，策划者巧妙地利用英语单词"china"所包含的"中国"和"瓷器"的概念吸引旅游者，使这个古老的瓷都一举进入国际节事旅游市场。

2. 节事旅游活动特色定位过程

1) 找位

找位即明确依托的基础是什么、满足谁的需求，也就是选择目标顾客的过程。节事旅游活动参与人员并不都是节事旅游活动的目标顾客。参加节事旅游活动的人员，既可能是远道而来的宾客，也可能是本地及周边的居民。一般来说，在节事旅游活动开展期间，本地的节事旅游活动参与者基本上不需要旅游企业提供食、住、行等服务，需要这些服务的宾客主要是来自外地，尤其是境外的旅游者。

2) 定位

定位即明确满足什么人的什么需求。节事旅游市场与观光、度假等休闲旅游市场相比，有不同的需求特征。为了使节事旅游有一个准确定位，旅游企业需要进行广泛深入的市场调研，以便掌握节事旅游者的需求特征，从而为节事旅游产品的科学设计奠定基础。结合我国节事和旅游业的发展和融合程度，节事旅游的定位可以参照以下要点。

(1) 自然景观类节事游。突出自然景观的主体地位，同时还有很多其他相关活动做陪

179

衬。例如，每年10月举行的黄山国际旅游节，以享有"天下第一山"美誉的世界文化与自然遗产黄山风景区的自然景观为主体，设计不同的黄山精品线路展示等活动。此类型的节事旅游产品定位鲜明，例如哈尔滨国际冰雪节、钱江海宁观潮节、吉林国际雾凇冰雪节、告别三峡游、桂林国际山水文化旅游节、张家界国际森林保护节、中国长江三峡国际旅游节、浙江温岭"迎接世纪曙光"等。

(2) 人文景观及地方物产类节事游。突出地域人文景观和物产，开展相关节事旅游活动。例如徽州民间文化艺术周、徽菜创新大赛暨徽菜创新研讨会、徽派古建筑展暨新徽派建筑设计大赛成果展、新安书画精品展、徽派花卉盆景展等徽文化系列展示活动。此外，杭州烟花节、中国南京国际梅花节、洛阳牡丹花会、中国舟山国际沙雕节、潍坊风筝节、苏州寒山寺除夕听钟节、四川自贡灯会、伏羲文化节、世界园艺博览会、平遥国际摄影大展、中国吴桥国际杂技艺术节、中国徐霞客开游节、中国曲阜孔子国际文化节、马鞍山李白诗歌节、成吉思汗草原文化节、荆州楚文化节、中国·开封宋都文化节、大连国际服装节、中国·绵竹年画节、淮南豆腐文化节、景德镇国际陶瓷节、盱眙龙虾节、吐鲁番葡萄节、中国贵州国际名酒节、海南国际椰子节、铜陵青铜文化博览会等都形成了鲜明的特殊定位。

(3) 宗教及民俗庆典类节事游。宗教仪式或民俗庆典吸引的旅游者大多是宗教信仰者和民俗热衷者，这类旅游者由于信仰与习俗等关系，对节事活动的参与热情很高，并且重游率也很高。例如那达慕大会、彝族火把节、中国·湄洲妈祖文化旅游节、南宁国际民歌艺术节、中国扬州烟花三月国际经贸旅游节、鬼城丰都民俗文化节、中国·呼和浩特昭君文化节、拉萨雪顿节、北京白云观庙会、九华山庙会、普陀山南海观音文化节、黄帝陵祭典等。

(4) 文化交流及体育赛事类节事游。依托体现当地文化的历史事件或现存的具有典型性、特质性的地域文化，以文化交流项目和体育赛事进行定位。例如每年农历重阳节举办的中国马鞍山国际吟诗节，在弘扬民族文化、扩大对外开放、促进国际文化及经济交流与合作、发展旅游事业等方面都发挥了积极的作用。具有较高知名度的地域节事活动较多，例如嘉峪关滑翔节、银川国际摩托车旅游节、武汉渡江节、中国郑州少林国际武术节、泰山国际登山节、湖南岳阳国际龙舟节等。

3. 活动内容策划

节事旅游活动内容策划是一个系统工程，各部分相互融合又相互制约，成为一个有机整体，其中任何一个环节的短板都会影响整个产业的发展。成功的节事旅游活动不是单一的活动，而是由一系列具有内在联系的活动汇集而成。活动内容应丰富，表现手法应多样，展示主题应宽泛。对节事旅游活动内容的策划，目的是使无形文化有形化、情境化、主题化，其核心思路是通过创意手段，使抽象的文化具体化、无形的风情固有化，通过不同场景的变换演绎，设计出各种独特的旅游精品。

1) 确立明确的目标

(1) 让人人都想参与。现代人生活节奏较快，他们在闲暇时间需要一个放松的机会。在策划节事旅游活动内容时，应满足现代人的这种需求，让旅游者能体验到节事的快乐，获得放松的机会。有些节事活动的内容虽然有群众基础，但往往是观赏性的，旅游者只能远观而不能互动，不能参加到活动中，无法获得快乐的体验；有些活动内容比较严肃，游客只想看看，根本不想去体验。所以，策划人员在策划节事活动内容时应该适当安排一些欢快的活动，让人人都想参与。

(2) 让人人都能参与。节事活动内容策划应把握简易原则，无论旅游者是年轻的还是年老的，是男子还是女子，是来自国外的还是来自国内，都不会受到语言、性别、体力和年龄的限制。例如，傣族泼水节的内容很多，泼水是这个节日的亮点，每当泼水节来临的时候，上百万中外旅游者从世界各地赶来，参加泼水节的活动，泼水活动相对简易，人人都能参与其中。

(3) 让人人不重复参与。战略管理大师迈克尔·波特指出，竞争有三种战略，即总成本领先战略、差异化战略和目标集聚战略。差异性是企业立足市场、出奇制胜的最佳选择，旅游消费是一种体验消费，旅游者购买的是一种在当地不能购买的差异性体验，节事旅游的体验性质，决定了它应该突出差异性。如果旅游者在某处体验过某一项活动，一般来说他不会选择在另一个地方参加同样的活动，这就需要节事举办地认识到差异性的重要性，在安排节事活动的时候，不要模仿和复制其他地方的节事活动，避免千篇一律。

2) 安排活动内容

(1) 感觉触动促体验。感觉触动的设计手法侧重使旅游产品带给旅游者以视觉、听觉、味觉、触觉、意觉等多方面的刺激，为旅游者创造全方位的动情体验。在具体策划时，主要是通过展现实物的色彩、人物的服饰、美妙的音乐、独特的饮食、唯美意境等，使旅游者获得一次别样的经历。旅游者获得身心触动的主要方式是亲自参与，感受旅游地特有的风情。

(2) 实景演出重互动。动静结合、张弛有道，是旅游产品的策划要点。动静结合，以"动"为亮点，以"静"为主体，相得益彰，是成功的节事旅游产品的标志之一。在节事旅游活动策划中，"动"一般体现为参与型、体验型的民俗风情产品，如歌舞演艺；"静"一般体现为具有文化品位的观赏型、感悟型产品，如文化建筑、历史遗迹等。动态的产品更容易引起旅游者的共鸣，其中，突出民族文化、民俗特色，凸显地域风格，将舞台艺术实景化、实景生活艺术化的实景演出是深受旅游者青睐的娱乐项目之一。

4. 节事旅游营销策划

1) 树立现代营销观念

节事旅游的策划者不仅要从营销观念上树立以旅游者需求为中心的导向，还要关注节事旅游活动的开展给目的地带来的各种积极和消极影响，权衡利弊，精心策划，把满足旅游者需求的传统营销观念转变为"不仅要满足旅游者需求，还要创造旅游者需求"的新营销观念。

(1) 亲情营销观念。传统市场营销观念强调顾客至上，顾客就是"上帝"。亲情营销观念强调把旅游者当作"朋友"或"亲人"，通过建立一种新型的亲情关系，把自己与旅游者之间的距离最大限度地缩短，通过与旅游者做"朋友"，而使之成为永远的"朋友"。

(2) 绿色营销观念。树立绿色营销观念，开发绿色产品，开拓绿色市场，已成为21世纪营销发展的新趋势。节事旅游作为一种可选择性的旅游形式，与传统旅游相比，可以最大限度地减少资源、环境方面的污染，因此，在节事旅游营销过程中，可在将旅游者利益、企业利益与社会利益三者有机结合的基础上，进一步强调生态效益，将生态效益看作前三者利益得以持久保证的关键所在。

(3) 体验营销观念。体验营销是企业以商品为载体，以服务为舞台，以满足消费者的体验需求为目的而开展的一系列营销活动。体验营销自始至终都把为顾客营造难忘的、值得回忆的体验作为其工作重点，通过满足消费者的体验需求来实现其利润目标。节事旅游参与性强的特点决定了体验营销观念在节事旅游营销中的适用性。

(4) 品牌营销观念。节事旅游活动的主办者必须树立明确的品牌营销观念，要立足于打造节事旅游精品，创立节事旅游名牌。能否成为精品和名牌，取决于节事旅游活动本身是否具有深厚的文化底蕴、鲜明的地方特色和民族特色。文化是灵魂，没有灵魂的节事旅游活动是断然成不了精品和名牌的。

2) 制定有效的节事旅游营销策略

节事旅游活动能否引起公众关注，吸引商家参与，形成市场轰动效应，关键在于策划者是否具有创新意识，能否以此形成全新的推介模式。策划者可实施新闻媒体的强势传播战略，通过强势媒体的高强度、大容量、全方位宣传，加大对外宣传促销力度，以旅游兴节事。

(1) 强化促销团队。提高宣传促销人员业务素质，更新旅游促销观念，在知识经济时代，更应该充分认识到依靠高科技信息手段开拓市场、占领市场的重要性和必要性。充分采用先进的信息手段促销，拓展促销渠道，提高促销的效果，降低促销成本。凝聚各方面力量，形成合力，开展多种多样、连续不断的整体促销活动，走集团化合作式的联合促销之路。明确促销对象，不能只对当地居民进行宣传，更要重视针对客源市场的大众和旅行社开展促销宣传活动，注重发挥公共关系和新闻媒介的作用。

(2) 丰富促销内容。改变昔日促销宣传拘泥于以旅游资源和旅游线路招徕旅游者的状况，高度重视节事活动整体形象的促销宣传，因为节事活动的整体形象在旅游者心中地位的高低，决定着客源市场能否形成与发展。高度注重品牌效应，重点促销名牌节事活动产品和精品。国外许多节事活动的经营方式很值得我们学习。例如主办者除向新闻媒介发布信息外，还主动与各地乃至海外旅行中间商联系，将节事活动的主要节目内容、举办时间印成多种文字，在表述方式上尽可能考虑异地人的接受能力；经常提前半年进行宣传，在交通枢纽处如火车站、飞机场出口设置节事活动导游图，吸引更多的旅游者，提高客源量，从而烘托出节事活动游人如织、商贾云集的场面。

(3) 响亮的宣传口号。宣传口号作为一个地区形象的浓缩精华，具有很强的传播作用，是吸引旅游者与民众注意力的有效工具。设计提炼能表达节事活动及地区鲜明特色的宣传口号，有助于凸显地区的独特个性，吸引投资与关注。由于节事活动是与地区社会生活相关联的，它会在一段时间内广泛聚集公众的注意力，这就使得以节事活动为主题的宣传口号能在提高地区知名度、改善地区形象、促进节事旅游产品营销等方面达到事半功倍的效果。

3) 广泛吸引赞助商

吸引赞助是节事旅游促销的重要内容，在吸引赞助的过程中应考虑以下几个方面。

(1) 节事的主题与形象必须适合赞助商。

(2) 赞助商有自己的关键目标市场，节事活动主办者应寻求与节事活动的主要目标市场相一致的赞助商。

(3) 赞助商希望获得一个或多个机会销售产品，使其名称与节事活动紧密联系，确保免费或付费的广告效益，给其员工精神上的鼓舞等，赞助商的这些利益应当通过节事活动得以实现。

(4) 应使赞助商相信其可能获得的潜在利益与其所付出的赞助费之间能够取得平衡，甚至可能得到更多的利益。

(5) 节事活动的质量能够使赞助商满意。

(6) 建立良好的媒体关系，使赞助商能够得到公开展示自己的机会，并以此吸引新的赞助商。

5. 实施方案策划

1) 方案撰写及组织准备

在把握节事旅游策划的原则和相应的方法策略的基础上，将各部分方案进行有机整合，对整体节事旅游的方案进行调整与优化，在充分论证的基础上形成节事旅游实施方案，然后有序地推进节事旅游的各项工作。例如，取得有关部门的同意和支持(如公安、交通、消防、市政、城管等)；成立准备工作筹备小组，明确组织者(包括主办单位、承办单位、协办单位等)的组织机构设置和内部责任分工；寻求可能的赞助商；制定旅游节事日程(包括主题活动日程、内容和配套活动的日程及内容)；制定绩效评估体系，确定旅游节事具体目标和经济指标；预计接待人数、收入来源和收入预测等；确定旅游节事总体口号、标志、吉祥物；设计和开发宣传品、纪念品和配套商品；制定旅游节事活动管理的有关条例(包括旅游者管理、安全管理、环境管理、市场秩序规范、交通管理条例等)；制定突发事件应急方案等。

2) 实施行动计划

行动计划包括财务计划、消防及安全计划、员工培训计划、接待计划、环境整治及场地布置计划、交通管制计划、宣传促销计划、开幕式和新闻发布会计划、各主题活动和配套活动的日程安排等。为了有效地实施各项计划，应制定详细的行动方案。此方案必须明确行动计划和战略实施的关键性决策和任务，并将执行这些决策与任务的责任落实到个人或小组。在节事活动举办期间会出现很多意外情况，举办方应根据情况不断做出调整，以确保目标的实现和节事活动的顺利开展。

在节事活动举办过程中，应搜集所有信息反馈和旅游节事报道。在节事活动结束后，审核经费开支；追踪、评估与赞助商的合作；分析节事旅游活动举办的经济和社会影响，是否给各方带来良好的效益，有无再次组织的必要；对成功举办的节事旅游活动进行品牌注册，开展品牌经营和管理，采取品牌许可的方式，进行品牌授权，以提高品牌知名度和扩大市场影响；更重要的是总结节事活动各环节的得失、存在的问题和解决的方法等，不断积累经验，为下一届节事活动的举办提供重要的参考材料。

6.3 节事旅游的运作与管理

6.3.1 节事旅游形成的条件

1. 必要的旅游吸引

节事旅游的形成需要借助一定的平台，脱离了这个平台，节事旅游便不会产生足够的旅游吸引力，无法获得发展。一般而言，一座城市要开展节事旅游，需具备以下条件。

(1) 城市品牌化。如果旅游目的地想要举办节事活动，就必须不断提升自己的地位，提高城市的知名度和美誉度，进而创造品牌效应。加拿大学者盖茨认为："节事的强大号召力可以在短时间内使得节事举办地的口碑获得爆发性提升。"

(2) 内容丰富化。为了给观光旅游者留下深刻的印象，节事举办地在开展节事旅游活动时，形式应尽可能多样化，特别是一些能够突出地方特色的活动，往往会受到旅游者的欢迎，同时也可以提高旅游附加值。

(3) 媒体覆盖率。很多节事举办地没有意识到媒体对宣传节事活动的重要性，导致很多节事旅游活动鲜有关注，节事举办地也没有获得应有的经济和社会效益。为了扭转这种局面，节事举办地应该转变观念，认识到媒体的重要性。以上海狂欢节为例，除了当地媒体主动介入外，举办地还邀请了国内主要媒体前来报道，甚至邀请了海外很多知名媒体，如英国BBC、新加坡电视台、法国国家电视台等，从而构成以当地媒体为主、以国内其他地方媒体为辅、以海外媒体为窗口的立体媒体报道网络，为节事活动的举办创建了一个极佳的媒体平台。

(4) 大众接受度。节事旅游活动作为一种高雅的文化，它更需要社会大众参与进来，最终形成一种具有亲和力与认同感极强的大众行为。我国很多节事活动效益不佳，很重要的一个原因就是社会公众参与性不高。

2. 全面的城市形象

城市形象，即城市在人们心目中的形象。一般而言，城市形象往往由多种因素共同构成，如公民好客度、城市总体景观、旅游基础设施等。这些城市形象构成因素缺一不可，那些具备全面形象的城市更有可能开展具有一定影响力的节事旅游活动。

3. 优质的区域环境

(1) 经济环境。经济环境主要包括服务业环境和经济实力两方面。节事旅游的发展依赖于一定的经济环境，而衡量经济环境的一个重要指标就是服务业发展水平，同时节事旅游的开展也依靠发展水平较高的服务业的支撑。

(2) 文化环境。成功的节事旅游活动往往有其共同的特点，就是依托于当地文化。只有依托当地文化开展的节事旅游活动才是独具风格、个性十足、魅力无穷的，这种文化的关联性也影响着节事活动主题的选择。

(3) 交通条件。节事活动取得成功的先决条件之一是城市交通便利，交通条件对城市举办节事活动影响极大。我国的香港会成为世界级的会展之都，原因之一就是这座城市拥有高效、便捷的城市交通。

(4) 客源市场。举办节事旅游活动时，必须考虑的因素就是节事举办地距主要客源市场的距离。根据旅游理论，节事举办地与客源市场的距离将直接关系到节事旅游活动的影响力。举办地离客源市场越远，影响力越小；反之，影响力越大。这里的"距离"既包括空间距离，也包括时间距离。

6.3.2　节事旅游的运作模式

1. 政府包办模式

我国很多城市采用政府包办模式，政府在节事活动举办过程中包揽一切事务，扮演多种角色，不仅活动由政府主办，而且节事旅游活动的内容、场地、时间等都由政府决定。虽然政府包办模式能最大限度统筹规划，但是也给地方政府带来很大的财政负担，限制了其他相关单位的参与积极性和主动性，经济效益和社会效益也会大打折扣。

2. 市场运作模式

市场运作模式是节事旅游活动走向市场化的终极模式。在这种模式下，节事旅游活动完全由节事旅游企业按照市场经济规律运作，其优势不言而喻。首先，节事旅游活动的时间、地点、运作方式、参赛资格等各方面均由市场需要决定，可大大节约成本，同时也避免了行政力量介入导致的浪费；其次，有利于实现旅游效益的最大化。

3. 政府主导、社会参与、市场运作相结合模式

该模式是当前比较符合我国国情的一种节事旅游运作模式。在这种模式下，节事旅游活动的主办方仍旧是政府，但其作用发生了变化，由过去的主导活动变为主要确定节事旅游活动的主题和名称，并以政府名义进行召集和对外宣传。而社会力量的作用体现在为节事旅游活动的举办献计献策，营造良好的节事旅游环境氛围，以及积极参与各项节事旅游活动。而真正的市场运作会具体委托给企业，采用激励的方式让更多的企业参与到节事旅游中。

由于我国市场经济制度尚未完善，此种模式往往会带来较好的经济效益和社会效益，各地在开展节事旅游活动时也经常采用这种模式，例如中国·哈尔滨国际冰雪节、潍坊风筝节、广州国际美食节等。

6.3.3　节事旅游的运作过程

节事旅游的运作过程主要包括四个阶段，分别是节事旅游决策阶段、节事旅游规划阶段、节事旅游实施阶段和节事旅游评估阶段。

1. 节事旅游决策阶段

在节事旅游决策阶段，节事旅游活动组织者根据各方面情况，决定是否举行节事旅游活动。一般而言，有以下两种情况需要节事旅游活动组织者进行有效决策。

185

(1) 原有节事旅游活动的延续。本次节事旅游活动是上一次活动的延续，在这种情况下，对于组织者来说，决策比较简单，只需要借鉴以往举办类似节事旅游活动的经验就可以做出决定。

(2) 举办新的节事旅游活动。组织者决定是否举办新的节事旅游活动，这种情况比较复杂，决策流程包括发起人发起、确定节事旅游活动目标、成立节事旅游活动管理委员会(或组织委员会)、进行可行性分析(包括市场分析、财务分析等)以及做出决策。

2. 节事旅游规划阶段

在组织者做出举办节事旅游活动的决策以后，就进入节事旅游规划阶段，这个阶段是节事旅游活动运作的关键，主要包括以下内容。

(1) 确定节事活动产品。所谓节事活动产品，是指节事旅游活动独特的产物，它有助于实现节事旅游活动的目标和满足旅游者需求。同时，节事旅游活动的规划需以旅游者为中心，最大限度满足潜在旅游者的需求。组织者应根据节事旅游活动的内在特征以及全面预算来安排反映节事旅游活动主题的主要内容，并安排一些次要的吸引人的辅助活动来补充完善节事旅游活动的整体内容。节事旅游活动需要经过长时间组织，工作量庞大，因此越早确定节事旅游活动产品越好。

(2) 财务分析。在节事旅游规划阶段，一项很重要的工作就是财务分析。财务分析主要涉及三个方面，即预期收入和花费、预算、现金流。不同的节事旅游活动，运作模式也不尽相同，因此收入来源有所区别，主要有拨款、补助、捐款、基金、赞助等。节事旅游活动的收入可以在活动举办的不同时间段获得。预算是指关于各种计划安排的财务控制工具，节事旅游活动组织者应当广泛地参与预算制定，以了解各部门的工作情况。在做财务分析时，笼统的利润表述是不够的，需要精确地计划各种收入和花费，以确保充沛的现金流。

(3) 制定相关策略。为了保障节事旅游活动顺利开展，必须制定一系列相关策略。这里所说的策略既包括有效的营销策略，也包括在节事旅游活动中发挥至关重要的人力资源管理策略，还包括节事旅游活动的各种安排策略等。

3. 节事旅游实施阶段

节事旅游实施就是将节事旅游方案落地的过程。对节事旅游者而言，这是参加节事旅游活动的过程；对节事旅游组织者而言，这是在节事旅游活动期间为旅游者提供服务的过程。节事旅游实施阶段主要包括以下三个环节。

(1) 项目组织管理工作。为了满足节事旅游者对节事旅游活动的需求，节事旅游活动组织者应全力组织和管理好每个活动项目，使其按计划运作，这是节事旅游的一项基本服务。由于节事旅游活动参与人数众多，且事务繁杂，需要众多专业化的组织和人员提供服务，这也是节事旅游活动能顺利开展的保障。

(2) 节事旅游接待服务。为了高质量完成节事旅游活动，必须提供高质量的旅游接待服务。旅游接待服务主要包括导游服务、交通服务、住宿及餐饮服务、娱乐服务、购物服务等。节事旅游接待者无论是接待贵宾，还是接待普通的节事旅游者，都应当提供细致周到的服务，这将直接关系到节事旅游活动的举办质量。

(3) 后勤保障服务工作。后勤保障服务是指节事旅游活动所需的各种具有公共性质的服务，主要有安全服务、医疗服务、公共交通服务、通信服务、金融服务等。这些服务基本都是由政府部门或公共机构提供的，通常需要当地政府进行统一安排，以保障节事旅游活动顺利举办。

4. 节事旅游评估阶段

节事旅游评估是指节事旅游活动结束以后，对节事旅游服务工作和节事旅游活动效果进行评价和总结的过程。评估目的在于通过分析举办节事旅游活动的经验，使下一次活动举办得更加成功。

从评估的内容来看，节事旅游评估可分为工作评估和效果评估。

工作评估主要包括活动方案评估、筹备工作评估、营销工作评估以及实施工作评估等。这些评估应建立在收集旅游者的反馈信息的基础上，即以旅游者的评价作为评价标准。

效果评估主要包括经济效益评估、社会效益评估和环境效益评估等。成功的节事旅游活动应能同时获得良好的经济效益、社会效益和环境效益，并应有广泛的受益面。同时，在进行效益评估时，不能只看节事旅游的正面效应，也应关注负面效应，这样才能得出客观准确的结论。

6.3.4　节事旅游的管理

1. 节事旅游品牌管理

根据城市品牌的建设理论，旅游目的地要想进一步提升自己的地位，首先要做的就是建立节事旅游品牌。

节事旅游品牌是一种用于识别某项节事旅游产品和服务，并使之与竞争者形成差异的名字、规则、标志、符号、样式等要素的综合体。现代市场经济的一个重要趋势就是市场份额越来越向最有价值的品牌集中，因此，建立品牌是节事旅游经营者确保竞争优势，以及赖以生存和发展的根本。

由此可见，加强节事旅游品牌管理，精心打造和维护节事旅游品牌，是节事旅游发展的重要途径。节事旅游品牌管理的内容主要包含以下几个方面。

(1) 品牌定位策划。节事旅游品牌通过文字、符号等要素告诉旅游者关于节事旅游产品的特点，为旅游者提供一个识别产品和判断产品的根据。当今主题相似、内容雷同的旅游品牌不胜枚举，而利用节事活动打造的旅游品牌更加形象、更易识别，可以使旅游者在极短的时间里挑选出自己需要的旅游产品。一个成功的旅游品牌离不开正确的品牌定位，科学合理的旅游品牌定位是一切旅游活动得以维系、壮大发展的基石。品牌定位就是确立目标市场的过程，也是在潜在的旅游者心目中创造一个目的地的形象和地位的过程。品牌定位有助于旅游者了解目的地如何能够满足他们的需求。

(2) 品牌个性塑造。节事活动品牌的首要作用就是让节事旅游项目在市场竞争中树立差异性，将节事旅游与其他旅游区别开来。市场上的旅游品牌主题、内容重复严重，利用节事活动突出节事旅游特点，可成功塑造个性旅游品牌。

(3) 加强媒体宣传。品牌形象的确立，需要以强大的媒体宣传为基础，特别是信息高度发达的今天，许多品牌都是从消费者的需求出发，满足消费者的心理并借助强大的信息传播而展开营销的。据不完全统计，目前我国各类大小节事活动每年有5000多个，而且大多数都很成功，不仅有着丰富的文化内涵，而且成为旅游经济发展的催化剂。

(4) 强化品牌营销。发挥节事活动的吸引力和影响力是一种新颖的品牌营销形式。成功的节事品牌是旅游营销主体参与市场竞争的一种重要手段，它不但可以帮助旅游者从纷繁复杂的旅游市场中挑选出自己所需要的节事旅游产品，而且可以向旅游者传递一定的信息，从而使旅游者对其建立起良好的印象和信誉。例如，从某种角度来讲，中国·湄洲妈祖文化旅游节就是一个成功的节事旅游品牌。

(5) 保证服务质量。保证服务质量是培育和维护品牌的基础。会展旅游经营者应通过建立产品服务质量标准和质量控制体系，确保旅游者在旅游活动中获得满意的体验，使其成为节事旅游产品的忠实消费者，从而提升产品的品牌忠诚度、扩大影响力，进而稳固和扩大节事旅游市场。

(6) 进行品牌创新。在激烈的市场竞争环境中，节事旅游经营者要获得可持续发展的动力，就必须进行品牌创新，以保持和增强品牌竞争力。节事旅游经营者应根据旅游市场需求的变化，运用各种资源，创造品牌新的价值，赋予品牌新的内涵和意义，从而提高品牌的吸引力和号召力。

2. 节事旅游现场管理

节事旅游现场管理是指在活动实施期间，对各项节事旅游活动现场进行管理。现场管理不仅可以有效保障节事旅游按计划实施，而且可以纠正实施期间出现的偏差，保证节事旅游服务与管理的质量。对于节事旅游活动管理者来说，控制好现场各环节，保证节事旅游活动顺利进行是非常重要的工作。可以说，现场管理决定节事旅游活动的成败。

1) 场地管理

场地管理主要包括以下内容。

(1) 场地功能区域划分。例如舞台和表演区域、观众和参演者区域、设施设备管理区域和服务区域等。

(2) 场地布置和装饰。场地布置和装饰必须围绕整个节事旅游活动的主题来开展，例如灯光、音响、布景和各种特殊效果，都应为了烘托主题活动的气氛而设计。

(3) 活动开始前的场地检查。在活动开始之前，必须对场地进行检查，确保场地的安全性、观众的舒适度、观众对活动项目的可视性、出入区和舞台区无安全隐患等，尽可能降低意外事件发生的概率。

2) 后勤服务管理

后勤服务管理主要涉及活动现场的各种后勤保障和接待服务，主要内容包括以下三个方面。

(1) 交通管理方面。确认旅游者的接送、停车需求，向有关组织或机构发放通行证和停车证，同时做好现场交通调度等工作。

(2) 安全管理方面。现场管理者应加强现场安保力量，维护现场秩序，防止伤亡事故的发生。应在活动现场设立紧急医疗设施和医护人员，接受消防部门的安全检查，搭建物品存放及装饰性设施时应遵循消防部门的规定。同时应加强人员出入管理及重点区域的安保，建立紧急疏散系统。对于有可能发生危险的活动，应在现场设置防护设施，并提醒参与者注意安全。

(3) 服务管理方面。主办方应安排迎宾员、引座员接待宾客，尽快使宾客融入活动的欢乐气氛中，适当为宾客提供饮料和点心，向其赠送有保留价值的纪念品，使宾客留下美好的回忆。同时，还要做好宾客的入场和退场安排，快捷高效地疏导人流等。现场接待服务工作不仅要程序化、规范化，还要尽量提供宾客需要的个性化服务。

3) 现场人员管理

现场管理的执行和落实必须依靠具体的工作人员，因而对"人"的管理非常重要。对现场人员的管理主要有以下几个方面。

(1) 教育培训。在节事旅游活动举办前对员工进行教育培训，提高员工对活动重要性的认识，使其熟悉现场管理的内容和流程。

(2) 落实岗位职责。要做到分工明确、责任到人，明确每个人员的工作职责以及每项工作的具体负责人。

(3) 加强沟通和协调。现场工作人员应保持及时、顺畅的联系和沟通，加强分散在各处的人员之间的工作协调与协作，从而提高现场管理的效率和效果。

4) 突发事件的处理

开展节事旅游活动时，当人流量特别大的时候，必须制定针对各种突发事件的应急措施和应急预案，提前考虑到各种可能发生的问题和危险，切实加强各种防范措施，并进行突发事件模拟演练，强化工作人员应对突发事件的能力。这样一来，工作人员面对突发事件就不会手足无措，可以按照预定方案冷静处理，从而最大限度地减少损失。

6.3.5 节事旅游的规律分析

节事活动往往规模不一，在特定空间范围内定期或不定期举行，一般延续几天到十几天。节事活动打破了人们常规的生活模式，并伴随不同内容的项目活动，因此节事活动能以独特的形象吸引旅游者，聚集大量的人气，并产生效果不等的轰动效应，能在较短的时间内起到宣传促销的作用，从而提高举办地的知名度，促进旅游目的地社会经济的全面发展。研究节事活动的运作规律，对于做好节事活动管理、提高节事活动质量具有重要意义。

1. 影响范围规律

节事活动对举办地有一定的影响力，但影响范围由节事活动的性质、规模、知名度等多种因素共同决定，而营销影响范围受节事活动举办历史、举办地与受众在地理上的距离因素的影响较大，其影响规律为：节事活动的地域影响符合距离递减规律，即随着节事活动与举办地距离的增加，其影响力逐渐变小；节事活动的档次、规模对其影响力有决定性

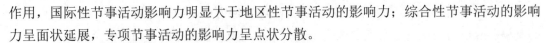

作用，国际性节事活动影响力明显大于地区性节事活动的影响力；综合性节事活动的影响力呈面状延展，专项节事活动的影响力呈点状分散。

2. 时间效果规律

这里的"时间"是指节事活动的举办年度。一般而言，节事活动举办的历史越长，其知名度越高。1991年，首届青岛国际啤酒节仅迎来30多万名旅游者参加饮酒和各种娱乐活动；随着每年一次的节事活动，该节事活动的知名度越来越高、影响力越来越大，到2002年第十二届青岛国际啤酒节，参节者已突破200万人；2023年第33届青岛国际啤酒节金沙滩啤酒城现场指挥部数据显示，仅开幕当日预约入园的人数已超15万人。需要注意的是，节事活动的影响力不是随着举办历史的延长而均匀增加的，而是符合指数函数规律的，即前几届影响力增长速度较快，后期呈缓慢增长趋势。

3. 内容吸引规律

妥善安排项目及内容是节事活动获得持久注意力的保证。如果节事活动项目陈俗老套，就会渐渐失去吸引力。一般来说，一项活动的吸引效应将随时间而递减。根据调查，同一个项目在第二次上演时的吸引效应比第一次上演会递减20%，第三次上演时的吸引效应又比第二次上演时递减20%，以此类推，到第五次上演时基本失去吸引效应，这就是吸引力的边际效用递减规律。因此，同一个项目上演三次后就必须有所突破和创新。在围绕节事活动主题的前提下，各种活动项目应该稳中有变，既要有保持其特色的传统项目，还要有紧跟时代潮流、跟随人们意识观念转变的焦点项目。

4. 经济效益规律

节事活动的经济效益不能一概而论，投入与产出的比较，随节事活动生命周期的不同而不同。处于成长期的节事活动，可能需要的投入更多一些，尤其是新创办的节事活动，从无到有往往要经历投入大于产出的阶段；成熟期的节事活动是经济效益较为可观的阶段，这个阶段的市场基础已经奠定，产出远远大于投入，并且往往会持续一段时间；随着衰退期的到来，产出与投入的差额越来越小，又会呈现产出不及投入的局面。

6.3.6　我国节事活动存在的主要问题

举办"以节招商，文化搭台，经济唱戏"的节事活动，推介具有地方特色的旅游资源和产品，塑造城市整体形象，促进城市经济和社会事业的加速发展，已在全国掀起热潮。但是，在我国城市节事活动层出不穷的时候，也不难看到泥沙俱下以及鱼龙混杂的状况，综合分析，我国节事活动主要存在如下问题。

1. 节事活动数量多，但品牌知名度高的节事活动较少

在我国，大到北京、上海这样的直辖市，小到行政区县，几乎都会举办节事活动，而且活动数量和举办次数还有继续增加的趋势。这说明多数城市都已认识到举办节事活动能够带来的诸多积极效益。但是纵观我国举办的城市节事活动，仍存在品牌知名度低、举办届数短的问题，能持续举办并发展成为国际节事活动的更是凤毛麟角。我国高规格、大规模、高品位、高档次，并已经成为城市形象工程和著名品牌的节事活动，仅有为数不多的

几个，如大连国际服装节、青岛国际啤酒节等。

2. 地域分布不均衡，东部多，西部少

城市节事活动的举办与城市社会经济的发展有着密不可分的关系。我国社会经济的发展在地域上存在较大的差异，使得城市节事活动在空间上也呈现分布不均衡的特征，形成东部多、西部少的格局。

3. 主题选择撞车现象比较多，特色节庆活动较少

很多城市节事活动寿命短或效益不好的首要原因是没有特色，活动主题有特色是节事活动产生吸引力的根本所在。城市节事活动要做好，市场要做大，靠的就是独特的主题。而我国的节事活动在主题选择上有雷同倾向。例如，以茶文化为主题的节事活动就有中国·日照茶文化旅游节、中国重庆(永川)国际茶文化节、安溪茶文化旅游节、蒙顶山国际茶文化节、中国普洱茶文化旅游节、湖北国际茶文化节等。

地理相邻的地域由于自然条件、地理环境、历史文脉等方面的共通性，导致这些地域在资源方面的相似性，在选择节事活动的主题时也会存在一定的困难，但这不能成为主题选择过于雷同的借口。针对这种情况，节事活动主办方应深入挖掘本地的节事资源，结合本地的文化特色，从新奇的角度切入，打造独具特色的节事活动。

4. 部分节事活动市场作用尚未发挥，绩效不显著

从根本上来说，城市节事活动是一种经济现象。在实行市场化运作时，应当遵循"资金筹措多元化、业务操作社会化、经营管理专业化、活动承办契约化、成本平衡效益化、管节办节规范化"等基本规律和原则，否则真正的市场化运行机制以及以此为基础而取得的节事活动绩效就无从谈起。

我国城市节事活动的运作与市场经济的要求有许多不相符的地方。例如，政府在其中所起的作用过于重要，管辖的范围过于宽泛。节事活动往往由政府部门牵头主办，上指下派，按行政方式运作，较少考虑由企业承办。这样就造成节事活动成本过高，政府财政负担过重。而且涉及政府指派，节事活动就容易失去原有的作用，商家企业难免会有抵触情绪，从而限制商家企业主动性和积极性的有效发挥。

在城市节事活动举办中，企业能够参与的筹资活动大多集中在广告宣传、捐赠和赞助方面，由于投资回报机制尚未建立，企业投资回报率往往较低。此外，政府办节往往更注重政治影响，经济意识不足，在活动的开幕式与闭幕式环节耗资过大，这些都会导致政府财政压力过大，使得节事绩效不显著。

5. 经济文化结合力度不够，文化内涵尚有待于挖掘

城市节事活动与社会经济发展相结合是节事活动生命力之所在。现在的节事活动几乎都以"文化搭台，经济唱戏"为宗旨，在追求经济效益的同时往往忽略了文化内涵的挖掘。例如，传统的节事活动中加入过多商业炒作成分，无论什么主题的节事活动，大多都会安排一些模特大赛、演唱会、健美赛等与主题相关性较低的活动。这样的节事活动虽然热闹，能够吸引人的眼球，但是缺乏深厚的文化内涵，在短期之内可能会增加亮点，但从长远来看，将有损节事活动的主题。

课程思政案例

【案例主题】

传承弘扬妈祖文化 促进两岸民心相通

【案例内容】

2023年5月12日，农历三月廿三，是"海上女神"妈祖1063周年诞辰。上午9时许，纪念妈祖诞辰1063周年大会暨春祭大典在妈祖故里福建莆田拉开序幕。

仪式前，上海、浙江、海南、广东、山东、河北、福建、香港、澳门、台湾等地数千位妈祖敬仰者早早来到湄洲岛，虔诚拜谒。其中，800多位台胞跨海而来，谒祖进香，为近年之最。据了解，当天有近万名海内外妈祖敬仰者在现场观看妈祖祭典。

编钟奏响，旌鼓擂动，礼炮齐鸣。仪式开始，主祭人率陪祭人着传统礼服，手持素香，虔诚进谒，祈愿国泰民安、世界和平。古乐奏响，身着汉服的少男少女翩翩跳起八佾舞，七条25米长的彩色巨幅绸带涌向妈祖祭坛，象征"海上丝绸之路"的各国人民以妈祖文化为纽带汇聚一处。

据悉，本次活动以"同谒妈祖，共享平安"为主题，旨在深入贯彻落实国家"建设21世纪海上丝绸之路"的倡议，进一步弘扬妈祖文化和"立德、行善、大爱"的妈祖精神，发挥妈祖文化在对台交流合作中的重要作用，促进海内外妈祖敬仰者的联谊交流。

据了解，"春祭妈祖"大典是中华妈祖文化交流协会主办的一场盛会，也是向世界妈祖文化机构展示妈祖文化的盛会。开幕式在传统文化的继承发展中，在新时代妈祖文化发展大潮中，传递"平安、和谐、包容"的文化理念。将妈祖文化融入每一个环节，体现了新时代妈祖文化自信，深层次彰显妈祖文化在推动构建人类命运共同体的伟大实践中焕发出勃勃生机和活力，向世界妈祖文化机构提供了典范，传递了积极健康、迎接美好未来的共同价值观。

莆田市市长林旭阳在致辞时表示，近年来莆田深入践行"两个结合"，成功举办了七届世界妈祖文化论坛，深入开展妈祖巡安天下、天下妈祖回娘家、妈祖下南洋重走海上丝绸之路等活动，推动妈祖文化走向世界。如今，妈祖文化成为具有世界影响力的现代文化符号，成为促进文化交流、民心相通、文明对话的重要载体。当前，莆田正积极开通对台客运常态化直航，建设世界妈祖文化核心区，加快打造两岸同胞心灵契合的幸福家园。林旭阳希望，中华妈祖文化交流协会进一步深入挖掘妈祖文化当代价值，持续拓展妈祖文化的内涵和外延，协同推动妈祖文化创新性发展。

中华妈祖文化交流协会常务副会长俞建忠表示，举办"春祭妈祖"大典就是通过仪式感、参与感、现代感的有机交融，向世界传递中华妈祖的大爱形象、平安形象、和平形象，在展示中华妈祖文化东方神韵的同时，向世界传递中国人民坚持和平发展，与各国人民共同前进的美好心愿。

资料来源：林盈. 纪念妈祖诞辰1063周年 国家级"非遗"妈祖春祭大典在莆田湄洲岛举行[EB/OL]. http://fj.people.com.cn/n2/2023/0512/c181466-40413571.html，2023-05-12.

【案例意义】

1. 传承中华传统文化。从内部与外部两方面分析妈祖文化传承的动因，解析妈祖文化的传承方式，进一步探析妈祖文化传承的作用，从而让学生深刻认知妈祖文化是中华传统文化的重要组成部分，加深对妈祖节庆的认同感，从而促进妈祖文化的传承和发展。

2. 助力学生健康成长。通过介绍妈祖节庆中的妈祖形象(立德、行善、大爱的精神象征)，启迪学生思考民间信仰妈祖的缘由，引导学生形成正确的人生观和价值观。

3. 树立文化自信和民族认同。通过对两岸妈祖文化交流的回顾，分析两岸妈祖文化交流的特点，探讨妈祖文化与文化认同感的建构，从民族团结、文化认同、和谐和平等各个方面对妈祖文化进行解读，从而使学生树立文化自信和民族认同。

本章思政总结

党的二十大报告强调，必须坚持中国特色社会主义文化发展道路，增强文化自信，增强实现中华民族伟大复兴的精神力量。强调要传承中华优秀传统文化。中华传统节事活动是中华优秀传统文化的重要承载者、发扬者与传承者。节事指面向大众，根据特定主题举行的日常生活体验以外的群体性娱乐休闲活动。节事旅游是指依托某一项或某一个系列节事旅游资源，通过开展丰富、开放性强、参与性强的各项活动，以吸引大量受众参与为基本原则，以活动带动一系列旅游消费，进而带动地方经济增长为最终目的的所有活动的总和。

节事活动通常根植于特定的文化传统和习俗之上。通过庆祝活动，人们有机会了解和体验传统的仪式、习俗和庆典，从而加深对自己文化的认同和理解。

节事活动经常涉及各种文化表演和艺术展示，例如舞蹈、音乐、戏剧、民俗游行等。这些表演和展示形式不仅能传达特定文化的美学和价值观，也为人们提供了欣赏、参与和学习的机会，进一步巩固人们对文化的认同感。

许多节事活动包含口头传统和故事讲述的元素，通过神话、传说和民间故事等，向年轻一代传递文化的智慧和价值观。这种口头传统的传承是加强文化认同的重要方式。

节事活动通常与特定的食品和美食文化相关联。食物是文化的重要组成部分，通过传统的烹饪方法、特定的食品选择和宴会活动，人们可以感受到文化的独特性和传统味道。

节事活动常常鼓励社区的互动和合作，以传承和保护传统的手工艺和技艺。这些传统技艺包括织布、陶艺、手工制作等。通过学习和传递这些技艺，人们能够感受到文化的独特魅力并加强文化认同。

重要术语

节事旅游(festival tourism)

思考与讨论

1. 什么是节事旅游？
2. 节事旅游的特点表现在哪些方面？

3. 联系实际，阐述节事旅游的作用。

4. 结合本地区节事旅游活动的特征，分析节事旅游活动的运作与管理。

5. 我国城市节事活动存在的问题主要有哪些？

二十大精神进教材

党的二十大报告指出，最艰巨最繁重的任务仍然在农村。"坚持农业农村优先发展，坚持城乡融合发展，畅通城乡要素流动。加快建设农业强国，扎实推动乡村产业、人才、文化、生态、组织振兴。""发展乡村特色产业，拓宽农民增收致富渠道。巩固拓展脱贫攻坚成果，增强脱贫地区和脱贫群众内生发展动力。统筹乡村基础设施和公共服务布局，建设宜居宜业和美乡村。"

2023年2月18日，"乡村好时节·万人游沂源"乡村振兴文化旅游节在沂源鲁山溶洞群风景区拉开帷幕。这是该县抢抓时机，在全市率先启动的乡村振兴旅游节活动。本届沂源乡村振兴文化旅游节紧扣国家乡村振兴时代主题，紧跟该县农文旅融合发展战略，引客入源，不断活跃文化旅游时尚活力，整合优化文化旅游资源，培育拓展文化旅游市场，推动农文旅融合高质量发展。在接下来一周的活动中，将会有万余名域外旅游者分批聚集沂源，在九天洞、六一八备战电台、朱家户、计宝峪村等景区景点进行游览体验，充分体悟沂源爱恋之城、红色圣地的文化魅力，感受沂源乡村振兴事业的发展。

思考：节事旅游是乡村经济发展的重要动力之一。任选乡村案例地，试拟定一份节事活动策划方案。

参考文献

[1] 宗晓莲，戴光全. 节事旅游活动中的文化表达及其旅游影响——国际东巴文化艺术节的旅游人类学解读[J]. 思想战线，2005，031(002)：134-140.

[2] 吕莉. 我国旅游节事的策划与运作研究[J]. 商业研究，2006，000(013)：202-205.

[3] 吴必虎. 节事活动的运作原则及模式[J]. 中国会展，2005(03)：48-51.

[4] 彭涛. 大型节事对城市发展的影响[J]. 规划师，2006，022(007)：5-8.

[5] 余青，吴必虎，廉华，等. 中国节事活动开发与管理研究综述[J]. 人文地理，2005，20(006)：56-59.

[6] 杨兴柱，陆林. 大型节事旅游基本特征及发展对策的初步研究[J]. 人文地理，2005，020(002)：47-50，118.

[7] 周玲强，冯晓虹. 旅游节事经济效益形成的机理分析[J]. 商业经济与管理(11)：56-60.

[8] 黄翔，连建功. 中国节庆旅游研究进展[J]. 旅游科学，2006，020(001)：4

第7章
会展旅游的综合效应

本章要点

1. 了解会展旅游产生的积极影响。
2. 了解会展旅游产生的消极影响。
3. 了解会展旅游的区域影响。

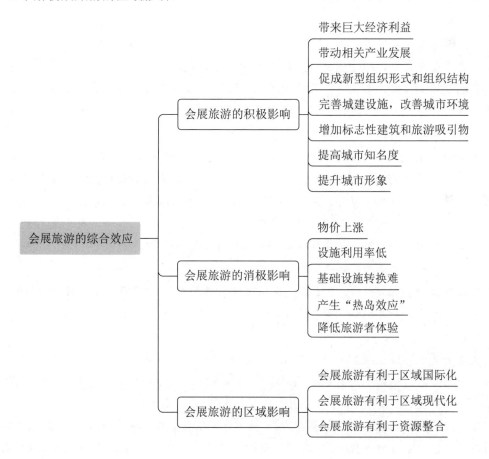

课程思政元素

带动效应；办好"一个展"，带活一座城；中国形象；道路自信、理论自信、制度自信、文化自信；城市高质量发展；中国式现代化；现代服务业；共建共治共享；低碳环保；环境保护与可持续发展；文化保护、传承与弘扬；社会责任意识；社会公平理念；中国式现代化建设。

引例

啤酒节带火一座城

2023年8月6日，第33届青岛国际啤酒节在青岛西海岸新区金沙滩啤酒城落下帷幕。24天时间，379个商家、617万名来自五湖四海的游客参与这场啤酒盛会，共消费啤酒2700吨。

青岛西海岸新区积极把握消费新趋势，创新消费新场景，依托"啤酒IP"，西海岸新区全城联动，"一节带万店，一城带万户"，澎湃的"啤酒经济"为推动当地经济高质量发展提供动力、注入活力。

一、创造消费新场景

"青啤今年在金沙滩啤酒城设了两个大篷，开幕式第一天共接待近万人次，平时日均客流量也在5000人次左右，是人气最火爆的一年。"青啤大篷运营负责人董璐璐惊叹于本届啤酒节的消费能力："我们的1903大篷基本每天都是一座难求，不少游客用外带杯买了啤酒，在啤酒城边喝边逛。"

今年恰逢青岛啤酒120周年华诞，金沙滩啤酒城推出了众多创新产品和主题活动。"全麦拉格精酿啤酒和绝世红颜精酿果啤是为本届啤酒节专门打造的，很受游客欢迎。"董璐璐介绍，拥有纯生、黑啤、海盐IPA等6种口味的啤酒冰淇淋也销售火爆。

每到入夜，金沙滩啤酒城里的9个啤酒大篷气氛热烈、灯光闪耀，篷内篷外到处都是熙熙攘攘的人群。今年啤酒节汇集了40多个国家和地区的2000余款品牌啤酒，达到历年之最，让游客"一次参节，畅饮全球"。

啤酒相关或衍生产品也受到广大游客青睐。作为金沙滩啤酒城永久IP形象——"哈舅"家族，今年上新了"哈小欢"和"哈小满"姐弟俩，俏皮可爱的形象成为本届啤酒节的一大亮点。

走进哈舅大本营一楼文创区，啤酒周边、儿童潮玩、家居用品等2000余款哈舅文化衍生品琳琅满目。"姐弟俩的新款冰箱贴深受大家喜爱，成为今年店里卖得最火的单品，仅开幕式一天就卖出去400多个。"哈舅大本营店长安阳介绍。

金沙滩啤酒城因毗邻"亚洲第一滩"——金沙滩而得名。在啤酒城沙滩区域，今年全新引入的浪LANG沙滩·Bar，集露营、餐饮、音乐、文化于一体，为喜欢安静的市民游客提供一处网红打卡地。

"啤酒城太热闹了。我母亲年纪较大，喜欢安静的地方，正好我们逛到了浪吧这里。这里不仅环境安静，还有露营帐篷，配备烤炉烤盘和各种食材。吹着海风吃着烤肉，太惬意了！"来自湖北黄冈的游客王晓说。

作为世界最大的啤酒主题广场，金沙滩啤酒城今年涵盖啤酒大篷、互动游乐、休闲美食、时尚潮流等7个功能分区。24天时间里，来自世界各地630余名演艺人员带来1110余场文化演艺活动，6000余名运动员进行了1650场次时尚体育赛事。

香气四溢的啤酒美食、如梦如幻的花海灯会、精彩纷呈的文体活动，持续吸引着全国各地的游客前来，丰富多彩的体验场景激发出源源不断的消费活力。

二、化身城市会客厅

7月21日晚，一场以"诗酒趁年华、梦启西海岸"为主题的重点产业推介暨人才供需对接主题之夜活动在金沙滩啤酒城拉开帷幕。晚会上，原创音乐情景剧《奋斗吧，青年》用年轻人的就业创业故事，带领现场观众沉浸式了解西海岸新区对高校大学生的政策支持。

此次活动借啤酒节的影响力，突出"人才+住房+驿站+啤酒"四大元素，现场推介支持政策、发布岗位需求，集中助力高校毕业生、适龄就业创业青年人才等群体在新区实现高质量充分就业。

"我们充分利用青岛国际啤酒节的品牌效应和庞大客流，以世界性的节庆活动为窗口，将新区富有诚意的就业、创业政策向全世界进行展示，更为用人单位和人才之间架起桥梁。"青岛西海岸新区工委组织部副部长，区人社局党组书记、局长宋祥华告诉记者。

7月27日晚，"乡聚西海岸·城市新鲜计划"主题推介嘉年华在金沙滩啤酒城上演，众多优质农产品企业携带特色产品亮相啤酒节，成为新区农产品公用品牌的一次集中展示。除此之外，青岛西海岸新区农产品主题馆在啤酒城正式开馆，来自全国各地的游客可以近距离体验购买新区特色农产品。

"我们到这里观看表演，顺便进来看看，还真发现不少当地有特色的农产品。"来自济南的游客王莹在店里买了两支由宝山蓝莓、海青绿茶等为原材料制作的文创雪糕。

作为世界四大啤酒节之一的青岛国际啤酒节，不仅为本地资源搭建了平台，也为连通世界提供了平台。7月15日，国际啤酒节联盟合作机制2023青岛会议暨世界知名啤酒节办节经验分享会在金沙滩啤酒城举办，中外嘉宾围绕"啤酒节庆与城市开放"主题探讨交流、分享经验。

"参加青岛国际啤酒节，看到啤酒城规模非常大、非常热闹，这里的科技氛围也很浓厚，可以说是慕尼黑啤酒节的2.0版。"第一次来青岛的德国慕尼黑市副市长、慕尼黑十月啤酒节总负责人克莱门斯·鲍姆盖特纳对金沙滩啤酒城连连点赞。

24天时间里，海洋之夜、人才之夜、城市更新之夜、民营企业家之夜、营商环境专题推介、秋晚春晚直通车优秀节目展演等活动轮番上场。

西海岸新区以节庆搭台，连通产业、人才、文化等各方资源，通过跨界组合将啤酒节打造成一个集展示、交流、招商、引智等内容于一体的城市会客厅，处处彰显着本届啤酒节的"开放"主题，人流、商流、文化IP的辐射范围不断扩大。

三、节与城互融共生

距离金沙滩啤酒城不远处，有一处刚刚开街不久的南岛"嗨儿街"。"太阳下山，就是我们喝酒的信号""无啤酒，不青岛"……傍晚时分，走入"嗨儿街"，一系列网红标

197

语和光影霓虹灯互相映衬，五颜六色的"网红箱"店铺里人声鼎沸。

"趁着啤酒节，我们在保留原有特色的基础上，新建了15组共30个'网红箱'，引进新商家、新业态，将"嗨儿街"打造成一条极富特色的时尚美食街区。"青岛西海岸新区薛家岛街道南岛社区党委书记杨玲燕介绍，现在平均单日游客量近1000人次，预计每年可为社区带来百万元以上的经济效益。

听着海浪声喝啤酒，守着渔船吃海鲜。距离金沙滩啤酒城10公里外，积米崖渔人码头海鲜节构筑起夜间消费新场景。"以前这时候，都是伙计们一起到金沙滩啤酒城喝酒感受氛围。现在有了海鲜节，在家门口就能感受啤酒节的氛围，啤酒、海鲜、烧烤样样都有！"家住附近的市民肖程鹏晚上没事就到渔人码头散步，看看节目，吹吹海风。

随着啤酒节的举办，泊里镇"啤酒美食嘉年华"、海青镇"海小青音乐啤酒季"、中德生态园"德国啤酒节"、琅琊镇"嗨海季"也都先后举办。青岛西海岸新区商圈街区同步进入"啤酒节时间"，各项节庆活动与夜市商街串珠成链、聚链成群，啤酒节的溢出效应不断发酵。

这一溢出效应同时还拉动着商超、文旅、住宿、餐饮等一系列消费。在啤酒节期间，西海岸新区同步举办"购物啤酒节""西有好物万市大集"等系列主题活动，通过联合促销、惠民购物、名品展销、特惠特卖等促销活动，全城联动共促消费。15家重点商超、10家重点餐饮企业、万市大集累计实现营业额6.5亿元，同比增长26%。

西海岸新区还推出"啤酒之城畅爽游""清凉之夏度假游"等5条夏季特色主题旅游线路，以金沙滩啤酒城、青岛东方影都及沿海一线等为重点，整合串联沿海沙滩、生态景区、特色博物馆和美术馆等特色优质资源，为游客带来缤纷多彩的夏季旅游新玩法。"我和朋友去了唐岛湾、银沙滩、星光岛和城市阳台打卡。一路上吹着海风，很舒服，风景特别美，拍照非常出片，明年我们还会再来。"来自聊城市的大二学生赵洁趁着暑假，逛完啤酒城后顺着"清凉之夏度假游"路线，又把沿海景点逛了个遍。

据统计，啤酒节期间，新区30家重点星级酒店和品牌酒店平均客房出租率达75.6%，同比增长20.3%。

"从啤酒城到'啤酒之城'，青岛西海岸新区充分发力'啤酒IP'，掀起了一场全民共享、全城联动的消费体验新热潮，提振了消费信心，激发了经济活力，走出了一条以'啤酒+'多元链接的城市发展之路，真正实现了'节城共生、城城共融'。"第33届青岛国际啤酒节现场指挥部副指挥、青岛西海岸新区贸促会会长崔西军表示。

资料来源：刘成.啤酒节带火一座城[N].经济日报，2023-08-12.

2023年第33届青岛国际啤酒节的成功举办，对于后疫情时期的经济恢复具有非常重要意义。那么，一场节事活动的成功举办会产生哪些影响？当游客大量涌进之后，会带来消极影响吗？对于区域而言是否具有综合效应？这些问题均表明，研究会展旅游活动的综合效应具有十分重要的意义。

7.1　会展旅游的积极影响

1. 带来巨大经济利益

德国慕尼黑展览公司总裁门图特先生在访问上海时曾如此比喻会展旅游的魅力："如果在一座城市召开一次国际会议，就好比有一架飞机在城市上空撒钱。"会展旅游具有组团规模大、消费层次高、持续时间长等特点，属于高盈利、高收入的行业，其利润率为20%～50%。欧洲的一项会展业评估研究表明，经济发达国家会展旅游业的产值约占GDP总值的0.2%。据统计，全世界每年大约有2880亿美元的会展产值。世界著名"会展城"(如瑞士的日内瓦，德国的汉诺威、慕尼黑和杜塞尔多夫，美国的纽约，法国的巴黎，英国的伦敦，新加坡和我国的香港等)的会展旅游都为其带来了巨额利润和经济的空前繁荣。美国一年举办200多场商业会展，带来的经济效益超过38亿美元；法国会展每年营业额达85亿法郎；汉诺威博览会年营业额为4亿马克。根据中国香港展览会议业协会委托进行的"香港展览业对香港经济的整体贡献研究"最新数据，2016年展览业为中国香港带来约529亿港元的收入，相当于香港本地生产总值的2.1%。仅2022年第四季度，中国澳门展览项目总收入高达5156万澳门元；2023年第二季度，澳门展览项目总收入保持稳定，总收入高达4870万澳门元。由此可见，会展业能够带来巨大的经济利益。

2. 带动相关产业发展

会展旅游涉及众多行业，产业的产出比例相当高。据有关资料统计，国际上会展业对相关产业的产出比例是1∶9。也就是说，如果举办会展的收入是1，那么相关产业的社会收入就是9。会展旅游是一种综合性的旅游服务形式，它的发展要依赖国民经济各行各业，特别是以"吃、住、行、游、购、娱"六大要素为中心的行业的发展，会展旅游可直接扩大这些相关行业的需求，增加收入。同时，由于参会参展人员与普通旅游者在消费档次、消费兴趣、消费要求等方面存在很大差异，其对物质产品、精神产品和服务需求会促使相关行业出现新的分工，催生一系列新兴服务部门，例如会展策划公司、会展租赁公司、专业会展礼仪公司以及专业会计会展翻译公司等，开发出适合参会参展人员品位的新产品，推动相关产业向多元化方向发展。

以广交会为例，2023年4月在广州琶洲会展中心举行的第133届中国进出口商品交易会(以下简称广交会)全面恢复线下展，展览面积、参展企业数量均创历史新高，"会展经济"对餐饮、住宿、零售等关联产业拉动效应凸显，带动广州消费市场蓬勃复苏。广交会举办当月，广州市社会消费品零售总额同比增长18.4%，民宿预订量比2019年同期增长1.7倍，每位旅游者比2019年同期平均多住1.5天。广交会还会带动餐厅、酒吧等餐饮消费需求，广州市限额以上旅游饭店营业额同比增长108.5%，增速比3月提高39.5%；一般旅馆营业额同比增长86.1%，增速比3月提高32.3%。此外，具体到细分行业来看，2023年第22届青岛春季国际车展六日展期成交量超过12 700台。展会观众数量提升35%，已经超过2019年前的观众数量。

2022年，在第五届中国国际进口博览会首日，上海市青浦区成功举办了"首单、首照、首证、首发、首秀"等活动，再次展现了"进博青浦速度"。从2018年首届进博会以来，青浦区连续5年签下"首单"，累计成交额已超过30亿美元。此外，进博会搭建的采供对接平台，从2021年6月成立至2022年11月，已累计发布信息19 487条，受益企业1352家，协助注册联合国供应商企业322家，助力企业参与采购655次。中国医保商会、贸促会、机电商会和上海市会展行业协会等国家、省市级商协会为项目核心合作伙伴。

3. 促成新型组织形式和组织结构

现代社会的旅游组织、旅游活动和旅游项目都是从会展项目的发展中孕育诞生的。例如，组织大型旅游团观光游览的现代旅游活动源于托马斯·库克于1841年组织游客从莱斯特到拉夫巴罗参加禁酒大会这一活动；迪士尼游乐园在1893年的美国世博会上一举闻名。

以杭州为例，杭州自2000年举办西博会以来，很多旅游、会展公司从无到有地成长起来。2005年，杭州仅有两百余家会展相关公司，杭州举办西博会、G20杭州峰会等一系列大型会展活动之后，杭州会展业驶上发展的"快车道"。英富曼、国际展览与项目协会(IAEE)等国际会展企业和机构纷纷开始布局杭州，有效提升杭州会展业的国际化水平。与此同时，一批在国内有影响力的本地会展企业在杭州发展壮大。截至2023年6月，杭州会展相关企业数量超过8万家，其中从事会展服务的企业超过7000家，并且形成了项目策划、展馆管理、设计布展等配套的专业团队。由此可见，会展的发展能够促进新型组织形式和组织结构的产生与发展。

4. 完善城建设施，改善城市环境

会展的成功举办，依赖于高质量的会议展览设施、相应的现代化管理水平和服务水平、优美的城市环境、良好的城市形象。这势必会引起政府对城市形象的塑造，包括对会展中心的完善、对城市的美化、对道路交通等基础设施的改善，从而大大推动城市建设的发展。会展活动是发生在短时间内涉及大规模人流、物流、信息流的经济活动。举办会展尤其是大型国际会展，例如世博会、奥运会等规模宏大的会展和赛事，会给举办城市的经济实力、环境、交通和服务设施带来很大的挑战，对城市整体环境的改善和优化提出更高的要求。因此，举办城市在取得会展举办权之后均会投入大量资金进行市政建设完善以及大规模的配套设施建设，使城市进入异常快速的特殊发展时期，为城市旅游基础设施的完善提供了良好的机遇，为进一步开发城市旅游资源奠定了坚实的物质基础。

例如，1999年，昆明为主办世界园艺博览会，仅建馆就投资16亿元，而相关的基础设施和前期治理的投资超过200亿元，新建和扩建城市街道690条，建成20多座立交桥和10座人行天桥，提前10年到15年完成了昆明市城市网络规划。同时，昆明市购置了1000辆出租车和292辆公交车，并完成了世博园及市区通信设施及旅游信息网络的建设。这些举措不仅保证了世博会期间的交通、通信、咨询服务能力，而且为昆明市居民的日常出行带来了长期效应，城市基础设施得到极大改观。

又如，为举办2008年奥运会，北京对机场、火车站、城市道路、电信系统、新闻中心以及奥运村及其辅助设施等大型基础设施进行了建设和改造。到2007年，北京陆续投入120亿元用于改善城市的能源结构、产业布局和城市基础设施。此外，为了使2008年奥运

200

会成为在环境保护方面贡献最突出的"绿色奥运"盛会，北京大幅度增加了绿化面积，2008年全市林木覆盖率超过50%，污水处理率达到90%，市区城市生活垃圾基本实现无害化处理，极大改善北京长久以来存在的环境问题。这些举措极大地改善了北京的城市建设，缩短北京与国际大都市间的距离。

以上两个案例说明，会展业的发展将大大加快城市建设和新一轮的旧城改造，加大城市基础设施投入，改善城市的整体环境，增强城市的综合实力，提升城市旅游的内部可进入性和外部可进入性，为城市旅游的持续发展创造契机。

5. 增加标志性建筑和旅游吸引物

很多大型国际会展为城市旅游的发展留下了许多宝贵的"遗产"。例如，每届世博会都为举办城市增添了新的旅游景点，这些为世博会而建的具有划时代意义的标志性建筑，不仅成为会展业的里程碑、现代工业文明与科技文明的显著标志，而且成为高品质的旅游吸引物。这些建筑都是经过专家论证且符合国际标准的，因而也成为国际化的旅游产品。例如，1889年法国巴黎世界博览会之后，埃菲尔铁塔留在了巴黎，并成为巴黎乃至法国的象征，它和凯旋门等景点每年吸引着无数旅游者慕名而来，为法国旅游业带来了无限生机。又如，为了方便旅游者在韩国观看世界杯赛的间歇期间进行旅游，韩国新开发了297条旅游线路。这些线路中有40条精选线路和32条历史文化观光线路，有3.5万名旅游者游览了这些线路，其中包括6700名外国人。此外，我国为举办北京奥运会建设的鸟巢、水立方，为举办上海世博会建设的中国馆，以及为召开金砖会议建设的金砖场馆等都已经成为本地标志性建筑和旅游吸引物。

6. 提高城市知名度

一方面，举办会展可以向世界各地的参展商、贸易商和观展人员宣传国家和地区的科学技术水平、经济发展实力，展示城市形象，扩大城市的影响；另一方面，举办地可以通过海内外客商传播良好口碑，提高城市的知名度和美誉度，还能进一步了解城市交通、通信、金融、特色产业等各方面的发展状况，吸引投资，为会展举办城市创造更多投资机会，从而推动城市经济与国际接轨，推动城市的繁荣。

国际上有许多以会展著称的城市，例如德国的汉诺威、杜塞尔多夫、莱比锡、慕尼黑等。法国巴黎因每年都要承办300多场国际大型会议，赢得了"国际会议之都"称号。2001年，APEC会议是中华人民共和国成立以来举办规模最大、层次最高的一场多边国际活动，1.3万名宾客创下了APEC会议的历史纪录。通过这次会议，上海成功地进行了全方位的形象推广，展示了中国尤其是上海良好的社会环境和投资环境，由此带来了开放、交流的机会。法国举办的环法自行车赛、中国举办的环青海湖自行车赛以及厦门马拉松等大型赛事也广受关注，对于城市形象甚至是国家形象都起到了宣传作用。

7. 提升城市形象

城市形象代表了一座城市的个性、精神和文化，良好的城市形象是当今城市重要的潜在无形资源。作为有高度吸引力的旅游目的地，需要有彰显自身特色的城市形象，例如"世界音乐之乡"(维也纳)，"古典文化集萃的城市"(罗马)，"东西方文化交汇的城市"(东京)，"充满选择机会的城市"(伦敦)，"世界服装之都"和"世界浪漫之都"(巴黎)，"世界最自由和最安全的城市"(香港)等。这些概括就是对城市品牌的定位，也是对城市形象的概括。城市形象是对某一聚落空间的政治、经济、人文、自然等多方面的综合，是城市无形的能量，而这一能量的释放可以从城市的旅游形象着手，城市形象往往是通过旅游来传播的。

会展业在国际上被称为"触摸世界的窗口"和"城市的面包"，它是联系城市与世界的桥梁。国际上衡量一座城市能否跻身于国际知名城市的行列，一个重要标志就是这座城市召开国际会议的数量和规模。对于会展举办城市而言，一场成功的会展将带来集中展示城市形象的良机，它是最有特色、最有意义的城市广告，将为城市经济的发展增添更多的魅力，直接提升城市的知名度，树立城市的品牌。会展活动通过"聚会"效应，将世界各地的客商"请进来"，城市的文化风情、人文地理、建设成就、城市魅力将一览无余。它不仅能够向各地的参展商、与会者和展会观众宣传城市的科技水平、经济发展实力，又能通过"远辐射"效应将城市的口碑扩散到各地，从而扩大城市的影响力，提升知名度和美誉度。这也是世界各大城市均不遗余力地争办著名国际大型会展的主要原因。1996年举办的德国汉诺威世界博览会，项目赤字达11亿美元，但德国官方仍认为世博会取得了"巨大的成功"，因为它缩短了不同文化之间的距离，改善了汉诺威的国际形象，财政赤字只是一种"对未来的投资"。

7.2 会展旅游的消极影响

1. 物价上涨

会展活动会造成城市物价上涨，使旅游者和居民经济负担加重。例如，杭州西湖旅游度假区的房地产自2006年世界休闲博览会成功举办后，价格逐年上涨。据安居客网站提供的数据，2023年10月，杭州新房均价已达23 349元/m²，给周围的居民带来了很大压力。据21世纪经济报道，杭州举办G20峰会提升了房地产行业的人气，吸引了周边的温州、台州乃至上海等地投资者的目光。在G20峰会举办前，奥体中心附近的房子均价10 000元/m²都无人问津；G20峰会举办后，均价涨至40 000元/m²，而且还供不应求。如此鲜明的对比，凸显了高级会议对城市房价的巨大影响。

2. 设施利用率低

在大型会展活动期间，短时间内大规模的参展客流涌入会产生"蜂聚现象"，有限的星级酒店基本被参展客商和考察团垄断，而其他旅游者订不到床位。大型会展活动往往有很强的时效性，如果仅仅为了一次活动而兴建酒店或其他设施，在活动结束之后这些酒店或设施会因为得不到利用而浪费。昆明世博会后，昆明饭店、出租车严重过剩就是很好的例子。2022年全国展览场馆利用率排名前十的展馆情况如表7-1所示。

表7-1 2022年全国展览场馆利用率排名前十的展馆情况

序号	会展场馆名称	办展面积/万平方米	展馆面积/万平方米	展馆利用率/%
1	辽宁工业展览馆	43.66	1.2	50.66
2	南京国际展览中心	61.11	3.5	23.92
3	郑州国际会展中心	99.1	6.5	20.89
4	杭州国际博览中心	132.08	8.84	20.47
5	深圳会展中心	125.2	10.5	16.4
6	保利世贸博览馆	91.61	7.78	16.27
7	西安国际会展中心	78.72	7.2	15.63
8	内蒙古国际会展中心	28.1	2.5	15.4
9	中原国际博览中心	11.84	1.3	12.69
10	大连星海会展中心	15.88	1.4	12.6

3. 基础设施转换难

会展活动结束后，如果展览场所等基础设施不能用于旅游业，会对当地形成较大的经济压力，从长远来看不利于旅游业的发展。例如，世界休闲博览会、2008年奥运会、2010年上海世博会、2016年G20杭州峰会、2017年厦门金砖峰会等重要活动及大型会议，均留下了基础设施。在会展活动结束后，如何成功地充分利用这些设施，避免其旅游热度"昙花一现"，成为一个难题。

4. 产生"热岛效应"

在人口密集的大城市，由于人为以及环境等诸多因素的综合作用，城市温度往往高于其周围乡村的温度，像一个气候炎热的"岛屿"悬于大气之中，这种现象被称为城市"热岛效应"。热量平衡是城市热岛形成的能量基础，城市化改变了下垫面的性质和结构，增加了人为热，从而影响城市热量平衡。如今，"城市热岛现象"日趋严重，尤其是举办大型会展活动时，往往伴随大量场馆建成和大量人群聚集，会产生局部范围的"热岛效应"，对旅游者的正常游览产生影响。

5. 降低旅游者体验

旅游体验是旅游者对旅游过程的直接观察或参与，以及在此基础上形成的感受。旅游体验过程包括旅游需求的产生、旅游计划、旅游线路和时间及供应商的选择、前往景区旅行、在景区活动、离开景区的旅行、旅行结束后的活动和交流等环节。这些环节可以进一步分解为多个旅游接触点，旅游者在各个旅游接触点与旅游卷入者、各种有形资源、各种无形资源发生互动，并通过这一过程获得独特的内在感受。体验性旅游者花费了时间、精力和金钱，得到的不是单纯的产品或服务，而是某种独特的身心感受和难忘的回忆。旅游体验包括四种要素，即人员、旅游者、旅游环境(吸引物、景观、设施及服务)、旅游活动(旅游者活动的内容、先后顺序和相互关系)。会展期间，旅游者云集，举办场所及周边景点的人流量都会高于平时。大量的旅游者、嘈杂的环境，会给人们的出行、购物、购票、参观、游览、休闲等旅游活动带来很多不便，直接影响到旅游者的旅游质量，如果相关问题处理得不好，会降低旅游者的旅游体验。

7.3 会展旅游的区域影响

1. 会展旅游有利于区域国际化

区域国际化集中体现为当地居民素质的提高、对旅游者友好的接纳态度和服务水平的提高，使到访的旅游者能享受到更加便捷、快速、高质的服务。例如，为了吸引球迷赴韩，在2002年世界杯期间，韩国在签证方面提供了很多便利。以中国为例，韩国实行了3个月有效且可以多次往返的"门票签证"。在海关新增了针对中国人的通道，配备懂中文的志愿者，并在所有标志上加注中文，以提供更方便的服务。在中国旅游者停留时间较长的首尔、光州和西归浦还专门开设了为中国人服务的商场和饭馆。语言障碍被外国旅游者认为是最大的障碍，因此首尔招募了950名中文翻译为中国旅游者和球迷服务。从2002年5月起，这些翻译就被安排在饭店、旅行社、购物中心等地，帮助中国旅游者和球迷解决语言沟通问题。政府还培训了总计2904名临时旅游讲解员，分布于旅游信息中心、博物馆等地。同时，政府为旅游相关行业提供培训，制作外语手册分发给主要的餐馆。

大型会展必然会促进举办城市的公民更加遵守国际惯例和规则，促进举办城市法律环境的国际化，这也是人文环境国际化的重要方面。例如，为了迎接2008年北京奥运会，自2003年9月起开办的公益英语大课堂在四年多来共授课140余次，有近2万人次参加了外语学习，其中许多是社区里的老年人。

2. 会展旅游有利于区域现代化

会展是发生在短时间内，涉及大规模人流、物流、信息流的经济活动。举办会展尤其是大型会展，给举办城市带来了经济、环境、交通和服务设施等方面的挑战，对城市整体环境的改善和优化提出了更高的要求。因此，举办城市在取得了会展举办权之后，均会投入大量资金完善市政建设，使城市进入异于正常速度的特殊发展时期，这为城市旅游基础设施的完善提供了良好的机遇，从而推进城市的现代化进程。例如，为了迎接2008年北京奥运会，北京投入1800亿元人民币，重点建设142个项目，以全力缩短北京与国外同等大城市的差距，主要投资领域包括：修建地铁、轻轨、高速公路、机场等，打造四通八达的快速交通网；加快信息化建设，奠定"数字北京"的基础，初步实现电子政务、电子商务、社区信息化和远程教育；建设和改造水、电、气、热等生活设施；建设清洁能源设施；对环境进行综合治理等。这些措施大大推进了北京的城市建设，加速其发展为空气清新、环境优美、生态良好的现代化国际大都市的进程。

3. 会展旅游有利于资源整合

会展旅游能整合旅游资源，丰富旅游业产品结构，带动相关地区旅游业的发展。如今，旅游已经走进了千家万户，成为人们生活中不可缺少的一部分。随着国际旅游市场的发展，旅游者需求的个性化、多样化日益明显，旅游产品已经超越了单纯的观光和度假阶段，正逐步向更高层次的专项旅游发展。会展旅游与滑雪旅游、游船旅游、沙漠旅游、生态旅游、农业旅游、工业旅游、森林旅游等一起被称为专项旅游产品。会展旅游作为一种把会展活动和旅游相结合的新型旅游方式，不仅能进一步完善旅游产品结构，还能提升旅游服务功能。

课程思政案例

【案例主题】

深圳：打造绿色会展样板案例，大国工匠创新交流大会实现物料循环使用

【案例内容】

2022年4月27日，首届大国工匠创新交流大会在深圳举行，通过线上线下形式展示以大国工匠为代表的广大职工的精湛技能和创新成果。本次大会开幕式以视频方式举行，设置了81个分会场。其中，位于深圳会展中心的分会场设置了线下展览，规模达52 500平方米，展示中国工业、中国制造取得的辉煌成就，展现新时代产业工人拼搏奋进的风采。

值得关注的是，本届大会除了举行线上展会，线下展览均采用绿色环保物料搭建，将可持续发展理念全方位贯穿展会。"本届大会采用线上线下一体化展览的方式，重点打造绿色会展的样板案例。"作为本届大会的搭建公司之一，深圳朗晖展示有限公司总经理于利亚在接受羊城晚报记者采访时表示。

于利亚称，此次绿色会展具体体现在两个维度：一是积极运用数字技术进行线上会展；二是采用绿色物料搭建线下展览。"我们号召本次参与大会的所有参展商都采用绿色环保可持续的方式进行布展，并在展会结束后督促他们有效回收，目的是推动实现物料的循环使用。"

"我们正在以协会的名义，推动整个绿色展装在低碳环保方面的实际测量。今后将会出台新的绿色展装的标准体系，呈现低碳环保实际应用的效果。"于利亚告诉记者，此前公司是具备一些经验积累的，在会展行业中，绿色展装的理念已倡导将近20年的时间，朗晖展示所使用的绿色纸质展览展示用品从研发到验证也有7年的时间。于利亚也还提到，绿色会展仍然是一个相对比较新的应用领域，还需要在供应链、服务体系以及服务品质等方面进行深耕，并逐步得到市场的充分认可和大力推广，让更多的参与方接受并认同绿色展览的搭建与服务。

资料来源：沈婷婷. 深圳：打造绿色会展样板案例，大国工匠创新交流大会实现物料循环使用[EB/OL]. https://www.sohu.com/a/544239836_120046696，2022-05-06.

【案例意义】

打造绿色会展，对参与者而言，能够有效提升组展商、参展商、参展观众等多元利益相关者的环保意识；对主办方、组织者而言，能够尝试探索出绿色展装标准体系，呈现低碳环保实际应用的展会效果，推动行业整体向绿色、低碳、可持续发展等方向迈进；对政府部门而言，能够宣传推广绿色展会、可持续发展理念。

本章思政总结

习近平总书记指出："尊重自然、顺应自然、保护自然，是全面建设社会主义现代化国家的内在要求。必须牢固树立和践行绿水青山就是金山银山的理念，站在人与自然和谐共生的高度谋划发展。"

205

事物的发展往往具有两面性，会展旅游对旅游地区和区域同样会产生积极和消极两方面影响。会展旅游活动的消极影响应该重点关注。因此，如何引导会展旅游转型，实现绿色、低碳、环保与可持续发展，将成为各项会展旅游活动应重点关注的话题。绿色会展是一种注重环境保护和可持续发展的会展形式，它通过减少碳排放、资源循环利用和生态环境保护等方式来降低会展活动对环境的影响。因此，打造绿色、生态、可持续的会展活动，应注重培养环境保护意识，理解可持续发展原则，了解会展活动对环境的影响，并了解如何通过绿色措施降低碳排放、节约能源和水资源、减少废弃物等，从而实现可持续发展；应加强对资源循环利用和生态环境保护的认识，了解废弃物分类和回收的重要性，学习如何减少使用一次性物品，并了解如何使用可回收和可再利用的展台材料和装饰；应培养利益相关者的社会责任和公众参与意识，学习如何与社区、公众和利益相关者合作，推动绿色会展的实践。

重要术语

积极影响(positive effects)

消极影响(negative influence)

区域影响(regional impact)

综合效应(combined effect)

思考与讨论

1. 从文化冲击的角度谈谈会展旅游所产生的影响。

2. 如何理解会展旅游的资源整合功能？

3. 会展旅游的区域影响包括哪些方面？

4. 结合实际，谈谈会展旅游对举办地的社会影响。

5. 查阅资料，谈谈广交会对广州的经济影响主要表现在哪些方面。

二十大精神进教材

党的二十大报告提出，推动绿色发展、促进人与自然和谐共生，牢固树立和践行绿水青山就是金山银山的理念，站在人与自然和谐共生的高度谋划发展。中国式现代化是人与自然和谐共生的现代化，推动绿色发展、促进人与自然和谐共生是中国式现代化的本质要求。

第131届广交会于2023年4月15日举办，多款"绿色低碳"类展品引人注目。据了解，本届广交会将展出超过48万件绿色低碳类产品，展品数量创历史新高。广交会的绿色低碳理念不仅体现在展品上，也体现在布展、撤展的工作中。广交会已经实现了绿色展位的全覆盖。在模块化方面，展台可组装、可拆装、可搬运，撤展后可以统一运走，下次再利用；在废料处理方面，尽量减少垃圾产生，加强撤展全流程的固体废物管理；在照明方面，展示灯尽量采用LED灯，更加节能环保。在绿色办展理念引领下，本届广交会集聚了多方创新力量，向全世界展现了中国坚决实现"双碳"目标的决心和构建人类命运共同体的大国担当。

　　思考：倡导绿色旅游不仅是旅游业转型升级、高质量发展的需要，也是助力全社会养成绿色消费习惯的重要方式。为实现绿色低碳转型，会展旅游应做出哪些转变？可从产品供给、管理模式和产业规划等方面展开讨论。

参考文献

张河清，张玉明. 会展旅游[M]. 2版. 广州：中山大学出版社，2016.

后记 POSTSCRIPT

　　本书内容基于相关专业的教学实践和会展旅游行业人才的培养需求。经过四年多的辛勤耕耘，本书终于付梓。本书是在研究大量国内相关专业教材和行业实际案例的基础上编写而成的，借鉴了其他教材的优点，同时突出了自己的特色，融入课程思政模块和二十大精神，旨在全方位培养新文科专业人才。本书的编写践行着编者的初衷，承载着编者的心血。在本书编写过程中，编者谨记旅游会展类课程实践性强的特点，采用项目导向式教材体例，将项目情景、理论知识和教学案例巧妙地融为一体，以期更好地服务教学和实际工作。

　　编者在编写本书过程中参阅了大量的书籍、论文、网站、企业实际案例，汲取了众多专家、学者、行业人士研究成果或工作成果的营养。在此，对给予编者支持和帮助的所有专家、学者、行业人士一并表示衷心的感谢！编者期待本书可以为读者提供理论参考和实践指导。

张慧

2023年10月